JN254663

日本人と海外移住

移民の歴史・現状・展望

The Japanese Association for Migration Studies

日本移民学会 編

明石書店

まえがき

　移民は、経済的／政治的／宗教的な要因や、または、それらが複雑に絡み合うことによって母国を後にし、異国に渡る。一般的に彼らは、母国より労働力需要が高い国や地域に向かい、故郷に錦を飾ることを夢見て過酷な労働条件に耐えてきた。一方、母国での生活よりも「良い」暮らしをしようと必死に働き、移民先で成功を手に入れるものもいた。しかしながら彼らは、移民先の社会で搾取され、言語／文化の違いなどから差別や偏見の的になることが多々ある。とりわけ移民先の経済状況が芳しくない場合など、こうした外国から来た移民は、排他的な運動の標的になりやすい。だが彼らは、実のところ、その地域社会の発展に大いに貢献してきているのである。

　この文章を書いている 2017 年現在も、アメリカやヨーロッパを含む世界の各地で、移民や外国人をめぐる様々な事件や議論が起こっている。日本も例外ではなく、ますます多民族化が進むにつれ、これまで以上に外国から来た隣人（オールドカマーにもニューカマーにも）に対して注目が集まっている。その背景にはもちろん複雑な要因が絡んでいる。そして世界各地における多様な背景を持つ人々の移動の過程や、移住先での同化や排斥の諸問題を研究してきた移民研究者は、現在の状況下にこそ、移民研究の知識の蓄積が有用なのだと確信している。

　1991 年に発足した日本移民学会は、日本から世界各地への移民、世界各地から日本への移民、そして世界的規模の人口移動に関する多面的な研究を重ねてきた。こうした学術的研究の成果を社会に還元すべく、吉田亮前会長、森本豊富前会長を中心に、その方法を模索した。そして JICA 横浜・海外移住資料館と共催で、公開講座シリーズ「日本人と海外移住」を、2014 年 4 月から 2016 年 2 月にかけて 12 回にわたって行った。ここでは、まず近代日本における海外移住について、具体的にはハワイ、本土アメリカ、カナダ、ブラジル、中南米、南洋群島、満州、東南アジアへの人口移動について、最新の研究成果

に基づいて紹介した。さらに日本への移民については、在日ニューカマー・オールドカマーという視点から紹介し、最後に今後の移民研究の展望を総括した。

このたび、この2年にわたった公開講座シリーズの個々の講座内容を、読み応えのあるわかりやすい論考としてまとめ、広く一般の読者に提供する機会をいただいたことは幸いである。読者には、序章の「「移民」を研究すること、学ぶこと」から最終章の「移民研究の現状と展望」まで、各章をじっくり味わい、移民に関する知識を広げるのはもちろんのこと、移民をめぐっては多様な意見が存在することを知っていただきたい。移民は、異なる地域間を移動するわけであるが、移民の動向には、国家や地域の政策が大いに影響する。それゆえ、移民研究にも多様な視点、立場があり、各章の主張はあくまでも執筆者個人の意見であり、JICA横浜や日本移民学会を代表する見解ではないことをご理解いただけたら幸いである。

読者の皆様には、各論考を読みながら、移民になること、移民を送り出すこと、移民を迎え入れること、移民として異文化に生きることとはどのような意味を持つのか、移民の歩みを追体験しながら、移民自身の、そして移民を取り囲む多様な立場の人々の視点に立って考えていただきたい。

日本移民学会会長
高木（北山）眞理子

目　　次

第4章　カナダへの移民　　　　　　　　　　　　　　　◉河原典史

第 7 章　満洲移民の生活世界　　　　　　　　　　　　　　◉蘭　信三
──集団引揚げ、中国残留を中心に

第10章　在日コリアンの歴史的変遷と生存のための経済戦略　●李　洙任

終章　移民研究の現状と展望　　●飯野正子・浅香幸枝

序章

「移民」を研究すること、学ぶこと

森本豊富・森茂岳雄

1 はじめに

　「移民」の定義について、国際的に統一された見解はない。日本移民学会においても同様である。移民研究は、歴史学、地理学、社会学、経済学、文化人類学、民族学、人口学、教育学、文学、言語学、ジャーナリズム研究、ジェンダー研究など様々な専門分野に軸足をおく研究者が集う学際的、学融的な分野であり、個々の研究者によって定義が異なるからである。しかしながら、移民について一般的にどのような定義がなされているのか、また、実際に移民研究を看板に掲げている研究者はどのような事象や人々を対象としているのかを整理しておく必要はある。したがって、本章の前半では、森本が移民の定義について検証したうえで、移民研究の対象と論点をまとめ、後半では、森茂が移民を学ぶ意義について論じる。

2 「移民」の定義

　移民の定義について『日本国語大辞典』（2003）には、次のように記載されている。

　①他郷または他国に移って住むこと。また、その人。現在では、移住あるい

は移住者という。移住民。＊空知川の岸辺 (1902)〈国木田独歩〉一「和歌山県の移民団体が居る処で、道庁の官吏が二人出張して居る、其処へ行くのですがね」(中略)

②労働に従事する目的で海外に移住すること。また、その人。強制移民、自由移民など。＊米欧回覧実記 (1877)〈久米邦武〉一・七「今より四十年の後は、哈馬哈にもいかなる紅塵を簇し、更に『プレーリー』の原野に、林村鬱茂して、移民の車を転送するをみるに至らん歟」(中略)＊蒼氓 (1935-39)〈石川達三〉第二部「はるばるとブラジルまで移民してゆくことの容易ならざるもの」

　　語誌　(1) (中略) 元来は「民を移す」という意味。明治期に②の意味が生まれ、中国語に逆輸入された。(2) 居住地の移動を表す語は種々存したが、明治中期の辞書「漢語英訳辞典」には、それらの語には移動規模によって使い分けがあったことを示唆する記述がある。それによれば、㋑ 同一町内・区域内、㋺ 同一国内、㋩ 海外といった規模に応じて、「移転」は ㋑、「移居」は ㋑・㋺、「移住」は ㋺・㋩、「移民」は ㋩ に用いるといった大まかな区別がこの頃には存していたことが分かる。

　語誌にあるように、明治期以降、主に労働目的で海外に渡航する場合に「移民」を使うようになった経緯がわかる。移民・邦人・日系人の変容について考察した小嶋 (2011) は、「移民」の初出は 1877 年（明治 10）の『米欧回覧実記』であるが、実際に使われ始めたのは 1883 年頃からであることを紹介している。また、1894 年制定の移民保護規則では「労働に従事するの目的を以て外国に渡航する者及其家族にして同行し又其所在地に渡航する者」と定義され、『日本移民論』(1905) には、「母国を去りたる人民が他国に於いて個々に又は団体を成して生活する者」であり、平均 4 年 4 カ月の滞在であったことが記されているという。いずれの定義も帰国することが前提となっている点において、現代の一般的な「移民」の定義とは異なるが、当時の実情を表している点で興味深い。また、帝国統計年鑑に「移民」が初出するのは 1910 年である（本書第 1章参照）。やがて「移民」という言葉にまとわりつく否定的なイメージを払拭するために、「移民」は「官」の用語としては「移住者」に置き換えられていく。1955 年には外務省の通達により「移住者」を用いることになる。そして、意

味も労働目的での渡航から永住目的での渡航に変容する。

　『日本大百科全書（ニッポニカ）』では、次のように記されている。

　個人あるいは集団が職を求めるなどの様々な動機、原因によって、恒久的に、あるいは相当長期間にわたって、一つの国から他の国に移り住むこと。移民は、移民を送り出す国の側からは出移民または移出民 emigration, emigrant として、また同時に、移民を受け入れる国の側からは入移民または移入民 immigration, immigrant として、それぞれ別個に取り扱われる。なお、法制上における移民の定義は国によって異なり、国際的に統一された定義は存在しない。（皆川勇一）

　さらに、植民との関係についても次のようにまとめている。

　移民の定義に関連した一つの問題は、移民と植民との異同である。この二つのことばは、いずれも民族の対外的発展を表現するという意味で共通点をもっているが、移民は国外移住を志す個人の移動の面を重視しているのに対し、植民は植民地の建設や経営を目的とする国家的活動の面からとらえられた概念である点に大きな相違がある。植民にも本国人の移住を伴うという点で、移民と類似した点があるが、自国の主権の及ぶ植民地への植民と、そうでない地域への移民とでは、いろいろな意味で大きな相違があることを認めないわけにはいかない。（以下略）（皆川勇一）

　岡部（2002）、塩出（2015）は、戦前の植民政策学の先駆者であった矢内原忠雄が植民も移民も移住先での移住活動に実質的社会的な違いはないと主張していることを紹介し、移民と植民をことば（概念）として峻別する必要はないと主張する。最近では、蘭（2008）、東（2014）、塩出（2015）、今泉・柳沢・木村（2016）のように、日本帝国内外の人口移動という観点からの意欲的な研究も進んでいる。
　『日本大百科全書（ニッポニカ）』では、さらに、難民との関係性についても言及している。

次に移民は難民とも区別されねばならない。戦争や革命は、いつの場合にも本国送還や引揚げ、逃亡や追放などの形で大量の難民をつくりだす。第一次世界大戦と、これに続くロシア革命により、戦時ならびに戦後にわたる難民は7,000万人に達した。それ以降も局地的戦争や社会的混乱によりたくさんの人々が難民に加わっている。1999年1月現在、世界全体の難民の数は約2,115万人といわれている。(皆川勇一)

　しかし、この記述では、「在留民」(江淵 1994) としての出稼ぎ、季節労働者、留学生、駐在員などについては触れられてはいない。
　『日本民俗大辞典』(吉川弘文館、1999年) では、滞在期間が設定されている留学生や駐在員などは移民に含めない立場をとっている。

　広義では国の内外を問わず生活の本拠を比較的遠隔地へ移動させること、あるいはその移住者を指し、一般的には異なる国家間の人口移動 (海外移住) あるいはその移住者を意味する。生活の本拠を恒久的、半恒久的に移動させる場合を指し、帰還の時期がおおよそ設定されている短期の出稼や季節的労働移動、特定の目的を履行するための留学生、駐在員・軍人の海外派遣などは含まない。ただし、永住移民と錦衣帰郷組の出稼者との区別は不分明で、出稼移民は容易に永住移民に転換する。(以下略) (前山隆)

　ここでは、留学生、駐在員、軍人の海外派遣などは含まないとして、移民の定義からは外している。ただし、出稼者は永住移民に転換する可能性があると述べている。しかしながら、留学生、駐在員も永住移民となる可能性がある。また、さらに注目すべきは、国家間の人口移動を一般的には指すが、「国の内外を問わず生活の本拠を比較的遠隔地へ移動させること」と述べている点である。実際、北海道へは明治20年代から大正期にかけて移住者が急増したが、それらの人々は「北海道移民」と呼ばれた。また、戦後、琉球政府による八重山への計画移民が実施され、沖縄本島、宮古島、多良間島などから「八重山移民」が多数渡っていった。
　いずれの定義においても精査すれば境界線は必ずしも明確でないことがわかる。すなわち、渡航目的、渡航者の主体性、滞在期間、国境などを基準に移民

は定義されるが、いずれも例外が存在する。また、近年、人の動きの広がり、高速化、環流化によって従来の移民概念ではとらえにくくなっている。移民研究の研究対象としての「移民」は、植民（殖民）、難民、在留民を包含して扱われることもあれば、それぞれ区分される場合もある。これらの区分は重なり合う部分が多く、移民個人においても時間の経過とともにカテゴリー間を移動する極めて動態的な存在であると言えよう。移民研究の研究対象としてのこれらの４つのカテゴリーを図式化すると図-1のようになろう。なお、それぞれのカテゴリーに関する説明は、定義ではなく最大公約数的な特徴を記したものである。

図-1：移民研究の対象

自由意思で渡航し、生活の基盤を恒久的、半恒久的に海外に移した人々。多くは労働目的での渡航であるが、様々な目的が混在する。密航者も含めてよいかもしれない。

同一国家権力圏内の移動で、植民地化したところに国策として送られたり、自らの意思で移り住んだ人々。従来、移民研究では移民と植民は区別されて取り扱われてきたが、最近は包括的に扱う傾向にある。

自然災害、遭難、環境破壊、人的災害（宗教的・政治的弾圧）、戦争などの理由で、本人の意思ではなく強制的に移動を強いられた人々。漂流民、奴隷、流刑（るけい）者、亡命者なども強制移動の形態。

出稼ぎ、季節労働、留学、企業や軍隊の派遣・駐在・駐屯など、短期から中期の滞在目的で渡航し、帰国を前提とする人々。近年の移民の形態は在留民的になってきている。

3　近現代の「移民」に関する論点

近年の移民に関する論点として『現代社会学事典』では、５点にまとめている。要約すると次のようになる。

（１）移民は送り出し国の最貧層の出身者で受け入れ国においても社会的底

辺に位置づけられるとする見方は誤りで、ある程度の資源を有する中間層出身者であることが多く、近年では、受け入れ先においても専門的な知識や技術を生かして社会上昇を達成する移民も少なくない。

（2）出稼ぎや外国人労働者は短期滞在を前提とするといった移動の初期段階での滞在期間の長短にかかわる区分で移民の概念を分類しては、動態的な移民現象をとらえそこなう可能性がある。

（3）滞在が反復化、長期化するにつれ移民の再生産領域は受け入れ国に内部化される傾向にあり、福祉や教育といった再生産の社会化が進むと今までになかった社会的コストが発生する。そのことにより、受け入れ国家はそれを避けるために滞在期間の制限を厳しく設けるようになり、社会的・政策的争点となる。

（4）従来の移民は独身男性が単独渡航し、のちに女性や家族が続くといったパターンが主であったが、看護師・介護士、ドメスティック・ワーカーなどの移民女性労働者が先行して単独で移住する例、すなわち「移民の女性化」が新たな現象として生まれている。

（5）移民は時間の経過とともに主流文化を吸収し同化すると考えられてきたが、1960 年代以降の多文化主義の興隆により出身国の文化の維持や集団的アイデンティティの活性化がみられることが認識されてきた。また、90 年代以降の移動にかかわる交通手段や情報網の高速化によって、出身地と受け入れ国といった分断された空間ではなく、越境的な社会空間が意識の面でも見られ、トランスナショナルな移民としての特徴が顕著になってきている。このことは、「国民国家間での "拠点" の移動を前提とした移民という概念自体の再検討をも要請している。」と結んでいる。（小井土彰宏）

　以上 5 点について、近現代に時空を広げ、本書の関連する章にも言及しながら考察してみよう。

（1）移民は最貧層の出身者ではないことは、移民研究者の間では、むしろ常識となりつつあるといってよかろう。たとえば、リチャード・ハケット・フィッシャー（1989）は、植民地時代にイギリスからアメリカ東海岸に渡航した移民を (a) イースト・アングリア（ロンドン東部）、(b) 北ミッドランド、(c) ロンドン南部・南西部、(d) 北イングランド、アイルランド、スコットラン

ド国境地帯の四つの送出地域別に分類した。この中で、（d）の辺境地帯から
の移民が最も貧しかったと言われているが、社会の底辺に位置する人々ではな
かった。貧民層は移民するための借金もできなかったのである。同様に日本か
らの移民についても、本書第１章「近代日本の出移民史」において、山口県が
事例として取り上げられている。

　また、これらの中間層出身者を送り出し、受け入れる際の支援体制として、
移民斡旋会社、海外興業株式会社、親睦団体や経済的支援団体としての県人
会、領事館を支援する日本人会の存在が重要であったことが、第２章のハワ
イ、第３章のアメリカ、第４章のカナダ、第５章のブラジル、第８章の東南ア
ジアにおいて指摘されている。さらに、経済的要因の他に政治的、社会的、文
化的な要因が複雑にからみあっていることが、これらの章を通じて読み取るこ
とができる。

　（２）の滞在期間を基準として移民を定義することは、近年益々むずかしく
なってきている。祖国と移住先を頻繁に往来することが可能となり、複数の生
活拠点をもつ「トランスナショナル移民」が増えているからである。この事実
は第９章で述べられている在日ブラジル人意識から在外ブラジル人意識への変
化にも見られる。終章においても北米における「トランスナショナル・ヒスト
リー」研究がすでに 1990 年代から盛んになってきた事実や、北南米在住日系
人を結ぶ「トランスナショナル・エスニシティ」概念、また、逆にトランスナ
ショナル視座への批判的見解も紹介されている。

　（３）の生産・再生産の空間的配置の変化により、福祉・教育などの社会的
コストが地域住民に負担感や不公平感を与えることは、移民が家族を呼び寄せ
るときに大きな問題として浮上してくる。少子高齢化による人口減少がもたら
す諸課題は意識しながらも、直接自らの立場が不自由になる場合は、目の前に
起こりつつある問題に影響されがちである。一方で外国籍の人々の高齢化も進
み、これらの課題解決は待ったなしの状況である。第９章の在日ブラジル人、
第 10 章の在日コリアンを事例とした論考が、これらの問題を考えるための参
考になろう。他方、これらの章は、移民を問題としてだけとらえるのではな
く、日本社会に定住し貢献する人々でもあることに目を向ける必要性を教えて

くれている。

　（4）で取り上げられている移民のジェンダーについては、日本では、フィリピン人女性の地方農家での花嫁やフィリピン、インドネシアからのEPA（経済連携協定）を利用した看護師・介護士の受け入れに注目が行きがちである。一方で、第1章と第8章の東南アジアで言及されている「からゆきさん」の存在も歴史的事実として把握しておく必要がある。また、第2章ハワイの「写真結婚」「戦争花嫁」も重要な移民研究のテーマであり、移民家庭で女性の果たした役割が十分に記録として残されていない点にも注視する必要がある。その意味において、オーラルヒストリーの果たす役割は大きく、同様に第7章の満洲移民の生活世界で強調されているマスター・ナラティブに対抗するカウンター・ナラティブの重要性は改めて認識すべきであろう。また、近年、海外に渡航し定住化傾向にある日本人の多くが女性である事実も忘れてはならない。Toyota（2012）によると、戦後、特に1980年代以降に渡米した「新一世」のかなりの割合が若い女性である点を指摘している。

　（5）のトランスナショナル性は、（2）の滞在期間に関する議論とも深い関係があるが、戦前から見られた現象ともいえる。二国間の反復移動に限らず、より条件の良いところへ場所を変えて移動を繰り返すことは近年の動きに限られてはいない。ただし、今日的状況下では、交通手段の格安化、高速化、情報網の発達により、この傾向は加速している。一方でCastles, et.al（2014）が指摘するように、定期的に越境活動に関わる移民は増えてはいるものの、その数はまだ限られていること、また「トランスマイグラント」の概念規定が困難であり実証することも難しいという点は注意すべきであろう。しかし、移民の量的・質的な変化は明らかであり、移民概念の再考が求められていることに変わりはない。また、移民と郷里との観点からみると「トランスローカル」性に注目する研究もある（南川2007、森本2012）。終章の移民研究の動向に関する論考とともに、本書全体に通底するテーマであろう。

　上述の論点以外にも、本書の各章でしばしば言及されているトピックとしては「移民の送り出し・受け入れ要因」（第1章、第2章ハワイ、第3章アメリカ、第

4章カナダ、第5章ブラジル、第6章中南米、第7章満洲（特に分村移民・分郷移民）、第8章東南アジア）、「移民と郷里のつながり」（第1章、第2章ハワイ、第3章アメリカ）、「二世と日本語教育」（第1章、第2章ハワイ、第3章アメリカ、第5章ブラジル）、幼少期から人格形成期を日本で過ごしアメリカ本土、ハワイ、カナダなどに戻った「帰米二世」や「帰加二世」（第2章ハワイ、第3章アメリカ、第4章カナダ）、そして、ほぼ全章にかかわる、異なる文化的背景をもった人びとが交わる異種混淆化などを挙げることができる。読者の関心、異なる視座によって本書の各章間に見え隠れする新たな地域横断的テーマが見つかるであろう。

4　移民研究の活用

　どの研究分野においても専門性が高まると、ごく限られた地域やテーマに特化され、専門外の人々にとっては理解しづらくなる傾向がある。一方で、研究の社会還元のために成果を分かりやすく一般の人々に提示する義務もある。さらに移民研究の成果を次世代に伝えていく必要がある。ひとつは、国内外にある移民関連資料を保存、整理、公開し次世代の研究者に引き継いでいくことである。もうひとつは、より若い世代に教育現場で移民の歴史と現状を伝える移民学習の工夫である。前者について主なものを紹介してみよう。

　アメリカのウェブサイトに Discover Nikkei と Densho という日系人に特化したサイトがある。Discover Nikkei では英語、日本語、スペイン語、ポルトガル語で閲覧できるようになっており、世界の移民研究者からの投稿も多く、日々更新されている。Densho は日系アメリカ人の強制収容に関連するサイトであり、Densho Encyclopedia では主要な人物の履歴や貴重な資料がウェブ上から閲覧できる。北米日系人に関心のある研究者えにとっては利便性の高いサイトである。また、スタンフォード大学のフーヴァー研究所は、オープンアクセスの邦字新聞デジタル・コレクションを開設した。戦前、北米・ハワイで発行された邦字紙をキーワード検索できるオンラインリソースとなっている。北米・ハワイの移民一世に関する文書資料とオーラルヒストリーに関しては UCLA JARP（Japanese American Research Project）（Online Archive of California 参照）が充実している。ブラジル日本移民史料館のサイトでは、所蔵資料の紹介の他に「足跡プロジェクト：移民船の乗船者名簿」やブラジル日本移民史料館に寄

写真-1：北太平洋航路で運行された日本を代表する客船「氷川丸」

贈された「日本移民 100 周年記念サイト」へのリンクもはられ、検索が可能に
なっている。

　日本では、JICA 横浜海外移住資料館のウェブサイトに「移住資料デジタル
ネットワーク化プロジェクト」として、「広島市デジタル移民博物館」「オキナ
ワボリビア歴史資料館」「アルゼンチン日本人移民史」「ペルー日系人移民デー
タベース」などのデジタル情報のネットワーク化が行われている。神戸市立海
外移住と文化の交流センターは、ブラジルへ多くの移民を送り出した国立移民
収容所（1928 年設立）が移住ミュージアムを併設した形で残されたものであり、
ウェブサイトからも当時の様子を詳しく知ることができる。国立国会図書館の
サイト「リサーチナビ」では、「憲政資料室の所蔵資料」に移行すると「日系
移民関係資料」が検索できる。また、2008 年にブラジル移民 100 周年を記念
して作成された電子展示会「ブラジル移民の 100 年」は、ブラジルに渡った日
本人移民と現状に関して詳しく知ることができる充実した内容になっている。
和歌山市民図書館移民資料室のサイトでも、同館が所蔵する移民関連の多くの
資料について検索ができる。（森本豊富）

　後者の若い世代に対する移民学習については、一般的に学習者にとって抽象
的で、身近ではないと思われている「移民」というテーマを学ぶための教材の

写真-2：移民紙芝居を使っ
た活動（国立民族学博物館で行
われた全米日系人博物館巡回展に
おいて）

写真-3：JICA 海外移住資料館
での教員研修で、移民カルタ
をしている様子

開発がなされている。それらの教材には、学校において一般に使用される教科
書教材やその他の文書資料の他、次のようなものがある。

　実物教材：農作業着・プランテーションで使用した弁当缶・楽器・生活用品
　　　など、学習者が実感を持って学べるように実際に操作したり、体感したり
　　　できるモノ。

　読み物教材：移民をテーマにした児童図書（フィクション、ノンフィクション）・
　　　インタビュー記録・マンガなど。児童図書のリストについては、森茂・中
　　　山論（2008：420-42）参照。

　映像教材：移民の日常生活や出来事を記録した写真・記録映像・証言映像・
　　　映画・ドラマ・アニメなど。例えば、アニメーション教材として、浜松国
　　　際交流協会作成の「100年前へタイムスリップ！～アニメで学ぼう移民の
　　　歴史～」がある。

図-4：JICA 横浜海外移住資料館編
『学習の手引き』

音声教材：移民先にもち込んだ、あるいは移民先で創作した歌、インタビュー記録など。

紙芝居：移民や日系人をテーマにした紙芝居。例えば、JICA 横浜海外移住資料館では、教材用として『ハワイにわたった日系移民』『弁当からミックスプレートへ』『海を渡った日本人』『カリナのブラジルとニッポン』の4編を貸し出している。

カルタ：移民や日系人をテーマにしたカルタやカード。例えば、JICA 横浜海外移住資料館作成「移民カルタ」（森茂・中山、2008：319-330）、移民カルタ研究会「日本——ブラジル移民カルタ」（JICA 横浜海外移住資料館）、沖縄国際大学かるた研究会・ハワイ大学かるた研究会作成「ハワイ・沖縄文化カルタ」（大城・祖慶・聖田、2001：195-208）、ブラジルではパラナ日伯文化連合会の沼田信一氏作成「教育カルタ」などがある。

シミュレーション教材：シミュレーションゲームや移民双六。例えば、富山大学教育学部「ハワイ学」研究開発プロジェクトチーム作成の「ハワイすごろく」（2004）、海外移住資料館作成の「移民すごろく——ブラジルに渡った日本人移民」（2017）などがある。

ワークシート教材：博物館等が学習の補助資料として作成しているもの。教師が学習内容に合わせて作成するものもある。

アウトリーチ教材：実物教材を中心に、複数の教材を集め、その解説やそれを用いた学習活動案例等をパックにしたアウトリーチ教材も作られている。例えば、多文化社会米国理解教育研究会作成の「ニッケイ移民トランク」、海外移住資料館作成の「移民トランク」、などがある。（森茂・中山編、2008：27-39）また、ハワイ日本文化センターでは、アウトリーチ教材として「ディスカバリー・ボックス」の開発、貸出を行っている。（森茂・中山編、2008：309-318）

これらの教材の他、教育現場ですぐに活用できるように教材と学習活動案例

をセットにした移民学習の「手引き」（Curriculum Resources Guide）も開発されている（沖縄県観光商工部交流推進課・沖縄 NGO 活動推進協議会、2006；海外移住資料館、2007；浜松国際交流協会、2009; 特定非営利活動法人沖縄 NGO センター、2017）。

　こうした教材は、通常の学習においても使用されるが、移民学習においては、共感的理解を深めたり、視覚的なイメージを深めたりするためには特に有効である。また、学習者個人で使用するのではなく、グループで活用する場面が想定され、特に日系人児童生徒や外国につながる児童生徒とともに学ぶことで多文化共生の姿勢を育てる機能を発揮する。

5　移民について学ぶことの意義

　今日、グローバル化の進展の中で、ヨーロッパやアメリカを中心にイスラム過激派によるテロ事件の多発や不法移民の増加を背景に移民の排斥・排除が起こっている一方、日本では少子高齢化による労働者不足の改善のために政府による移民受け入れの動きも出てきている。このように移民問題は、今日の大きな地球的課題の一つになってきている。では、このような世界的状況の中で、移民研究者だけでなく一般の読者にとっても「移民」について学ぶことはどのような意義があるだろうか。ここでは、社会的、文化的、当事者的意義の三つの点から考えてみよう。

（1）多文化社会におけるシティズンシップを考える

　今日の地球規模の移民の増大は一国内の民族的多様性を生み出し、国民国家の虚構を露呈する上で大きな役割を果たしている。一方で、移民の流入が目立つ欧米の多くの国では、異なる言語を話し、異なる神を信じ、異なる文化を持つ移民によって侵略を受けるのではないか、という不安が持たれるようになってきている。移民はその国の職を奪い、領土を占領し、福祉制度によりかかり、生活や環境を脅かし、国家組織さえも脅かしかねないとの不安は根強い（ウェイナー 1999：16）。このように「移民は国民国家においては他者である。国民国家が移民を他者化し、労働力としては受け入れられながらも人間としては排除するという図式は、国民国家であるかぎり変わりはない。」（伊豫谷 2001：21）この指摘にあるように、移民はどの時代、どの場所においても絶えず自由、平等、公正といった基本的人権の侵害、人種主義の脅威にさらされてきた。そ

のため受け入れ先の国民国家を脅かす存在とみなされた移民は、あくまでも管理される対象であり続け、そのため移民研究は、膨大な「他者」の管理へと転換することになった（伊豫谷 2013：7）。このような「他者」の管理がホスト国における社会の分断を引き起こしてきた。

　そのような社会の分断を克服するためには、移民・移住者を周辺化しない社会を創り出すこと、すなわち彼ら／彼女らのシティズンシップを検討することが必要である（大野 2017：195）。酒井直樹も指摘しているように、「移民政策や移民を含めた共同性の形成の議論が欠如した現在の状態」は大きな問題であり、「社会科学においてもまた人文科学においても、今や、移民の立場で社会変化を考える能力のない者たちは、知識人として失格していると考えざるを得ない」のである（酒井 2012：13）。今後移民がもたらす社会変化に対応した「新たな共同性」を作り上げ、身近な生活の中で隣にいる人（移民）との連帯を紡ぎ上げること、すなわち「多文化共生」は 21 世紀の人類的課題である。

　このように考えると、今日におけるシティズンシップは、これまで国民国家において「国民」として規定されてこなかった人々をも包摂する概念でなければならなくなる。その意味で、移民について学習することは国民国家によって他者化／周辺化された移民の基本的人権の問題、基本的人権と国家主権との間の緊張関係や調整、多文化社会における人権や市民権のあり方といった民主主義の基本原理を学ぶ格好の機会ともなりうる。これが移民について学ぶことの社会的意義である。

（２）文化的本質主義を乗り越える
　第二に、移民文化の特色は、その構築様式としての「ディアスポラ」と、それに伴う「ハイブリディティ（異種混淆性）」である。ディアスポラとは、本来旧約聖書にあるユダヤ人の「離散」を意味していたが、奴隷貿易や植民の結果として世界の至る所へ移動、分散された人々の社会的経験や文化、さらに広い意味では移民や難民、出稼ぎ労働者などが国境を越えて移動するプロセスで生成された文化や経験を指すようになった。

　これまでディアスポラの大きな特徴として、ホームランドからの離散のトラウマ的経験やホスト社会での疎外や差別の経験等からくる極めてノスタルジックで分離主義的アイデンティティが強調されてきた。しかし、近年のポストコ

ロニアル研究が主張しているように、「ディアスポラ・アイデンティティとは、変化と差異を通して自らを絶えず再生産し続けるもの」であり、固定したホームランドという発想を否定するものである（戴 2009 : 48）。すなわち、ディアスポラという言葉には、かつて自分が所属していた文化や新たに属した文化とはちがう新しいハイブリッドな文化を創造し、発展させていくという積極的意味が含まれている。

　ポストコロニアル理論の代表的人物であるポール・ギルロイは、『ユニオンジャックに黒はない』（1993 年）の中で音楽文化に関して、次のような例をあげている。今日ではジャマイカの文化を代表しているかのように語られるレゲイは、もともとジャマイカに存在したリズムに、移民の集まるコミュニティで様々な移民がもち込んできた音楽要素が混じり合い、またアンプなどのテクノロジーの変革を通じ生じたハイブリッドなエネルギーをもつ音楽になっていった。

　従来国民国家は、ある国家や民族をもつ文化を「均質なもの」「非歴史的なもの」として固定化したり、本質化したりしてとらえることによって安易な文化的差異の認識を生み出してきた。このような本質主義に依拠したナショナル・アイデンティティが他者への差別や排除につながったのである。今日の「移民の時代」といわれるディアスポラ的世界状況の中で、ハイブリディティという視点で文化をとらえることは、国民や民族、その文化を固定的、本質的にとらえるような見方を克服するうえで重要な視点である。また、多様な文化の承認への欲求は文化的権利であり、その保障はホスト社会における移民の社会的包摂の不可欠な条件となる。これが移民について学ぶことの文化的意義である。

（3）移民のアイデンティティを確認する

　第三に、以上二つの社会的・文化的意義に加え、移民についての学びが当事者である移民にとってもつ固有な意味もある。各自のもつアイデンティティは、エスニックなルーツに規定されるとともに、生活する場に大きく規定される。生活する場の移動によってアイデンティティは新しく生まれ、変化する。移民は、多かれ少なかれホスト社会での適応過程において、自身のルーツであるホームランドとホスト国との間でアイデンティティの揺らぎを感じるケース

が多い。特に前述したようなホスト国で受ける他者化や差別経験によって、移民は自己のルーツに自信を持てなくなったり、時にはそれを否定したりする場合もある。

　特に子どもたちの場合、アイデンティティの揺らぎやそれに伴う自己否定が、ホスト社会での学習面の困難につながり、ネイティブの生徒との間に学力差を生んでいることが指摘されている（OECD 編、2007：125-131）。その要因として、移民先での言語習得の問題と同時に、移民の子どもたちのアイデンティティの確立の問題がある。それら子どもたちにとって、自身を含む家族の苦難やその克服の歴史、ホスト社会にあっても維持・継承してきた伝統文化等を通して自分たちのルーツについて学ぶことは、自己のアイデンティティの確立を促し、ホスト社会での学力保障と自信を持って生きることにつながる。日本においても、様々なルーツを持つ渡日の子どもたちが多く在籍する学校において、自己のルーツに関わる移民の歴史や経験、そして貢献について学ぶ移民学習が契機になり、渡日の子どもたちの意識の変化が生まれ、自分自身へのルーツへの肯定的受容へとかわっていったことが報告されている（福山 2016：148）。

　また一方で、移民のアイデンティティは、自己のルーツを意識しながらホスト社会との文化接触のルートを通して、いかなる国家的、民族的伝統にも還元されない多様なものになっていく。移民当事者にとって、このようなクレオール化やハイブリッド化を特徴とする国家に還元されないディアスポラ・アイデンティティの意義を学ぶことは自己の解放にもつながる。以上が、移民について学ぶことの当事者的な意義である。（森茂岳雄）

6　おわりに

　かつて多くの人々が日本から集団渡航というかたちで海を渡っていった。そして、近年においても個人として海外に渡り続けている。また、海外から日本に移り住む人々も増えている。本書を通読することにより、忘却された過去の記憶が呼び戻され、その記憶はより現実のものとして認識されるだろう。流動的移民、植民、難民、在留民は、これからの日本、世界を考えるときに欠かすことのできない視点をわれわれに提供してくれる。（森本豊富）

［参考文献］

東 栄一郎著，飯野正子監訳．2014.『日系アメリカ移民　二つの帝国のはざまで──忘れられた記憶 1868-1945』，明石書店.

蘭 信三．2008.『日本帝国をめぐる人の移動の国際社会学』，不二出版.

有末 賢．1995.「移民研究と生活史研究──日系人・日系社会研究の方法論的課題」柳田利夫編著『アメリカの日系人──都市・社会・生活』，同文舘出版.

今泉裕美子・柳沢　遊・木村健二編．2016.『日本帝国崩壊期「引揚げ」の比較研究──国際関係と地域の視点から』，日本経済評論社.

伊豫谷登志翁．2001.『グローバリゼーションと移民』，有信堂高文社.

伊豫谷登志翁編．2013.『移民という経験──日本における「移民」研究の課題』，有信堂.

ウェイナー，マイロン／内藤嘉昭訳．1999.『移民と難民の国際政治学』，明石書店.

江淵一公．1994.『異文化間教育学序説──移民・在留民の比較教育民族誌的分析』，九州大学出版会.

OECD 編著，齋藤里美監訳，木下江美・布川あゆみ訳．2003.『移民の子どもと学力──社会的背景が学習にどんな影響を与えるのか』，明石書店.

大澤真幸，吉見俊哉，鷲田清一，見田宗介他編．2012.『現代社会学事典』，弘文堂.

大城智子，祖慶壽子，聖田京子．2001.「沖縄・ハワイ文化かるた──日本語学習と日本語教員養成課程の学生のための教材作成」国際交流基金日本語国際センター編『世界の日本語教育（日本語教育事情報告編）』6 号.

大野順子．2017.「移民・移住者のシティズンシップの獲得をめぐって」赤尾勝己編『学習社会学の構想』，晃洋書房.

岡部牧夫．2002.『日本史リブレット 56　海を渡った日本人』，山川出版社.

海外移住資料館．http://www.jomm.jp/

海外移住資料館．2007.『海外移住資料館　学習活動の手引き（改訂版)』，独立行政法人国際協力機構横浜国際センター海外移住資料館.

カースルズ，S.／ミラー，M. J.，関根政美・関根薫訳．1996.『国際移民の時代』，名古屋大学出版会.

国立国会図書館．リサーチナビ　http://rnavi.ndl.go.jp/rnavi/

小井土彰宏．2012.「移民」『現代社会学事典』，弘文堂.

小嶋 茂．2011.「海外移住と移民・邦人・日系人──戦後における意味の変容から考える」駒井洋監修・陳天璽編著『東アジアのディアスポラ』，明石書店.

酒井直樹．2012.「レイシズム・スタディーズへの視座」鵜飼哲・酒井直樹・テッサ・モーリス＝スズキ・李孝徳著『レイシズム・スタディーズ序説』，以文社.

戴エイカ．2009.「ディアスポラ──拡散する用法と研究概念としての可能性」野口道彦・戴エイカ・島和博『批判的ディアスポラ論とマイノリティ』，明石書店.

塩出浩之．2015.『越境者の政治史──アジア太平洋における日本人の移民と植民』，名古屋大学出版会.

多文化共生教材プロジェクトチーム．2009.『考えようともにいきる浜松の未来──はままつ多文化共生教材』，（財）浜松国際交流協会.

特定非営利活動法人沖縄 NGO センター編．2006.『参加型学習教材「沖縄移民──知ろう世界のウチナーンチュウ』』，第 5 回世界のウチナンチュ大会実行委員会.

序章　「移民」を研究すること、学ぶこと

特定非営利活動法人沖縄 NGO センター編．2017.『参加型学習教材「レッツスタディー！ 世界のウチナンチュ――沖縄移民を通して学ぶ多文化共生」』，第 6 回世界のウチナンチュ大会実行委員会．

日本国語大辞典第 2 版編集委員会編．2003.『日本国語大辞典　第 2 版』第 1 巻，小学館．

『日本大百科全書：ニッポニカ』，1994，小学館．

福田アジオ，湯川洋司，中込睦子，新谷尚紀，神田より子，渡辺欣雄編．1999.『日本民俗大辞典　下』，吉川弘文館．

福山文子．2016.『「移動する子どもたち」の異文化適応と教師の教育戦略』，八千代出版社．

ブラジル日本移民史料館　http://www.museubunkyo.org.br/jp/index.htm

邦字新聞デジタル・コレクション．Hoover Institution Library & Archives, Stanford University. https://hojishinbun.hoover.org

前山　隆．1999.「移民」，福田アジオ（ほか）編『日本民俗大辞典 上（あ～そ）』，吉川弘文館．

皆川勇一．1993.「移民」『日本大百科全書（ニッポニカ）』，小学館．

南川文里．2007.『「日系アメリカ人」の歴史社会学――エスニシティ・人種・ナショナリズム』，彩流社

森茂岳雄・中山京子編．2008.『日系移民学習の理論と実践――グローバル教育と多文化教育をつなぐ』，明石書店．

森茂岳雄・中山京子．2011.「移民学習論――多文化共生の実践にむけて」日本移民学会編『移民研究と多文化共生』，御茶の水書房．

森本豊富．2012.「沖縄と「県系人」との紐帯――移民と郷里とのトランスナショナルな繋がり」森本豊富・根川幸男編著『トランスナショナルな「日系人」の教育・言語・文化――過去から未来に向って』，明石書店．

――．2013.「「移民」のとらえ方――「移民」の定義と概念の再検討をめぐって」早稲田大学人間総合研究センター調査報告書『人のトランスナショナルな移動と文化の変容に関する研究』．

Castles, Stephen, Hein de Haas, Mark J. Miller. 2014. *The Age of Migration*, Fifth Edition: *International Population Movements in the Modern World*. New York: The Guilford Press.

Densho http://densho.org/

Discover Nikkei http://www.discovernikkei.org/ja/

Fischer, David Hackett. 1989. *Albion's Seed: Four British Folkways in America*. New York, Oxford: Oxford University Press.

Online Archive of California. "Japanese American Research Project collection about Japanese in the U.S. (Yuji Ichioka papers), 1893-1973" http://www.oac.cdlib.org/findaid/ark:/13030/tf6d5nb3z6/

Toyota, Tritia. 2012. "The New Nikkei: Transpacific Shin Issei and Shifting Borders of Community in Southern California." *Amerasia Journal* 38: 3.

*本章前半は、森本（2013）をもとに、後半は森茂・中山（2011）の森茂執筆部分の一部を大幅に加筆修正したものである。

第1章

近代日本の出移民史

木村健二

1　はじめに

　1899年7月に外国人に対する「内地雑居」が実施されたちょうど同じころ、東京の東陽堂から発行された『風俗画報』（野口勝一編輯）という雑誌の裏表紙には、「外国出稼」というテーマの短歌が6首掲載され、スイスへ行く時計職人、外国へ行く軽業師、太平洋を越えてハワイやシカゴで出稼する労働者、朝鮮で稼ぐ商人のことが詠まれている[1]。（写真-1）

　これらの人びとは、日本政府から旅券を発給され、海を渡って行った。その人数を5年おきに示したのが表-1である。この表で示した「目的」項目は1905年のものであり、1890年にはⅤは「傭」、Ⅵは「漁業」、Ⅷは「其他諸用」となっていたが、「傭」は「出稼」に、「漁業」は「農業漁業」に、「其他諸用」は「其他」に含めて集計した。このうち、先の歌にも詠まれた「外国出稼者」やアメリカ本土・清国・朝鮮に多かった商用者、そして農業などの定住的移住者を「移

写真-1：外国出稼を詠んだ短歌（出典：『風俗画報』196号，明治32年9月10日）

民」ととらえ、したがってⅢ・Ⅳ・Ⅴ・Ⅵ・Ⅷ（Ⅷでは女性の比率が高く、その多くは「からゆきさん」と呼ばれる海外出稼ぎ娼婦と考えられる）を合計すると、1885年を除いていずれも90％台という高い比率となる [2]。

表-1：年次別・事由別旅券付与数（1885～1905年）

年次 \ 目的	I 公用	II 留学	III 商用	IV 職工	V 出稼	VI 農業漁業	VII 遊歴	VIII 其他	計	III＋IV＋V＋VI ＋VIII（%）
1885	303	273	394	27	2,194	5	11	254	3,461	2,874（83.0）
1890	140	361	1,558	167	5,228	77	35	600	8,166	7,630（93.4）
1895	318	374	5,915	1,034	7,990	2,992	12	3,776	22,411	21,707（96.9）
1900	2,189	791	7,686	1,951	20,654	2,076	90	5,902	41,339	38,269（92.6）
1905	815	1,127	2,607	329	3,739	5,366	12	5,471	19,466	17,512（90.0）

出典：『日本帝国統計年鑑』各年より。

　他方日本は、1895年に台湾を、1905年に樺太を領有し、また同年大韓帝国（韓国）を保護国化する過程で、これらの地域には旅券の携帯が必要なくなり、上記のような形で移民数を把握することはできなくなる。その一方、毎年の在留者数は判明するので、その年の12月末現在の在留者数から前年末の在留者数を差し引くことによって、その年次の増加数を得ることができる。そこには、自然増分も含まれ、かつ公用や企業の支店駐在員なども含まれるのであるが、それらはこの段階ではまだ少ないと判断し、数値を算出すると、1900年は台湾のみで4,834人、1905年は台湾と韓国で17,620人を数えることができた [3]。

　こうして得られた数値から、明治期にあっては、1885年にハワイ政府と明治政府が結んだ契約に基づくハワイ官約移民の開始以降、ハワイを中心としつつ出稼ぎ移民を毎年数千人規模で送り出す一方、官約移民終了後（それは日清戦争以降ということでもあった）も20,000人から40,000人を、非勢力圏としてのハワイ・北米方面と植民地・勢力圏たる清国・台湾・韓国方面へ2分させつつ送り出していったのである。

　その後の動向を示したのが表-2である。帝国統計年鑑に「移民」という名称が使われるようになるのが1910年からであり、ここでそれにⅢ、Ⅳ、Ⅴを

加えて移民ととらえると、非勢力圏へは 20,000 人から 60,000 人で推移し、とくに 1930 年から 34 年にかけてはブラジル移民によってその数値を増加させていく（ブラジル移民の最多は 1933 年の 24,494 人）。

表-2：年次別・事由別旅券付与数（1910 ～ 1934 年）

年次	I 公用	II 修学	III 商用	IV 農漁	V 雑	VI 移民	VII 視察	計	III＋IV＋V＋VI（%）
1910	504	328	2,113	7,354	4,885	6,715	―	21,899	21,067（96.2）
1915	563	375	4,181	15,426	9,294	12,581	1,271	43,691	41,482（94.9）
1920	985	266	5,615	21,770	10,815	13,712	2,444	55,607	51,912（93.4）
1925	1,095	660	2,847	6,620	8,720	10,696	2,234	32,872	28,883（87.9）
1930	1,184	675	5,726	18,749	7,695	21,829	5,553	61,411	53,999（87.9）
1934	1,351	225	6,509	25,035	6,925	28,087	3,781	71,913	66,556（92.6）

注：1925 年以降の「雑」には再渡航者・同伴・呼寄を含む。
出典：『日本帝国統計年鑑』各年より。

植民地・勢力圏に関しては、台湾・樺太・朝鮮・関東州に 1925 年以降は南洋群島が加わり、それぞれ総督府統計年報や庁統計書・統計要覧などを基に前段階と同様の方法で移民数を算出するなら、1910 年が 46,971 人、15 年が 13,040 人、20 年が 28,981 人、25 年が 59,476 人、30 年が 71,600 人、34 年が 56,395 人となる。1925 年以降樺太、1930 年には各地で増加し、1934 年の数値に満洲国の 54,000 人（1934 年 10 月 1 日現在の在留者から 32 年 10 月 1 日現在の在留者を差し引き 2 で割った数値）を加えると、100,000 人を超す人びとが渡航していき、1934 年には全体で 177,000 人に及ぶ人びとが海外移民したとすることができる（なおこの間の北海道移住者数は、1919 年の 91,000 人をピークに、以後は 1935 年まで 50,000 人前後で推移している）。国勢調査によると 1930 年から 35 年にかけて日本の人口は 1 カ年平均で約 960,000 人増加しており、増加人口の 18.4% が海外移民したことになるのであった[4]。

以下では、これらの海外移民につき、出移民がどのような地域からどのような階層や家族内の地位から出て行ったのかという属性と経済的背景、政策や情報、斡旋業者など出移民の媒介となった諸契機、そして送金・持帰り金や郷土人会、郷里の恩師にあてた書翰などを通じてみた郷里とのつながりについて検討していこう。

2　出移民の属性と背景

表-3：日本人渡航先別上位出身道府県

地域	年次	項目	1位	2位	3位	4位	5位
ハワイ官約移民	1885–1894	旅券発給者	広島	山口	熊本	福岡	新潟
北海道移民	1886–1922	累計移民戸数	青森	新潟	秋田	石川	富山
東拓移民	1909–1920	1921年移住民名簿	高知	佐賀	福岡	山口	岡山
ブラジル移民	1908–1941	累計移民数	熊本	福岡	沖縄	北海道	広島
ペルー移民	1899–1923	契約移民数	沖縄	熊本	広島	福島	福岡
満洲移民・義勇隊	1945年5月現在	累計移民数	長野	山形	熊本	福島	新潟
台湾	1930年	国勢調査本籍地	鹿児島	熊本	福岡	広島	佐賀
朝鮮在留者	1930年	国勢調査現住内地人府県別	山口	福岡	広島	長崎	熊本
樺太	1930年	国勢調査本籍地	北海道	青森	秋田	山形	宮城
関東庁	1930年	国勢調査本籍地	福岡	鹿児島	長崎	熊本	広島

出典：ハワイ・北海道・ブラジル・満洲は木村健二．1995．「日本人移民」『世界民族問題事典』平凡社，東拓移民は同．2002．「東拓移民の送出過程——山口県吉敷郡仁保村を事例として」大阪経済大学日本経済史研究所『経済史研究』6，台湾・朝鮮・樺太・関東庁は各地『昭和五年国勢調査報告』より．

　　海外へ渡航した移民の出身道府県は、表-3に示すように、1885年から94年まで26回にわたって行われた「ハワイ官約移民」においては、広島県、山口県、熊本県、福岡県が上位を占め、その後は、ハワイ・北米方面へはこれらの県が中心となって渡航者を生み出した（ただし北米本土への正確な府県別移民数は把握できていない）。他方、朝鮮在留者は明治期には山口県、長崎県が、1930年には福岡県や広島県が増加してくるが、ほぼ西日本各地が中心であった。台湾へは鹿児島県、熊本県、福岡県が上位で、ほぼ九州が中心であった。さらに北海道は青森県、新潟県、秋田県、石川県、富山県と、東北・北陸といった日本海側諸県が上位を占めた。樺太へは北海道が断然トップで、それに青森県、秋田県などの東北諸県が続いた。北海道はすでに人口吸収地であるとともに、次に示すブラジル・満洲などへも流出させる地域となっていた。ブラジルについては熊本県、福岡県、沖縄県、北海道、広島県、福島県、満洲農業移民は長野県、山形県、熊本県、福岡県が上位を占め、全体的には熊本県、福岡県が7カ

所で、広島県が 6 カ所で上位に入っており、このほか南洋群島やフィリピンでトップであった沖縄県も移民多出地域であったとすることができよう。

　同一県でも、たとえば山口県の場合は、商業＝廻船業や漁業が主導して朝鮮へ行く場合は熊毛郡や阿武郡が多く[5]、他方で東洋拓殖株式会社募集の農業移民の場合は都濃郡や吉敷郡が多く、大きな違いをみせている[6]。広島県の場合も、ハワイ官約移民からその後の自由・契約移民では瀬戸内沿岸の郡が多かったが、満洲農業移民（広島総合開拓団）では佐伯・高田・双三・比婆・深安といった比較的山間部が多いという特徴を有していた[7]。

　この間、首都圏（東京市）や近畿圏（大阪市）はその周辺県からとくに人口集中をみていることを考え合わせれば、明治中期以降、全体的人口増加の趨勢の中で、全国的に国内・海外に向けて人口移動がなされていたとみることができよう。その方向が異なるのは、地理的関係、漁業・商業といった職業的関連、そして次節でみるような政策・情報・媒介者によっていたということになる。

　経済的要因という点では、ハワイ官約移民の場合に、1881 年からの松方デフレ政策による不況下で、商業的農業の展開した先進地型に近い農業地帯で、零落する農民層や自作から小作に転落する農民が応募したことが指摘されている[8]。綿作・綿業など一定の商品経済の展開とその挫折というパターンからの移動が、明治前半期には多くみられたということができよう。昭和恐慌以降のブラジル移民や満洲移民の場合は、これが養蚕・製糸業の後退ということになる[9]。

　他方筆者は、山口県の事例により、各種移民において村落内のどのような階層から移民が出たかを検討し、必ずしも最下層や極貧層から出ているわけではないことを明らかにした[10]。農業の場合は初期投資金や食料費、労働者の場合は初期の官約移民以外は旅費を用意しなければならず、極貧層では移民に必要な資金が準備できなかったこと、借金がある場合には満洲移民の場合のように棒引きにでもされない限り、それに縛られ、移動そのものが難しかったのである。

　最後に家族内の地位という点についてみると、1900 年から 1910 年代前半にかけての時期には、長野県養蚕地帯からの国内移動の事例として、戸主・長男層が多く、農家二・三男の移動はまだ少ないが、第一次大戦以降逆転することが指摘されている[11]。広島県からの官約移民では、第 1 回移民の戸主・長男

は 133 人、二男・三男・弟が 8 人で、戸主・長男は 94.3％を占め、第 18 回までの佐伯郡宮内村の場合は、戸主・長男・養継子が 85 人、二男・三男・四男・弟が 13 人で、戸主・長男・養継子が 86.7％を占めた[12]。山口県玖珂郡由宇村からのハワイへの契約移民の事例においても、77 人中、戸主・長男・養子が 49 人、二男以下及び弟が 28 人で戸主・長男・養子は 63.6％となって、官約移民ほどの高率ではないが、相変わらず高い比率である[13]。この段階は帰って来ることを前提とした出稼ぎであって、一定の準備金を要し、高賃金を享受できる海外出稼ぎには、二・三男以下層ではなく、戸主・長男層が名乗りを挙げた結果ということができよう。なお、昭和初期の満洲移民の場合については、長野県読書村や富士見村、山形県大和村のケースが判明するが、戸主が全戸で移住し残した土地を分割するケースと、二・三男以下層が移住し現地で分家をはかることによって過剰農家の出現を抑えるケースがあり、いずれにしても二・三男以下層が大部分であったというわけではなかったことに注意すべきであろう[14]。

3　出移民の諸契機

■政　　策

　これらの海外移民に際して、どのように政策が作用したかに関しては、推進的に作用する側面と抑止的に作用する側面があった。ハワイ官約移民はハワイ政府の要請に明治政府が応じたものであり、植民地・勢力圏方面や定住的農業移民の場合は推進され、官約移民後のハワイや北米への出稼ぎ労働移民の場合は抑制ないしは禁止されたとすることができる。

　ハワイ政府による官約移民送り出しの要請に、1872 年のマリア・ルス号事件以来の方針を覆して[15]、日本政府が応じたのは、当時政府が不平等条約改正交渉の渦中にあって、ハワイ側がみかえりに治外法権の撤廃を実施することがあったためといわれている[16]。

　勢力圏への移民の場合は、初期には不平等条約によって設定した居留地・租界の勢力保持のため有力商工業者の進出を奨励したのであり、1901 年には清韓両国を後述する移民保護法の適用からはずす措置をとる[17]。また植民地・

保護国にあっては自作的農業移民の定着によってその統治・開発の実績とするべく、台湾、朝鮮、樺太、関東州、南洋群島そして満洲国において、土地を提供し、旅費を補助し税金を一定期間免除する国策的農業移民が送り出される[18]。そこでは、現地農民との競合もあって、必ずしも成功裏に進んだとはいえず、内地の各村に割当的に課せられた側面もあった。そしてこうした国策移民は、太平洋戦争下で軍政下に置かれた東南アジアの欧米植民地在住者を含めて、敗戦という事態のもとで、総引揚げを余儀なくされることになるのである[19]。

　これに対して、アメリカ合衆国本土では、1900年ころより増加する日本人労働者排斥の動きが急で、またアメリカに編入されたハワイからの「転航者」の増加に対しても批判が起こり、1900年の移民禁止や1908年の日米紳士協約による再渡航・呼寄以外の移民禁止といった自主規制を行うことになる[20]。全島民のうち日本人が最大規模となる1900年以降のハワイにあっても[21]、労働運動を分断させる目的から、日本人移民を他民族に代える動きがみられるようになるが[22]、これに対する日本側の手立ては何らなされることはなかった。

　ブラジル移民に対しては渡航費補助、海外興業株式会社への東洋拓殖株式会社を通じた資金投下、海外移住組合による土地確保などが行われ、また各道府県レベルで移民推進キャンペーンがはられたことも周知のところである。もっともその場合も、1928年に神戸に「移民収容所」を設置し、移民への事前教育を実施したことは、アメリカでのような排斥を引き起こさないようにという当局の懸念があったとみてよい[23]。

　また東南アジア方面の欧米植民地に進出したいわゆる「からゆきさん」に対しては、日本本国政府や出先領事館は、欧米各国の方針やキリスト教会の運動に配慮しながら、出発地点における抑制や密航の摘発、そして1920年1月の新嘉坡日本人会による「廃娼決議」を通した廃業勧告などによって、「国家の体面」を維持する方針で臨んだのである[24]。

　いずれにしても戦前期における日本の海外移民は、日本の国際関係や対外戦略のもとに置かれ、それらの方針に従属する形で展開されたとすることができるのである。

■情報とネットワーク

　海外移民がもたらす情報やネットワークは、後続移民を送り出す上で、非常に重要であった。そもそも人はまったく何の手がかりもないところへ行くには、相当の決断がいったはずであるからである。情報の伝播に関しては、公的なものと私的なものに区分でき、前者については政府広報、メディアや文献、さらには講演会などを通して流布され、後者については人づてという形で流布される。そしてこの人づてという場合、しばしばネットワークの構築とその活用という形で機能していく。

　前者の事例としては、まず外務省の出先機関（主として領事館）の調査をまとめた『通商彙纂』や『移民地事情』の発行をあげることができる[25]。民間機関としては、1893年3月に発会式をあげた殖民協会は、『殖民協会報告』（1893年4月～1902年11月）を発行し、移民思想や移民情報を広めるのに貢献した[26]。また台湾・朝鮮・「満洲」など新たに領土や勢力圏となった地域に視察団が送られ、その報告が新聞・雑誌、文献、講演会などでなされている[27]。地理的に近接する山口県では、県レベルで頻繁に調査員を派遣し、『韓国実業要報』1、2（山口県内務部、1908年）や『韓海漁業試験報告』（山口県水産試験場、1907～09年）、『朝鮮事情』1、2（防長海外協会、1924、25年）などを刊行し、また馬関毎日新聞社では、併合前より朝鮮の釜山に支局を設けて「釜山通信」を発信し、また1911年には号外版として週1回「釜山週報」を発行する（2月から5月まで13号）。さらに早いものでは日露戦争ころより各地で刊行され始める「人名録」は、それぞれの成功譚が後続者を強く刺激することになる。朝鮮では『在韓人士名鑑』（木浦新報社、1905年）がもっとも早く刊行され[28]、山口県大島郡では『大島郡大観』（大島新聞社、1920年）が多くの在外成功者を掲載しており[29]、さらに西日本各地でも同様のものがとりわけ1920年代に数多く刊行されている（四国に関しては『朝鮮満洲南支四国人発展史』京城、1924年[30]）。

　後者の事例としては、石川友紀は沖縄県島尻部勝連村比嘉からのアルゼンチン移民について、それが独特の「地割制」の崩壊と門中組織による血族的血縁的紐帯の強さによって、芋づる式に後続者が出たとしている[31]。武田尚子は広島県沼隈郡田島村から1904年以降継続的にフィリピンに移民した漁民について、名望家の保有するネットワークや情報力と中・下層の緊密な親族ネット

ワークを指摘しているし⁽³²⁾、赤木妙子は特定ファミリーによる呼び寄せや就業ネットワークを通じて福島県からのペルー移民が輩出した事例を提示している⁽³³⁾。このほかに帰郷者がもたらした現地情報や「送金情報」があったことはいうまでもなく、山口県では出身者が朝鮮から帰郷して報告会を開き、「土地を早く買収せよ」などと、朝鮮での有利な事業展開に関する情報の流布に努めている⁽³⁴⁾。

■斡旋業者

　すでに述べたように、1894 年にハワイ官約移民が終了する直前ころより、日本各地に移民取扱人と呼ばれる民間の斡旋業者（個人業者または移民会社）が登場するようになり、そうした業者を通した移民の送り出しが行われるようになる。そのため、政府は 1894 年に移民保護規則、1896 年に移民保護法を制定し、もっぱら斡旋業者の監督・取締りを実施し、移民の送り出しを厳密化していく⁽³⁵⁾。

　こうして設立された移民会社・個人業者は、1913 年までに 77 余りに達し⁽³⁶⁾、1899 年から 1913 年までに約 153,000 人、全体の 64％の移民を送り出したのである（外務省通商局編『旅券下付数及移民統計』1921 年）。しかし弊害も多く（ハワイの京浜銀行に関わる事件など⁽³⁷⁾）、徐々に淘汰・合併され、最終的には東洋拓殖会社系列の半国策会社である海外興業株式会社 1 社に収斂され、ブラジル移民の宣伝・募集・乗船手続・輸送・配耕及保護などを担当する（『海外興業株式会社小史』1935 年）。また県知事をトップとする海外移住組合も各道府県単位で設立され、その連合会も組織されて、移住民の募集や開拓資金・生活費の助成、経営のサポートなどを行った（『海外移住組合連合会ノ沿革梗概』1934 年、拓務省『拓務要覧』各年）⁽³⁸⁾。

　他方、植民地・勢力圏の場合は、こうした斡旋業者の手を経ることはまれであった。そもそも集団的に労働者の送り出しがなされることがほとんどなく（朝鮮人のハワイやメキシコ送り出しにはアメリカや日本の斡旋業者が関わったが）、京義線などの鉄道工事労働者の募集は下関などで請負業者が直接行うケースが多く、あるいは個別分散的な場合は、郷里からリクルートするケースが多かったからである。自作農民の場合は、民間会社あるいは個人、さらには国策会社が

農地を買占め、そこに年賦によって自作農民を送り込むケースがとられ、朝鮮では東洋拓殖株式会社が（『東洋拓殖株式会社三十年誌』1939年）、南洋群島では南洋興発株式会社が担当した（『南洋興発株式会社二十週年』1941年）。ただし東洋拓殖移民の場合、第1種（2町歩の自作）と第2種（10町歩の小地主）の移民に分けられ、次第に後者に傾斜していったことが指摘されており、また南洋興発においては小作制農場経営が基本であり、そのほかに直営農場があって沖縄や福島から労働者が送り込まれた[39]。

なお、先の民間斡旋業者の設立主体に関しては、様々な属性があったが、財閥関係者、大都市非財閥系営業者、地方名望家、政党関係者などにまとめることができ、個別企業の利益追求や政治的地位の上昇という側面のほかに、人口・食糧問題の解決という国家的見地や地域の疲弊の解消といった観点を有するものが移民を斡旋していった[40]。海外興業株式会社や南洋興発株式会社は先に設立された東洋拓殖株式会社から資金の提供を受け、その子会社として活動したものである。

4　郷里とのつながり

■送金・持帰り金とその役割

送金・持帰り金という場合、国家レベル、地域レベル、家族レベルからその役割を位置づけることができる[41]。

国家レベルでは、毎年総額1,000万円から3,000万円（外務省調査）の金額がもたらされ、国際収支中の経常項目中20%前後を占める比率（大蔵省調査）であったことが知られている。その主な送付元は、アメリカ本土、ハワイ、カナダなど賃金格差が大きく出稼ぎ労働移民の多い地域からであった。また、日清戦争や日露戦争に際して、組織的な軍資金献納も多額にのぼり、これはハワイ・北米方面からばかりでなく、東アジア方面からも、そしてからゆきさんとみられる人びとからも送られてきた[42]。1937年に日中戦争が開始されると、在ハワイの個人や山口県岩国町人会から送金がなされ、出征軍人やその遺家族への慰問費用に供せられている[43]。

地域社会に対しては、いうまでもなく移民県として知られる広島、和歌山、

熊本、福岡、山口、岡山、沖縄の各県が送金先の上位を占めた（1911年）[44]。そのうち、出移民率が人口の10％にのぼった広島県安佐郡では、1914年には生産総額の23％、租税総額の128％に達する送金・持帰り金があったという[45]。いかにそれらの金額が破格のものであったかが知られよう。そうした破格の収入を得ることで、華美に走ったりすることがあったため、山口県大島郡などでは自制するような取り決めもなされたりしている[46]。なお、地域社会へ

写真-2：高尾沖家室同郷会から寄贈された狛犬
（山口県沖家室）（著者撮影）

の寄附は恒常的に行われ、地域の集会所や学校へは、講堂、ピアノ、緞帳、ミシンそして教育基金、運動場拡張費などが、神社には鳥居、玉垣、狛犬（写真-2）、石段の修築費などが寄贈された。

　家族に対しては、留守家族の生活費がとりわけ老齢家族においては重要で、送金が途切れたため困窮に陥って役場から出先の領事館へ息子の消息を問い合わせたり[47]、広島県宮内村では、病死したりして送金が途絶えたため家計困難となった事例なども報告されている[48]。そのほか後続者のための旅費の送金なども行われている。また、1907年の広島県や1911年の福岡県における送金の使途の調査によれば、第一位は貯金でそれぞれ50.1％と44.0％であり、ついで財物購入が22.9％と19.8％、これに負債償還や雑費が続いている[49]。

■郷土人会

　郷里とのつながりという面では、上述の送金ばかりでなく、郷土人会などの組織を通じた郷里とのつながりも重要である。1932年版『在外邦人団体名簿』には、当時アジアに99、ハワイに29、北米本土に103、カナダに20、ブラジルに64、ペルーに30、メキシコに23、その他34、合計402（植民地満支香港ソ

連を除く）の日本人会があったことが記載されている。このうちアメリカやハワイに作られた日本人会は、「権利の伸張」や日本人同士の抗争などに起因するものが多かったが、徐々に日米親善と福利の増進、そして子弟教育へと活動をシフトしていく。子弟教育の面では、日本語教育の是非をめぐって議論がなされることもしばしばであった[(50)]。出稼ぎから定住への転換に対応した動きということができる。もっとも1930年代前半には、二世教育の一環として郷里の中等学校に留学させるケースも散見されるようになる（山下草園.1935.『日系市民の日本留学事情』）。

　東アジアの勢力圏における日本人会は、日露戦後以降、日本の居留民団法に基づく組織となっていった。そこでは、外務省＝出先領事館の監督のもとに置かれ、在留証明書発行手数料収入の見返りに、日本の勢力拡大に貢献する役割を課せられたのである[(51)]。

　日本人会の下の組織として県人会があった。朝鮮における山口県人会は都市別に作られ、内地からの視察団への対応や、ときには内地の衆議院選挙への推薦もなされ、参政権のない植民地の利害を実現する一手段とされたりもした（『防長新聞』1912年5月7日付）。アメリカワシントン州の山口県人会は、早くも1903年に結成され、親睦・相互扶助的な活動を行った。のちには移民の保護救済とともに、信用組合的な資金融通なども行い、活発な活動を展開した。その際、山口県内に知事を総裁として組織された防長海外協会との連携が1920年以降なされ、アメリカにおける排日の動きに対抗するため、こうした国内の組織と連携する側面もあったのである（『華州山口県人会会報』第13号、1922年）。同様のケースは熊本県海外協会においても確認できる（岩崎継生編.1943.『熊本県海外協会史』、東洋語学専門学校[(52)]）。

　さらに山口県の場合は、とくにハワイの大島郡出身者によって、ホノルル大島郡人会（1924年）や、ハワイ屋代郷友会（1907年）、沖浦村人会など郡村レベルでも組織化がなされている。それだけの人数が在留していたということと、きずなの強さを物語るものといえよう。なかでも大島の東南部に位置する沖家室島では、青年会を発展させた沖家室惺々会が1914年に結成され、会誌『かむろ』を刊行し[(53)]、島内はもとより、アジア・アメリカ方面に在留する島民を会員に網羅し、活発な活動を展開する。とくに青壮年層の人口減少のもとで、いかに島を活性化させるかという課題と、海外各地に在留する島民の相互

連絡を密にし、家郷との関係を維持させていくかという課題を担っていたのである。その中で議論された「本島発展策」（1916年7月号）として、築港、養蚕、魚養殖などが挙げられていた[54]。

■戦前期「外地」からの手紙

　海外から郷里に寄せられた手紙は、現地の状況をうかがい知ることができるとともに、郷里との関係を知るうえで貴重な資料となる。

　下関市文書館（下関市立長府図書館）には、豊浦郡長府町にあった豊浦小学校の校長を務め1933年に退職した椿惣一宛の書翰が多数所蔵されており、そのうち「外地」に行った教え子からの大正中期から昭和初年にかけての書翰が53通を数えた。以下では、現地の事情や内地との関係がうかがわれるいくつかを紹介し、その特徴を指摘してみよう。

・I. S. 氏：大連市、1933年4月25日付

　「前略、御多忙中わざわざ私に御葉書を下さいまして有難たう御在居ます。逓信講習所の入学試験に無事パス致しまして五月一日が入学式で御座居ます。此れまで色々と御世話になりまして始めて目的をたつすることができました。此れも先生の御影と存じます。今後一生懸命勉強して良い人となるつもりです。お体を大切になさいませ。乱筆ながら。（M君はだめでした）」

・O. T. 氏：満洲国熊岡城小学校、1933年6月3日付（□は不明）

　「追て甚だ勝手乍ら私事渡満以来九年目と相成学□在職二年を経て此の四月に熊岡城尋常高等小学校長に転じました。爾来病気欠勤は二日あるのみにて日々たのしく過して居ります。殺風景の満洲としては随一とまではゆかなくても景色のよいところ、各方面の方々にもたくさんお会出来まして、満洲に居る如き心地はいたしませぬ。まだ一回もかへりませぬが、その内かへって先生に御対ひ申し上げたいと存じています。私の実家は何れも立身出世いたしていますのに、よく飛び出してつまらないとは存じますけれども、□□苦労もなく生活も割合に安易ですからまた慰むるところも御座います。」

・S. M. 氏：新旅順、？年10月24日付

「満洲に生活するようになりまして八年、春と秋とにはもう必ず内地へとんで帰りたい思いをいたして居ります。夏だけは海にも山にも近い、そして何の邪魔もなく思う存分空をながめて天体の研究の出来るこの地に居ることをよろこんで居ります。来年の春暖かになりましたら私一度上京するかもしれません。その時は八年ぶりで山口へよってみたいとも存じて居ります。」

・M. H. 氏：台北、1919 年 4 月 25 日付～
　「基隆、台北の建物も道路も立派になり、汽動車も走っています」

・M. T. 氏：満洲国瓦房店、満鉄病院内、1932 年 11 月 16 日付
　「『豊浦小学』贈呈のお礼、同誌を拝見し幾年か前に返った様な気持で急に帰省して見たくなり紅葉の錦菊の綾と歌った頃をどんなに思い出深く感じた事でしょう。殊に異郷の地で昨年から事変後未だすっかり平和にもなりません秋に感慨無量で御座います。（中略）私も渡満後最早七ケ年ずっと元気に院務にいそしんでいます。昨年春より秋迄東京へ参りまして助産の方を研究し卒業後早速再渡満いたしました。（中略）当地は関東州内に一番近い事とて奥地に比して馬賊等の心配も軽うございますが、でも折々は夜もゆっくり眠れない様な事も御座いました。（中略）支那人の家から助産等頼まれますと支那街に行くのも不安で途中警備の兵隊さんに会いますと涙が出る程うれしうございます。（中略）早く平和な満洲国になります事を祈っています。」

・Y. T. 氏：朝鮮全羅北道群山、1932 年
　亡夫の納骨に帰省した際（吉敷郡仁保村）、はからずも慰霊祭を挙行してもらったことへの礼状（10 月 11 日付）、石碑を建ててもらったことへの礼状と、主人の碑のへりに私のも一字だけでも入れていただけまいか、そして小学校勤めの二十三才の娘の軍人か教員との縁談のお願い（朝鮮に居る子は不品行の人が多く、他県人の集まりで気心も知れないため）（12 月 17 日付）

　I. S. 氏は、満洲の通信講習所に合格することで、新たな道が開けたことについて恩師にお礼を述べている。O. T. 氏は実家の立身出世には及ばないが、満洲に居るような（暗い）気分ではないことを主張し、安心して欲しい旨を伝え

ている。S. M. 氏は天体の研究のできる満洲の地にいて満足しているが、頻繁に帰省していることもうかがえる。M. H. 氏は台湾でも道路が立派になり、気動車も走って内地並になってきたことを喜んでいる。M. T. 氏は満洲事変後の満洲の不穏な状況に不安を感じていることを吐露している。Y. T. 氏は、朝鮮にいる内地人は不品行のものが多く、気心も知れないので、娘に内地の人との縁談を依頼している。

　全体として、安心して欲しい、満足している、喜んでいるといった記述が多くみられるが、外地はまだまだ発展途上の状態であって、必ずしも「永住の地」とはなっていない様子をうかがうことができる。今後はこうした書翰や日記類をさらに数多く発掘し、各自の置かれた状況をふまえつつ、相互に比較検討することが必要であろう。

5　おわりに

　以上、日本の戦前期における出移民に関するこれまでの研究史によりながら、日本における出移民史に関わる基本的な事項について概観してきた。そこでは、個々の研究ではふれられていても、全体としてどうであるのかについて必ずしも通説的に述べられてこなかった点につき、年々の増加人口の最大で約2割（1934年）を海外に送り出したことなどの具体的「移民数」や、行先別の出身上位道府県でみると熊本県、福岡県、広島県そして沖縄県が上位に位置していたこと、移民の村落内における階層は必ずしも最下層ではなかったこと、家族内の地位では、とりわけ初期の出稼ぎ移民においては、戸主・長男層の比率が高かったことなどを指摘した。さらに、経済的背景としては地主小作関係ばかりでなく、綿作・綿業や養蚕製糸業といった商品生産の展開とその没落があったこと、政策は推進的側面と抑止的側面があり、それは対外関係に大きく左右されていたこと、血縁や地縁のネットワークや村落を越えた情報網の存在、民間や国策的な移民斡旋業者の存在が移民送り出しに重要な役割を果たしたこと、さらには国家・郷里・家族への送金や諸団体の活動、郷里への書翰を通した母国・郷里との関係などについてふれることができたのではないかと考える。

[注]

(1)　『風俗画報』196 号、1899 年 9 月 10 日付。本編 32 頁には 51 首の歌が掲載されており、その中で「砂糖をも作る布哇へ出稼は甘き儲けのあればなるべし」と、「日の本の桜かざして外国に春をばひさく妹そうたてき」という二首が目をひく。

(2)　Ⅱの「留学」は、当初は公費と私費に分けられ、いずれも私費が多かったが、アメリカ本土を主体とする留学先が決まっていない苦学生（＝スクールボーイ）の渡航は、Ⅷの「其他」に含められたものとみられる。もとよりⅢの「商用」には、大企業の支店駐在員も含まれていたと考えられるが、その数はこの段階ではまだ少数であり、大部分が朝鮮の居留地や清国の租界への個人的商業目的であったと判断し（1900 年にはこの両地へ 3,548 人の商用渡航者をみている）、「移民」に含めている。また、同年の露西亜や英領新嘉坡の「其他」は男性より女性が多く（男 385 人に対し女 513 人）、いわゆるからゆきさんの渡航であったと判断される（内閣統計局編纂．1901．『日本帝国第二十統計年鑑』）。

(3)　『台湾総督府統計書』、『韓国統監府統計年報』各年より。

(4)　以上は『日本帝国統計年鑑』各年より。

(5)　木村健二．1989．『在朝日本人の社会史』，未來社．

(6)　木村健二．2002．「東拓移民の送出過程──山口県吉敷郡旧仁保村を事例として」，大阪経済大学日本経済史研究所『経済史研究』6．

(7)　児玉正昭．1993．「第二次世界大戦末期の『満洲農業移民』──広島県を素材に」，移民研究会編『戦争と日本人移民』，東洋書林．

(8)　児玉正昭．1992．『日本移民史研究序説』，渓水社，74．

(9)　高橋泰隆．1997．『昭和戦前期の農村と満洲移民』，吉川弘文館．

(10)　木村健二．2011．「戦前期日本における海外移民──山口県の事例を中心に」，陳天璽・小林知子編著『東アジアのディアスポラ』，明石書店．

(11)　大島栄子．1991．「養蚕業の発展と農民層分解」，大石嘉一郎・西田美昭編『近代日本の行政村』日本経済評論社，242．

(12)　児玉正昭．1992．155．

(13)　木村健二．2011．138．

(14)　同上，146．なお、本格的に農家二・三男問題の解決が唱導されるのは、第二次大戦後の 1950 年代に入ってからのように思われる。それをよく示すものとして、松丸志摩三．1956．『村の次三男──その問題と生き方』，農村新書，を参照のこと。

(15)　マリア・ルス号事件については、武田八洲男．1981．『マリヤ・ルス事件　大江卓と奴隷解放』，有隣新書．を参照のこと。

(16)　永井松三編．1981．『日米文化交渉史』第 5 巻、移住（新装版、原書房）には、「外務卿井上馨が、当時の日本・アメリカ修好通商条約の第六条に規定されているいわゆる治外法権が、日本・ハワイ修好通商条約の第四条にも認められているので、これの撤廃方をハワイ国が列強に率先して実行するように提唱したのもこの時のことである。ハワイ国王が、これに対して善処すべく内諾を与えたことは、後に日本人移住者のハワイ渡航を実現する上に、好影響を及ぼした」(357-358) とある（ハワイの部を調査研究して史稿

を提供したのは山下草園であったという。同書, 632)。ただしハワイ政府による治外法権の撤廃は、1893 年に実施される。米国併合前の日本・ハワイ関係については、塩出浩之. 2015.『越境者の政治史 アジア太平洋における日本人の移民と植民』, 名古屋大学出版会, 第 3 章を参照のこと。

(17)　木村健二. 1989. 第 1 章参照。

(18)　木村健二. 1994.「日露戦後海外農業移民の歴史的位置」, 安孫子麟編著『日本地主制と近代村落』, 創風社.

(19)　引揚げに関する研究動向は、木村健二. 2016.「日本人の引揚げに関する近年の研究動向」(今泉裕美子ほか編著.『日本帝国崩壊期「引揚げ」の比較研究 国際関係と地域の視点から』, 日本経済評論社) を参照のこと。また岡部牧夫. 2002.『海を渡った日本人』, 山川出版社は、日本人の海外移民を植民地・勢力圏、非勢力圏とともに欧米の植民地の三方向に区分して論じており、欧米植民地に行った日本人移民の去就についてさらに詳細な検討が必要であることを示唆している。

(20)　木村健二. 1988.「近代日本移民史における国家と民衆——移民保護法下の北米本土転航を中心に」『歴史学研究』582.

(21)　永井松三編. 1981. 543–544. 同書によれば、1900 年に 61,115 人 (39.7%) となって以降、1940 年 (156,849 人, 36.8%) まで日本人は最大規模であった。

(22)　タカキ・ロナルド. 1986.『パウ・ハナ ハワイ移民の社会史』, 富田虎男・白井洋子訳, 刀水書房, 239–243.

(23)　木村健二. 1997.「戦前期『移民収容所』政策と異文化教育」早稲田大学社会科学研究所『社会科学討究』42 (3).

(24)　からゆきさんに対する「廃止決議」については、外務省記録 (外務省外交史料館蔵)『本邦人不正業取締関係雑件』1 ～ 7 を参照。

(25)　『通商彙纂』については、角山栄編著. 1986.『日本領事報告の研究』, 同文館出版を、外務省通商局『移民地事情』(1922 ～ 1931 年) については、柳田利夫. 2000.「Ⅰ解説」(『移民地事情』解説・総目次, 不二出版) を参照のこと。そこでは、一、該当地域に関する自然、社会全般にわたる情報、二、在留邦人の現状報告、三、植民適地の選定、現況、評価、経営計画を内容としていたという。

(26)　殖民協会については、児玉正昭. 1987.「Ⅰ解説」(『殖民協会報告』解説・総目次・索引, 不二出版) を参照のこと。

(27)　そのうち朝鮮に関する明治期の調査報告書については、木村健二. 2001.「明治期日本の調査報告書にみる朝鮮認識」宮嶋博史・金容徳編『近代交流史と相互認識』Ⅰ, 慶應義塾大学出版会を参照のこと。

(28)　それを利用した分析として、木村健二. 2002.「在朝日本人植民者の『サクセス・ストーリー』」,『歴史評論』625. がある。

(29)　木村健二. 2011.「日本帝国圏内の人口移動と戦後の還流、定着」のうち「日本帝国圏内の人口移動」, 日本移民学会編『移民研究と多文化共生』, 御茶の水書房, 151–152.

(30)　ほかには、芳賀登ほか. 2001.『日本人物情報大系』第 71 ～ 80 巻 (朝鮮編), 皓星社を参照のこと。

(31)　石川友紀. 1997.『日本移民の地理学的研究——沖縄・広島・山口』, 榕樹書林, 419-422.

(32)　武田尚子. 2002.『マニラへ渡った瀬戸内漁民　移民送出母村の変容』, 御茶の水書房, 199, 268.

(33)　赤木妙子. 2000.『海外移民ネットワークの研究　ペルー移住者の意識と生活』, 芙蓉書房出版, 198.

(34)　山口県. 2010.『山口県史』史料編近代 2, 926-927.

(35)　木村健二. 1988.

(36)　木村健二. 1997.「明治中・後期における移民会社の設立主体」『近現代史研究会会報』31.

(37)　木村健二. 1985.「京浜銀行の成立と崩壊」,『金融経済』214。石川友紀. 1997. は移民会社の「功罪」という形でこの点について論じている (210-212)。なお同書においては、官約移民後の移民を、「自由・契約移民時代」と表現しており、移民会社を経る場合にも、あらかじめ就労先が決まっている場合とそうでない場合があったのであり、これが妥当な表現といえるであろう。

(38)　海外興業株式会社と海外移住組合連合会については、坂口満宏. 2010.「誰が移民を送り出したのか——環太平洋における日本人の国際移動・概観」,『立命館言語文化研究』21(4), 飯窪秀樹. 2010.「海外興業株式会社と海外移住組合連合会——1920–1940 年代における海外移植民取扱機関の変遷」,『横浜市立大学論叢　社会科学系列』61(1-3) を参照のこと。

(39)　東洋拓殖株式会社の移民事業については、河合和男ほか. 2000.『国策会社・東拓の研究』, 不二出版を、南洋興発株式会社の移民事業については、今泉裕美子. 1997.「サイパン島における南洋興発株式会社と社会団体」, 波形昭一編『近代アジアの日本人経済団体』, 同文舘出版、同. 2004.「南洋群島経済の戦時化と南洋興発株式会社」, 柳沢遊・木村健二編著『戦時下アジアの日本経済団体』, 日本経済評論社を参照。

(40)　木村健二. 1997.

(41)　木村健二. 1984.「戦前期わが国海外移民の送金・持帰り金」,『日本経済史論集』3.

(42)　木村健二. 1997.「徴兵忌避と軍資金献納」, 移民研究会編『戦争と日本人移民』東洋書林.

(43)　山口県. 2015.『山口県史』史料編近代 3, 888-889.

(44)　木村健二. 1984. 79.

(45)　児玉正昭. 1992. 559.

(46)　そのようなものの一つとして、山口県大島郡内で設定された「ハワイ出稼人帰郷者規約」(1888 年) がある (山口県. 2010. 897-898)。その第一条は「勤倹貯蓄ハ勿論、出稼中労働堪忍ノ習慣ヲ将来ニ維持シ敢テ懈惰セサル事」とある。

(47)　木村健二. 1984. 66.

(48)　児玉正昭. 1992. 228-234.

(49)　木村健二. 1984. 80.

(50)　在米日本人会に関しては、坂口満宏. 2001.『日本人アメリカ移民史』, 不二出版が詳

しい。

(51)　木村健二. 1993.「在外居留民の社会活動」『近代日本と植民地』第5巻、岩波書店.

(52)　熊本県の海外協会については、佐々博雄. 2008.「海外協会と地域社会——大正期に
おける熊本海外協会を中心として」『國士舘史學』6を参照のこと.

(53)　同誌は1914年から1940年まで発行され、そのうち1919年5月（第24号）までは、
みずのわ出版より復刻されている（全3巻）.

(54)　このほか、和歌山県太地町自治会では、1928年以来『町報海外号』を発行し、在外町
民に郷里の情報や町の通達などを伝達したり、西濠洲ブルームの暴風被害などを伝えた
りしている（第100号、1935年5月5日付）.

［参考文献］

赤木妙子. 2000.『海外移民ネットワークの研究　ペルー移住者の意識と生活』, 芙蓉書房出
版.

石川友紀. 1997.『日本移民の地理学的研究』, 榕樹書林.

岡部牧夫. 2002.『海を渡った日本人』, 山川出版社.

木村健二. 1989.『在朝日本人の社会史』, 未來社.

児玉正昭. 1992.『日本移民史研究序説』, 渓水社.

坂口満宏. 2001.『日本人アメリカ移民史』, 不二出版.

高橋泰隆. 1997.『昭和戦前期の農村と満洲移民』, 吉川弘文館.

武田尚子. 2002.『マニラへ渡った瀬戸内漁民　移民送出母村の変容』, 御茶の水書房.

陳天璽・小林知子編著. 2011.『東アジアのディアスポラ』, 明石書店.

■ **次へのステップ** ……………………………………………………………

1.　日本から海外に渡った人々の正確な数値を示すことは難しい。どのよう
な理由が考えられるか列挙してみよう。

2.　表3「日本人渡航先別上位出身府県」のハワイ官約移民では、広島、山
口、熊本が上位3県となっている。なぜ、これらの県から多くの人々がハ
ワイに渡航したのだろう。その理由を考えてみよう。

3.　移民と郷里とのつながりは、どのような形で目にすることができるの
か、具体的な例について調べてみよう。

移民関係の外務省文書

　移民史研究に欠くことのできない一次資料である国の公文書は、政策決定に至る経緯や当時入手していた情報の内容などを知りうる貴重な資料である。長く非公開であったが、1971年に、国立公文書館、外務省外交史料館が開設されて以来、戦前期に関しては誰でも利用が可能となり、多くの研究に利用されてきた。戦後に関しては、いわゆる「情報公開法」の施行により、各省庁所蔵文書の中から利用を希望する文書を指定して開示請求することが可能となった。さらには、公文書等の管理に関する法律（公文書管理法）の施行（2011年4月）により、保存期間が満了となり、国立公文書館等*に移管された歴史的な価値があると判断された文書ファイル（特定歴史公文書等）の中から利用を希望するものを「利用請求」（無料）し、利用制限情報に関する審査を求めることができるようになった。つまり、国の公文書は利用までの時間や公開か非公開かという問題はあるにしても、どの時代のものも利用可能となったのである。

　これを踏まえて移民研究に欠かせない外務省文書について簡単に述べたい。

　戦前期についてはテーマごとに整理した文書を綴ったファイルを、明治大正期の移民関係は3門8類2項、旅券関係は3門8類5項、昭和戦前期はJ門、K門に分類し、既述の通り外交史料館で公開している。

　戦後期については、外交記録公開で公開される機会もあったが、公文書管理法の施行後は、保存期間が満了となった文書ファイルのうち歴史的な価値があると判断されたファイルは外交史料館に移管され、そのリストが公開される。

http://www.mofa.go.jp/mofaj/annai/honsho/shiryo/shozo/ikan.html

　移管されたファイルのうち移住関係は1960〜70年代まではJ'門、K'門に整理していたが、それ以降はファイリング方法が変わったため「領事・移住・出入国管理・旅券・査証」に関するファイルを、移管後新たに設けた「SJ門」に分類しているので、まずはそちらを探してみることをお勧めしたい。閲覧希望のファイルを「利用請求」し利用制限情報に関する審査を求める必要があるが、一度審査を受け公開となった資料はその後は誰でも閲覧可能である。

　現時点で、「本邦人ブラジル移住／募集要領（昭和29〜41年）」や「全国都道府県移住事務担当者会議（昭和43年度）」はすでに審査が終了しているので閲覧可能である。また、「本邦人カナダ移住」、「本邦人豪州移住」、「本邦人パラグアイ移住」、「移住者名簿」などのファイルは「要審査」なので利用請求をする必要がある。2015年の時点でSJ門のファイルは200冊を超えており、さらに移管ごとに増えている。貴重な資料を手にするまでに手間かかるが少しずつでも関連資料が閲覧可能になり研究が進むことが望まれる。　　　　　　　　　　（柳下宙子）

＊国立公文書館、外交史料館、宮内公文書館、日銀アーカイブスの他一部の独立国立大学の文書館など公文書管理法に基づき定められた施設

第2章

ハワイ日系人の社会史
——日本人移民が残したもの

白水繁彦

1 はじめに

　"太平洋の楽園"の異名をもつハワイは、こんにち、世界の観光地というイメージ以外思いつかないほど人びとの脳裏に刻み込まれているといってよい。たしかに、ハワイは「美しく楽しい」ところではある。しかし、それだけではない。ハワイは、じつに奥の深い、知的にも刺激的なところである。その点、ヨーロッパの国々と変わりはない。じっさい、最近は、時間とお金をかけて何度もハワイを訪れるリピーターのなかに、ハワイの歴史や文化について予備知識をもって来る人が増えているようである。筆者の知人のなかには、ハワイに通ううちに先住ハワイ人の文化に関心をもち、ハワイの伝統的治療法の本を翻訳した人もいる。

　そういう筆者も最初は観光客としてハワイに行った。1978年の春である。そのとき多様な人びとからなる社会に魅了され、少しずつ本を読んではリピートするようになった。そして学べば学ぶほど興味深いテーマが浮かび上がった。たとえば、欧米人来訪前のハワイ文化、ハワイ王国の盛衰、太平洋をめぐる欧米列強の覇権争い、多民族社会の成り立ち、日系社会の成立と発展、日系メディアなど各エスニック・メディアの生成と発展、太平洋戦争下の人びとの暮らし、ハワイイメージの形成過程、人種・民族関係の変遷、エスニック文化の世代間継承、オキナワンのアイデンティティ変容などである。むろん、一人

で敵う相手ではない。学生や若い研究者といっしょに勉強してきた。

　本章は、そうした筆者の研究のなかでも、ハワイにおける日本人移民とその子孫に的を絞った社会学的研究である。以下の二つが本章の主たる目的である。

　まず、移民の受け入れ側であるハワイの事情を明らかにする。いわゆるプル要因の検討を行う。さらに、日本人移民がハワイに渡った事情や理由を明らかにする。いわゆるプッシュ要因の検討を行う。

　次に、ハワイ滞在が長期化するなかで日系社会や日系人はどのように変わっていったか、時代を追って日系社会や日系人の意識の変化を明らかにする。日本人移民はどのようなつもりでハワイにやってきて、どう生きたか、そして次世代に何を残したか。

　なお、本章で移民という場合は、主に労働目的で海外へ渡って一定期間住むこと、また、その人をいう。いわゆる「出稼ぎ」目的の渡航もこれに含む。また、日系人という場合は、一世（日本国籍保持者）およびその子孫（アメリカ市民）の総称である。時にわざわざ日本人という語を用いるが、これは日本国籍の一世を際立たせて説明したい場合である。

2　温暖で変化に富んだ地形

　ハワイ諸島は北緯19度から22度の間に北西から南東にかけて斜めに連なる列島で、主要な島8つからなる。北西からニイハウ島、カウアイ島、オアフ島、モロカイ島、ラナイ島、マウイ島、カホオラウェ島、ハワイ島が位置する（図-1参照）。ハワイ州旗の白、赤、青の横縞8本はこれらの島を象徴している。なお州旗の左上に英国国旗があるのは、かつてハワイが英国の保護下にあったことをあらわしている（図-2参照）。

図-1：ハワイ諸島の概観図

カウアイ島

オアフ島

ニイハウ島 ホノルル●

モロカイ島

マウイ島

ラナイ島

カホオラウェ島

ハワイ島

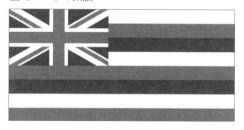

図-2：ハワイ州旗

　州庁のあるホノルルから北米の西海岸まで約3,900 km、東京まで約6,100 km、太平洋のほぼ中央に位置するが、それだけ遠隔地にありながら 136 万人という大きな人口を抱えるという世界でも珍しい地域である[1]。1959 年に 50 番目の州となって、アメリカ合衆国の中では最南端に位置する州ということになった。

　ハワイ諸島はもともと火山の噴火でできたが、いまでは噴火しているのは最南端のハワイ島だけである。このハワイ島では噴火にともない溶岩が流れ出ることがあり、研究と観光の両面から注目されている。ハワイは位置的には香港やメキシコシティと同程度の緯度にあり、熱帯性気候に分類されるが、各月の

最高温度 30 度前後、最低温度 20 度前後で推移し、しかも絶えず北東からの貿易風が吹いているので過ごしやすい。各島には脊梁山脈が走り、貿易風のおかげで山の北や東側には雨が多く、西や南側は乾燥するという具合で島のなかでも気象に差異が見られる。さらにその山も高いものだと 4,000 m を超えるため、高低差による動植物相の多様性もある。このように自然現象や地形によってもたらされる魅力だけでなく、1,000 年前に南太平洋から移動してきたポリネシア人が作り出してきた文化や多様な民族が織りなす文化など人文社会科学的な面も人びとを魅了するところである。

3 ホスト社会ハワイの歴史——ポリネシアンの島から多民族社会へ

一般に、ハワイを「発見」したのはイギリス人のクック船長ということになっているが（1778 年ハワイ上陸）、実際にはその 1,000 年も前に南太平洋からポリネシア系の人びと（ここでは先住ハワイ人と呼ぶ）がハワイに到着している[2]。クック来航前の人口については諸説あるが、200,000 人から 400,000 人の間くらいと考えてよいようだ。それが、クック来航の 100 年後の、1876 年のハワイ王国政府の国勢調査によれば総人口が約 54,000 人となっているから、先住ハワイ人の人口は 40,000 人台にまで減少したと考えられる（Juvik 1998, 183）。クックの一行がハワイの存在を欧米に知らせた結果、欧米の捕鯨船団、商人、そしてキリスト教宣教師などが続々と来航、それらとともに各種の病原菌ももたらされた。外国人が渡来するまで無菌状態が何世紀も続き、ほとんど免疫を持たなかった先住ハワイ人は病原菌にきわめて弱く、病死するものが続出した。

クック来訪前のハワイはすでに各島に先住ハワイ人の王を頂く複雑な社会組織をもち、高度に発達した神話や宗教儀礼を持っていた。群雄割拠の状態だったハワイを、カメハメハが欧米の武器などを用いてハワイ全島を統一、ハワイ王国（1795 〜 1893 年）をつくりあげる。その後大きく変わったのは先住ハワイ人の信念体系と産業構造である。アメリカ東部から宣教師が来てキリスト教を伝え、旧来のカプ（禁忌）による社会統制機構が崩壊する。さらに、産業分野では近代資本主義の精神をもったハオレたち（ハオレとはハワイ語で外国人のことだが、一般に白人の意味で用いる）が 19 世紀半ばから本腰を入れ始めた砂糖プラ

ンテーションが瞬く間に全島を席巻する。それまで農業は自給自足的なレベルだったし、稼げる産業は白檀などの特産物の輸出や捕鯨に関る諸事業に限られていた。

　ハオレの耕主（プランテーションの経営者）たちは次第に力を持ち始め、19世紀半ば以降は、自分たちの砂糖産業を有利に展開すべく王政に露骨に干渉するようになる。要するにハワイは先住ハワイ人の好むと好まざるとにかかわらず、世界資本主義の荒波の中を突き進んでいったのである。それを牽引したハオレ支配層が利益を独占し、政治的にも勢力を伸ばし続けた。このようなハワイおよびプランテーションの状況を知ってか知らずか、世界中から膨大な数の労働者がハワイに来航した。その一部が日本人移民というわけだ。そのインセンティブはひとえに「故国より賃金が高い」ということにあった。

　じつは、当初、耕主たちは先住ハワイ人を労働力として見込んでいた。じっさい、1876年前後までは彼ら・彼女ら（以後かれらと表記）が耕地労働者の大多数を占めていた（渡辺 1986, 185-86）。そのために、ホウハナ（草取り）、ハナワイ（灌漑）、パウハナ（終業）など、プランテーションの耕地で用いられる基本的な言葉に多くのハワイ語が混じることになった。しかし、前述のように、かれらの人口が急減してしまう。そこで耕主たちはハワイの外から組織的に移民を集めてくるようになる。大抵が3年程度の契約労働者である。最初に連れて来られたのが清王朝のもと、困難な暮らしを強いられていた中国南部の中国人の一団で、1852年のことである。1865年には南太平洋メラネシア諸島からの労働者が到着、以後、各国から移民集団が続々と渡来する。

　1868年には幕末の日本からの約150人、1878年にはポルトガル人、1881年にはドイツ、ノルウェーなどの北欧から、1885年には明治政府肝いりの日本人移民の第一弾（約940名）が渡来、1900年には米本土南部のアフリカ系アメリカ人が渡来し、同年プエルトリコと沖縄からも渡来する。1903年には朝鮮半島から、1906年には、米西戦争（1898年）の結果アメリカ領となったフィリピンから、1907年にはスペイン、1909年にはロシアから渡来した。このなかにはポルトガル人やプエルトリコ人のように、家族連れでやって来て定住するものも少なくなかった。日本人など本来出稼ぎ目的で来たが滞在が長期化してしまったという人も少なくないという具合で、ハワイが急速に多民族化していく。

砂糖やその後のパイナップルプランテーションに世界各地から労働者が引き寄せられて 100 年余りが経った今日、ハワイの人口はどのような人種・民族構成になっているだろうか。アメリカ商務省の国勢調査 (2010 年) によれば、ハワイ州全体の居住人口は約 1,360,000 人である。国勢調査の際、出自の人種民族を一つだけあげた者 (つまり純粋) の人数の上位 8 位までを見ると、第 1 位は白人系 336,000 人 (24.7%))、2 位はフィリピン系 197,000 人 (14.5%)、日系は 3 位で 185,000 人 (13.6%)、4 位は先住ハワイ系 80,000 人 (5.9%)、5 位は中国系 54,000 人 (4.0%)、以下、コリア系 24,000 人 (1.8%)、黒人系 21,000 人 (1.6%)、サモア系 18,000 人 (1.3%) の順となっている (なお、ここで先住ハワイ系というのは先住ハワイ人の子孫という意味である。またコリア系というのは朝鮮半島出身者の子孫という意味である)。

　ここでは白人という大雑把な括りになっているが出身国別に上位 5 位をみると、1 位はドイツ系で 7.4%、2 位はアイルランド系 5.2%、3 位はイギリス系 4.6%、4 位はポルトガル系 4.3%、5 位はイタリア系 2.7% となっている。

　なお、近年は先祖が沖縄県出身者である場合、彼らをオキナワンとしてひとつのエスニック集団として扱う動きが出てきた。もしこれに従えば彼らはこの 8 位のなかに入ってくる可能性がある (全員が自らをオキナワンであると自己申告するかどうかは別として、統計的には沖縄系は 40,000 から 50,000 人の人口を擁すると思われる)。

　ともあれ、日系人口は、かつてほどではないにしても、いまでも大きな集団であるが (第二次世界大戦前 1910 年から 1940 年までハワイ人口の 4 割前後を占め、最大のエスニック集団だった)、新しく移民する日本人が相対的に少ないこともあり、その割合を下げている。いずれにせよ、人口的には際立ったマジョリティがいないというのが米本土などと比較したハワイの特徴の一つである。

4　ハワイ側の事情と移民側の事情——プル要因、プッシュ要因

　ところで、労働者の地域間移動の研究でよく用いられる分析用語として「プル要因、プッシュ要因」というものがある。移民の受け入れ側の理由・原因をプル要因といい、送り出し側の理由・原因をプッシュ要因という。景気がよい地域は、労働需要など、労働者を引き寄せる理由・原因がある。そしてその地

域が他地域の労働者の側からみて「より良い賃金」が期待されれば引きつけられる。これをプル要因という。いっぽう、好むと好まざるとにかかわらず労働者が故郷を出る理由・原因をプッシュ要因という。

　上述のように、19世紀後半からハワイは砂糖プランテーションの進展により慢性的な人手不足に陥る。労働者を引っ張ってきたい理由（プル要因）があったのである、ハワイ王国やそれを実質的に支えていた砂糖産業は労働者を国外に求めることになるが、第7代国王カラーカウアなどは自らそのメッセンジャーになったほどである[3]。人手が欲しい側およびその代理人は、一種の甘言を弄してでも対象者にアピールしようとする。ハワイは大金が稼げるところである、それに太平洋の楽園といわれるほどいいところだ、というわけである。実際は高い物価などのため出費も嵩むから、思ったほどの貯蓄はできない。しかし、日本国内の同様の仕事の3倍から4倍の賃金であったことは確かである。

　他地域の人びとが、たとえそれが巧言であったとしても、その地に魅力を感じることがあれば引き寄せられる理由・原因になる。こうしてハワイは、「ベター・ライフ：better life」を求める世界の人びとにとって「引き寄せられる地域」となった。

　その、引き寄せられてハワイへ行った大勢の移民の一部、それも相対的に大きな集団が日本人労働者ということになる（第二次世界大戦前、砂糖やパイナップルの耕地労働者の7割以上を占めていた）。そこで、当時の日本の抱えるプッシュ要因をみてみよう。

　後述するように、ハワイへの最初の日本人移民が募集された幕末の日本にも余剰労働力があったが、本格的な集団移住である「官約移民」（1885年〜1894年）が盛んにハワイを目指していたころの日本は余剰労働力に加えて、国民の多くがたいへん窮乏していた。当時の国民の大多数を占めた農民は、明治政府による地租改正によって生活に大きな打撃を受ける。江戸期まで自らの生産物を納めればよかった「物納」に対し、明治政府は、地租改正と称し、税金を現金で支払う「金納」に変えたため、現金収入の乏しかった農民の多くが困窮の度を深めていた。加えて「松方デフレ」と呼ばれる経済政策の影響でモノの値段が大幅に下がり、生産者である農民の暮らしは困難の度を増した。いっぽう、明治政府は土地の私有を認めたため、自分の土地を耕していた自作農は土

地を担保に借金をすることが容易になったし、土地を売って転職するなり、移住することも可能になった。つまり、土地に縛り付けられない農民が多数出現したのも明治期の日本なのである。こう見てくると、全国の農民にとって、故郷から他所へ「出稼ぎ」に行く条件が揃ったようなものである。

　以上が国民の側のプッシュ要因だとすれば、明治政府の側はどうだったか。当時、富国強兵、殖産興業をモットーとしていた政府にとって難題は山積していたが、とくに過剰人口（余剰労働力）の解消と工業化のための外貨獲得が急務であった。大量の海外移民を出せば、口減らしになるし、かれらが現地で稼いで故郷へ送金すると外貨も入って来る [4]。一石二鳥というわけである。日本の側には個人にも政府にもれっきとしたプッシュ要因があったのである。

　つぎに、ハワイ日系社会の歴史を移民の人生ストラテジー（ライフ）と世代を軸に概観してみよう。なお、「人生ストラテジー」とは、自分（および家族）の将来ための計画または目論見のことである。

5　日本からの移民　その変遷

第 1 期：出稼ぎ期　前期（1868 ～ 84 年）

　日本からのハワイへの最初の集団移民は、江戸幕府から明治政府への政権交代の渦中にハワイ政府のリクルーターであるヴァン・リードによって集められた出稼ぎ人 150 人である。彼は幕府の渡航許可のもと（明治政府の許可なく）出稼ぎ人たちを連れてハワイへ旅立った。1868 年（明治元）にハワイへ来航したので「元年者（がんねんもの）」と呼ばれる。かれらの多くが都市生活者で、現場監督の見張りの下での炎天下の農作業などほとんど経験がなかった（写真-1 参照）。そのため不平不満を洩らすものも少なくなかった。1869 年、明治政府は「無許可で」連れ出された国民の問題を解決するため使節を派遣。元年者のうち、約 40 名が政府の迎えに応じて帰国した。その後帰国したり、アメリカへ渡った人は約 50 名。そして少なくとも 50 名以上がハワイに留まったと思われる。かれらは 3 年程度の出稼ぎのつもりだったが、結局長く滞留することになったという人が一定数いた。後の出稼ぎ移民の将来を暗示させる事象である。

　ハワイに居残った元年者のなかに日本人女性は一人しかいなかったといわれ

るから、結婚相手として現地の女性（多くが先住ハワイ系、一部ポルトガル系）を選び、ハワイ社会のなかに、文字通り溶け込んでいった（渡辺 1986, 348）。

写真-1：きびの刈り取り（カチケン）。中央の馬に乗っているのが監督（ルナ）［田坂コレクション］

第2期：出稼ぎ期　後期（1885 〜 1907 年）

　明治政府は、元年者以後、ハワイへの労働移住を認めていなかったが、砂糖産業の労働力の不足に悩むハワイ政府から要請があり、1885（明治 18）年、移民を派遣することになった。これを官約移民という。国と国との約束のもとに行われる移民事業という意味である。これが日本人のハワイへの継続的集団移住のはじまりとなる。それから 1908 年 1 月のルート・高平両者によるいわゆる「紳士協約」の実施までの 22 年間を、「出稼ぎ期」と呼ぶことにする。この時期、ほとんどの日本人移民の人生ストラテジーが「出稼ぎ人根性」の「腰かけ主義」で、一日も早い帰国を夢見ていた（ハワイ日本人移民史刊行委員会, 1964, 117）。

　この時代はさらに、移民形態によって、官約移民の時期（1885-94 年）と、「私約移民」の時期（1894-98 年）、「自由移民」の時期（1901-07 年）に細分することができる。

■官約移民期

1885年2月8日ホノルルに入港した第1回船東京市号以後、1894年6月28日到着の三池丸まで、26回にわたる定期船、臨時船またはその他の便船でハワイへ渡った官約移民は合計29,039人で、うち女性が5,799人であった[5]。これを出身都道府県別にみると、広島県、山口県だけで全国の74.0%を占める。これに次ぐのが熊本県、福岡県で、4県を合計すると96.1%に達する（児玉1992, 25）。西日本の一部の県に偏っている。29,000人のうち早期帰国が叶わずにハワイに居残った者は20,000人強と思われる。かれらがその後の日系社会の基礎を築いたという意味で重要な移民集団である。

■私約移民期

ハワイ王国がアメリカ系白人資本家等のクーデターにより崩壊したこともあり明治政府は移民事業を民間に委ねることになる。この事業を取り仕切ったのが移民会社である。移民会社は法外な斡旋料を取るなど日本人移民から搾取を繰り返した。なお、移民会社は利潤追求のためもあり広く移住者を募ったので上記4県以外からの移民も徐々に増えていった。

1894年7月以降、1898年ハワイが米国に併合されるとともに私約移民が禁止されるまでの5年間に、ハワイに渡った私約移民は約46,000人。出国数は11,000人なので、この期の日本人は約30,000人が居残ったことになる。その後移民は一時中止される。

■自由移民期

1901年8月1日、明治政府が再び移民を許可してから1908年1月実施の「紳士協約」により新移民の渡航が禁止されるまで、合計約68,000人が来布したが、いっぽう約60,000人が出布（ハワイから出ていくこと）している。

この「自由移民期」の特徴は、一つにはアメリカ政府が1900年に正式にハワイを併合したためにアメリカ合衆国の法律「契約移民禁止法」が適用され、耕地の労働者は自由移民となったこと。いまひとつは、ハワイがアメリカ領と

なったため高賃金を求めて米本土へ移住（転航）する日本人労働者が急増したことである（この期の出府者 60,000 人のうち約 27,000 人が米大陸への転航）。自由移民になったとはいえ、労働者の待遇が飛躍的に向上したということはなく、移民会社による搾取も続いていたので、相変わらず錦衣帰郷を果たせない人が大半だった。この時期、「自由移民はハワイやアメリカ本土、カナダをめざし、契約移民はフィリピンやオーストラリア、ペルーへと向かった」（坂口 2010, 54）。その多くを斡旋したのが移民会社である。なお、この悪名高き移民会社もハワイ在住日本人の有志の働きかけや紳士協約による新移民の渡航禁止政策などの影響で、1908 年頃までにはハワイから撤退する。

　ただし、移民会社はそれなりの「貢献」もしたわけで、渡航に関する手続きや費用などを自分で賄うことのできない多くの労働者は、移民会社がなければ移民できなかったといってよい。1900 年に第 1 陣がハワイに到着した沖縄からの移民も、やはり初期は移民会社の世話になっているという（白水・鈴木 2016, 87）。

■西日本に偏る移民の出身地

　ところで、興味深いのはこれら移民の出身地である。石川によれば、出移民在留者率（県人口に対する海外在留者の比率）の全国平均は 1940 年時点で 1.03％であるが、それより多い県が 17 ある。それを見てみると 1 位沖縄（9.97）、2 位熊本（4.78）、3 位広島（3.88）、4 位山口（3.23）、5 位和歌山（2.57）、以下 17 位は香川（1.13）となっている。このうち福島を除き残りはすべて滋賀県以西の西日本なのだ。特に、瀬戸内、九州、沖縄に出移民の卓越地域がみられるという（石川 1997, 130-131）。

　最も偏りがあるのは官約移民である。前述のように、西日本、それも一部に偏っていた。なぜこれほどの偏りをみせるのか。一般に、移民は困窮した人びとが「ベター・ライフ」を求めてやってきた、といわれる。ところが、先にプル要因、プッシュ要因のところでみたように、困窮していたのは西日本のこれらの県民だけではない。全国の多くの農民、庶民が困窮していたのだ。困窮説だけではこの偏りの説明はできない。

　こうした偏りの要因についてはいくつかの説得的な説が唱えられている。ま

ず政治的要因。その第1は政治家と政商の思惑である。明治政府の井上馨（長州出身の政治家）と募集を担当した政商、ハワイ側のアーウィン総領事、この3者が山口、広島からの移民送出に大きく関わっているという。また、県庁・郡役所などの職員が、ハワイ移民の募集に努力した地域が移民を多く送出する傾向にあるという。さらに、山口・広島・熊本・福岡など特定の県に募集が限定されるように政治的配慮がとられているという（児玉 1992, 40-52）。

　次に経済的要因。もとより明治政府の政策等により困窮の度を深めていた全国の農民たちであるが、特に自然災害が追い打ちをかけた側面があるという（児玉 1992, 52）。

　次に社会的要因。その第1は伝統的に出稼ぎを多く出す地域から移民も多く出ている傾向にあるという。第2に同郷の人が連れ立って渡航したり、先に移民した人が親戚縁者を呼び寄せるというケースが非常に多い（児玉 1992, 56-57）。すなわちチェーンマイグレーション（連鎖移民）により、ますます同じような地域の移民が増えるというわけだ。社会的要因の第3は職業分化の進展度が高いほど移民送出が多いという説である。たとえば農業人口の構成比が低く、相対的に雑業人口の比率が高い地域ほど、官約移民数が多いという（児玉, 1992, 57）。これは土地に縛られる（自由な移動がしにくい）人ほど移民に出にくいということである。その意味で広く日本をみた場合、西日本を含む西南日本のほうが分家が独立的で、本家の一家統括力が弱く、村落の規制力も強くなかった。そうした地域は個人の自由度が高いので、有利な出稼ぎ情報などがもたらされた場合、相対的に身軽に対応できるというわけである。個人の自由度によって移動の多寡が左右されるので「自由度依存説」といってよいだろう。その意味では、自由移民の時代（1900-08年）に移民県として登場する沖縄県移民も、その増加の背景は自由度依存説で説明し得る。すなわち、1899年から1903年にかけての土地私有制の施行による地割制の崩壊があったため、これまで土地に束縛されていた人びとが自由の身となり、大量の移民が送出されるようになったという（石川 1997, 596）。

第3期：呼び寄せ・定住期（1908〜23年）

　紳士協約締結（1908年）から排日移民法施行前までの時期である。紳士協約

により移民の再渡航と妻など近親者の呼び寄せだけが許されることになった。そこで大勢の独身男たちが写真結婚により妻を呼び寄せた。この期の入国者数約 62,000 人のうちの約 20,000 人が写真花嫁（ピクチャーブライド）と思われる。彼女たちは様々な事情のもとハワイまでやって来て（Kawakami, 2016; 川上 1998 [1993]; 柳澤 2009; 新藤 1977）、想像もできない辛酸をなめる。彼女たちのおかげで二世が生まれ家庭を築く者が増加するので、この期は家族形成期でもある。家族が増えると生活費も嵩む。しかし賃金は上がらない。そのようなことから増給を求めて第一次（1909 年）と第二次（1920 年）の 2 度にわたってオアフ島の日本人が大ストライキを決行する（写真-2 参照）。

この期は、家族ができたこともあり、人生ストラテジーも定住を視野に入れる者が増加する。なお、学齢に達した二世を日本の親戚に預ける「日本留学」も盛んになる。かれらは戦前、戦後に再びハワイ、米本土に帰って来て新たな「日本語族」として参入する。彼らは二世なので生まれながらにアメリカ市民であるが、その特異な体験から「帰米二世」と呼ばれる。

この期の特徴は上記写真花嫁の来航と、71,000 人という大量の出布者があったことである。一定程度の貯えができて帰国する人や米本土での高賃金を求める人が出布したと思われる。

写真-2：第一次オアフ島日本人大ストライキ（1909 年）の集会 ［田坂コレクション］

■エスニック・エージェンシーの発達

　出稼ぎ時代の人びとの人生ストラテジーは短期間に蓄財して早期に帰国するという「腰かけ主義」の人びとが大多数で、定住志向はごく一部の先駆者を除いてほとんどなかった。しかし、人は労働と食事といった経済的必要のためだけで生きていけるわけではない。とくに炎天下の耕地労働という過酷な環境にあったこの時代である。単身者も多い。労使関係においては絶えず劣位にあって苦しめられることも多かった。したがって、相互扶助などの社会的ニーズや心の癒しといった精神的ニーズも大きかった。こうして「擬似的故郷」が形成される。同郷出身者が集って冠婚葬祭を執り行う互助組織を形成し、不便さや寂しさを軽減させようと努めるのである。さらに移民の数が増えていくと、同郷の枠を超えた様々な組織・結社が形成される。筆者は同胞のための生存<ruby>生存<rt>サバイバル</rt></ruby>もしくは適応のための援助のシステムを総称して「エスニック・エージェンシー」と呼ぶ。このエスニック・エージェンシーが産声をあげたのは出稼ぎ時代であったが、それがさらなる発達、充実を遂げるのがこの第3期、そして次の第4期である。（エスニック・エージェンシーの一例である日本語学校の機能については〈コラム〉を参照）

第4期：永住期　初期（1924～40年）

　排日移民法施行（1924年）から太平洋戦争勃発前までの時期である。紳士協約のもとでもアメリカに押し寄せる日本人移民に業を煮やしたアメリカ政府は一切の移民を禁ずる。日系社会や日本ではこれを「排日移民法」と呼んで憤慨した。この期は二世が成長し成人を迎える時期でもある。日本人の定住意識が強まり、不動産投資が動産投資を超えるのが、この時期（1927年）である。このことからも日本人の人生ストラテジーが「ハワイ永住やむなし」へ変化したとみてよい。上記のエスニック・エージェンシーが充実する時期で、とくに日本語新聞をはじめとする日本語メディアの最盛期である（白水 2004, 258-278）。1920年代に二世の出生数が増加、一世の数を上回る（表-1を参照）。

第 5 期：永住期　二世台頭期 (1941 〜 45 年)

　日系人の受難期である。1941 年 12 月 7 日早朝 (現地時間)、日本軍がハワイの真珠湾を攻撃し、太平洋戦争が勃発する。そして短時日のうちに、日本語メディア、日本語学校、武道、日系宗教、日系ビジネス等に携わっていた一世や 1,000 名以上が逮捕され米本土の収容所へ送られた。また、帰米二世ら約 350 名がハワイ内のホノウリウリなどの収容所に強制収容される (なお、米本土では、西海岸に住む 110,000 人余りが内陸部の 10 カ所の収容所に収容されている)。

　ハワイでは強制収容された一世の多くが日系社会のリーダー層だったため、突如として日系社会の指導層に空隙が生じる。それを埋めたのが英語を母語とし米国市民である二世のリーダーたちである。年長の二世はすでに 30 代になっていたのだ。またヨーロッパ戦線では若手の二世からなる日系人部隊 (第 100 大隊、第 442 連隊) が奮戦、太平洋戦線では帰米二世を含む二世からなる MIS の隊員 (語学兵) が日本兵への訊問や日本語の翻訳等で重要な役割を果たす。二世兵士の大活躍がアメリカやハワイでの日系人の地位向上につながるはずだと日系人の多くが期待した。

　銃後 (home front) であるハワイでも、二世たちの多くはハワイ軍政府に対し積極的に協力。二世リーダーが非常時奉仕委員会 (ESC) などを結成して、ハワイ軍政府と密接に連絡を取りながらハワイ日系社会を戦争協力へと導く (白

表-1：日系人口の推移

調査年	日系市民	日本人 (非市民)	日系合計
1900	4,877	56,234	61,111
1910	19,889	59,785	79,674
1920	49,016	60,258	109,274
1929	87,748	49,659	137,407
1933	103,467	43,524	146,991
1940	122,188	34,661	156,849
1952	157,754	31,118	188,872

注 1：日系市民はおおむね二世、日本人はおおむね一世
注 2：1923 年に市民数が非市民数を上回る
出典：(ハワイ日本人移民史刊行委員会, 1964, 316) を改編

水 1998, 27-77)。二世がハワイの日系社会で急激に存在感を増大していった。

第6期：世代交代期　二世最盛期（1946～70年代）

　1945年8月14日（現地時間）日本帝国無条件降伏。ハワイにも平和が訪れる。この時期は二世が政治・行政・教育・ビジネス等の分野に大量進出する。戦場からハワイへ帰還した二世たちがGIビル（復員軍人援護法）によって大学や大学院へ進学。卒業後、ビジネスや法曹界に進出し頭角を現す。そしてハワイ育ちの労働階級出身のハオレ（白人）や他のエスニック・マイノリティと手を携えて政界に進出。1954年のハワイ議会選挙で圧倒的な勝利を収める（民主党革命）。それまでハオレの財閥が支持する共和党が政界を牛耳っていたハワイに、大変化が訪れる。

　こうした動きと呼応して、労働組合運動が活発化し、1946年にはハワイ史上初の多民族合同の大ストライキを決行。その後も労働運動は勢いを増し、ハオレが絶対的な支配力を有していた労使関係に変化が生じる。

　一方、一世はどうしていたか。戦前に日系社会の中心的役割を担っていたリーダーたちが、本土の収容所やハワイの収容所から職場へ復帰する。日本語学校も再開し、日本映画や日本語ラジオも復活する。しかし、戦中に主導権が二世に移動していたため、戦前に比べ一世の勢力は減退する。そのような中、ジャック田坂ら帰米二世や終戦直後から朝鮮戦争にかけて多数渡来した戦争花嫁（軍人花嫁）が日本語族（一世）の貴重な後継者として、日本文化・沖縄文化の維持発展に大きく寄与することになる（白水・鈴木 2016, 150）。なお、1952年、移民帰化法（マッカラン＝ウォルター法）の制定により、「帰化不能」とされていた日本人（一世）にもアメリカ市民になる道が開かれた。日系社会の長年の悲願が成就したわけで、国籍の面からも多くの日本人が日系アメリカ人となった。これでほとんどの一世の人生ストラテジーは、ようやく永住土着へと変化した。ハワイの土になることを決心したわけだ。

　終戦直後の日系社会に大きなインパクトを与えた出来事は、日本の敗戦を認めない「勝った組」（ブラジルなどでは「勝ち組」と呼ぶ）が勢力を振るったことである。一世たちの「日本が負けるはずがない」「日本が負けたということを信じたくない」といった心情に付け込み、会員数を増やしていった。最盛時には

写真-3：三世の豪華な初節句：日系社会も余裕が出てきた
1952 年［田坂コレクション］

布哇必勝会など 4,000 人の会員がいた組織もあるといわれる。ハワイにおける
「勝った組」撲滅に精力を傾けたのが『日布時事』の後身『ハワイタイムス』
である（白水・鈴木 2016, 129-135）。エスニック・エージェンシーとしての日本語
メディアがしかるべき機能を果たしたか否かも、日本とブラジルの違いといえ
るかもしれない [6]。

　戦後の二世の勢力拡大は勢いを増し、1959 年ハワイが 50 番目の州に昇格す
るや今度は国会議員（連邦議会上下両院の議員）に選出される二世が続出する。日
系二世の絶大な支持を得てハワイ州知事になったジョン・バーンズは副知事に
二世のジョージ・アリヨシを指名。バーンズ引退のあとアリヨシは 1974 年以
後 3 度の州知事選に勝利し、全米で初のアジア系州知事として 1986 年まで執
務することになる。

　ところで、終戦直後から 1950 年代初頭まで全米の出生率が急上昇する。ア
メリカにおけるベビーブームである。ハワイでも日系三世の多くがこの時期に
生まれている。このころになると日系社会も余裕が出てきて、豪華な節句祝い
を贈り合う家族もあった（写真-3 参照）。

　70 年代に青年期を迎えた三世はベトナム戦争世代として、二世とは異なる
形で自らの生き方を模索する。

第 7 期：世代交代期　三世最盛期（1970 年代〜 2000 年頃）

　一世や二世の強い後押しもあり、三世は高学歴化が進行した。その分、専門職に就くものも増えた。連邦や地方の議員になるものもいる。アメリカへの同化が完璧なまでに進行した第三世代であるが、いっぽうで日本語やウチナーグチ（沖縄語）を学んだり、日本の文化、大衆文化に強い関心を示す人びとが一定数いるのも三世の特徴である。堂々とエスニシティを標榜したり、エスニック文化を追究したりすることができるところに三世の精神の余裕、自信が表れているといえよう。すなわちかれらの多くは高学歴のミドルクラスなのだ。かれらが享受するのがハワイ独特の多文化主義である。筆者はハワイの多文化主義は米本土や他の国のそれとは少し色合いを異にしているという仮説をもっている。ハワイ独特の多文化主義の根底にあるのが 2 世代以上続いたプランテーション体験である。日常・非日常のプランテーション生活のなかで共通体験を通して培われた慣習や価値観、規範をプランテーション文化という。このプランテーション文化を三世は「当然のこと」のように身につけ、四世以降につないでいく（白水 2011, 5-15）。なお、1980 年代から沖縄系の人びとの文化活動が高調し、「オキナワン」を一つのエスニック・アイデンティティとして標榜する人たちが見られるようになった（白水 2018）。

6　おわりに

　本章の目的は、まず第 1 に、受け入れ側ハワイのプル要因と日本人移民の側のプッシュ要因を明らかにすることであった。受け入れ側のハワイはクック船長の来航以降、捕鯨基地経済や特産物の輸出で主たる収入を得ていたが、19世紀半ばに開設した砂糖プランテーションが時宜をとらえてヒットし、慢性的な人手不足に陥る。労働力が必要だったのだ。これがハワイの側のプル要因である。いっぽう引き寄せられた側である日本人は余剰人口と明治政府の政策により貧困に苦しんでいた。借金生活もしくは貧困からの脱出、これが日本の側のプッシュ要因である。こうした日本全土でみられる窮乏のなかから、政治的経済的社会的要因に恵まれたごく限られた「幸運な地域」の人びとだけがハワイへ移民として渡ることができた。これが移民の出身者が西日本の諸県に偏る

理由である。

　本章の目的の第2は日系社会の変遷、日系人の意識の変化を明らかにすることであった。ハワイ、日本両国の都合で移民の渡航形態が二転三転するなかで移民本人はどのような人生ストラテジーをもってハワイにやってきたのか（コラム2参照）。官約移民から自由移民までは明らかに短期蓄財早期帰国の出稼ぎ人根性であった。日本政府もそれを奨励していた。目標は3年で400円〜600円。いまの額にして2,000万円くらいになろうか。これがなかなか貯まらない。3年のはずが、あっという間にその倍以上の時間が過ぎる。

　日本人移民（一世）の8割以上が男性単身者で、かれらのほとんどがアメリカ文化に同化する意識など毛頭なかった。いっぽうで、紳士協約（1908年）以降、ハワイを引き上げる人も増加する。かれらは帰国の意思が強く、滞在が延びても諦めず蓄財を続けたのであろう。来布して10年近く経ってようやく目標額に達したと思われる。ここに、過酷な労働、奴隷のような扱いといわれながら次々と日本人移民がハワイに押し寄せた理由が隠されている。辛い労働だったが、当時の日本よりは稼げたのだ。また、ハワイからの仕送りで立派な家を建てた人が近所にいる。弟たちを進学させた人がいる。こうした近所で見られる事例は、連鎖移民につながる。自分もかれらのように豊かになりたい、と思うわけだ。

　ハワイへは結局200,000人以上の移民が渡って来たが1920年の時点でハワイに残っていた一世は60,000人強であった（表-1参照）。自然減も多少はあるものの、残りはアメリカ本土へ渡ったか帰国したかどちらかである。居残った人たちは、成長する二世を見ると、その人生ストラテジーも変化せざるをえない。少しずつ定住意識が芽生えてくる。

　1924年、排日移民法が施行され、一切の新規移民は禁止された。人生ストラテジーも次の段階に至る。「永住やむなし」という心境である。家族の数も増える。1923年にはついに二世の数が一世の数を上回った。出稼ぎの時代にでき始めていたエスニック・エージェンシーも定住・永住期を迎え充実の度を増す。とくに日本語新聞や日本語学校の存在感が増大する。

　一世たちは次世代になにを残したのか。1909年や1920年の大ストライキを機に町へ出てビジネスを立ち上げた人は店舗や信用を次世代に残した。とくに、成功した沖縄系は模合（頼母子）という庶民金融の方法で開業資金を得た

人が多い。いっぽう、耕地の労働者だった一世たちはモノとしての財産は残せなかったが、無形の財産を残した。まず、我が身を犠牲にして、より高い教育を与えた。それが叶わぬ親も教育は何よりだいじだ、という価値観は植え付けた。それが二世、三世へと受け継がれ、今日、日系人は高学歴のエスニック集団として名高い。それと、一世は日本人としての価値観を残した。名誉、恥、誇り、責任、頑張り等を中心とした数々の徳目である。

　意識して残したものではないが結果的に次世代に受け継がれ二世以降の世代に大きな影響を与えたものにエスニック・エージェンシーとプランテーション文化がある。とくにプランテーション文化のなかの、ピア・プレッシャーを土台とする集団主義という行動規範は、先の徳目と相まって、日系兵士募集の時などに大きな力を発揮した。また、ベントー、オカズといった言葉や、厄年（やくどし）の慣習など日本移民がもたらした夥しい量の生活文化項目がハワイの多くのエスニック集団の間にも受け入れられ、受け継がれている。

　三世以降の世代は一世、二世の犠牲的精神のおかげで、高学歴化し、政界、官界、教育界など、ハワイ社会のあらゆる分野に進出し、ミドルクラス以上の暮らしを享受している人も少なくない。しかし、いっぽうで、権利や富を剥奪されたと感じている住民もいる。とりわけ先住ハワイ系の人びとのなかにはミドルクラス化した日系人などのアジア系や、お気楽にやってくる観光客に対して嫌悪感を抱いている人さえいる（トラスク 2002）。そうした感情は、所得格差がこのまま増大していけばさらに増幅される可能性がある。お気楽そうに見える観光地ハワイにはこうした感情も水面下に横たわっていることを忘れてはなるまい。

[注]
(1)　人口はアメリカ商務省の 2010 年国勢調査による。
(2)　最初にハワイへやってきたのは南太平洋中央ポリネシアのマルケサス島あたりからやってきたポリネシア人（カナカとも呼ぶ）であるといわれる。これがいつ頃か、という点では諸説あり、早いほうの説では紀元前後から 5 世紀頃、遅いほうの説では 1000 年頃に居住が始まったという。おそらく紀元 800 年前後にはハワイにポリネシア人が住むようになったようだから、クック船長の来航より 1000 年も早い。ポリネシア人が卓越した航海術の持ち主だったことがわかる（後藤明 2003 などを参照）。15 世紀頃を境に

ハワイと南太平洋の交流が途絶え、以後ハワイのなかで独自の文化が発展する。

(3)　　カラーカウア王は 1881 年に 10 カ月におよぶ「世界一周」の旅を行うが、この目的の
　　　ひとつがハワイへの労働力派出の要請であったといわれる。1881 年 3 月には日本に立ち
　　　寄っている。この時の王の要請が 1885 年から始まる「官約移民」へとつながるのであ
　　　る。

(4)　　移民が現地通貨（ハワイではドル）を、日本から現地に進出している銀行に頼んで故
　　　郷へ送金してもらうと、銀行は現地通貨をレート換算して日本円にして故郷へ送金して
　　　くれる。こうして日本に外貨（とくに世界通貨であるポンドやドルが価値があった）が
　　　貯まる。たとえば、1920 年代初期、ハワイやブラジルなど世界中の広島県出身の移民
　　　が故郷へ送金した金額の総計が年間 800 万円から 1,000 万円にものぼった（石川, 1997,
　　　481）。これをたとえば公務員の初任給をベースに換算すると今日だと 200 億円に近い額
　　　になろう。広島県だけでこれだけの送金があったのだ。これに匹敵する外貨が日本の銀
　　　行に貯えられ、その外貨で近代化のためのインフラ資材や機械などが先進国から輸入さ
　　　れたのである。じつは日本は 1970 年代の初頭まで移民の輸出国だったのだが、かれら
　　　海外へ雄飛した移民が送金してくれたおかげで日本の工業化、近代化が進展した部分も
　　　少なくない。

(5)　　この数字は（山下, 1942, 263）による。なお、（ハワイ日本人移民史刊行委員会,
　　　1964, 166）にはハワイ政府の発表を採用し 28,130 人とあり、うち日本への出国者 6,005
　　　人、米大陸へ 930 人、計 6,935 人としている。以下、各期の入国数、出国数についても
　　　同委員会の記述に依る。

(6)　　この「勝ち組・負け組現象」は歴史学・政治学・社会学・マス・コミュニケーション
　　　研究など人文・社会科学が協働して取り組むべき国際比較研究の大きなテーマである。

［参考文献］
石川友紀. 1997.『日本移民の地理学的研究』, 榕樹書林.
オカノ, K. T., 片山久志. 2005.『あるハワイ移民の遺言』, 川辺書林.
海外移住事業団. 1973.『海外移住事業団十年史』, 海外移住事業団.
川上バーバラ・F. 1998 [1993].『ハワイ日系移民の服飾史——絣からパラカへ』, 香月洋一郎
　　訳, 平凡社.
児玉正昭. 1992.『日本移民史研究序説』, 渓水社.
後藤 明. 2003.『海を渡ったモンゴロイド——太平洋と日本への道』, 講談社.
後藤 明, 松原好次, 塩谷亨編. 2004.『ハワイ研究への招待』, 関西学院大学出版会.
坂口満宏. 2010.「誰が移民を送り出したのか——環太平洋における日本人の国際移動・概
　　観」『立命館言語文化研究』21 巻 4 号.
島田法子. 2004.『戦争と移民の社会史——ハワイ日系アメリカ人の太平洋戦争』, 現代史料
　　出版.
白水繁彦. 1998.『エスニック文化の社会学』, 日本評論社.
白水繁彦. 2004.『エスニック・メディア研究』, 明石書店.

白水繁彦編. 2008. 『移動する人びと、変容する文化』, 御茶の水書房.

白水繁彦編. 2011. 『多文化社会ハワイのリアリティー』, 御茶の水書房.

白水繁彦編. 2015. 『ハワイにおけるアイデンティティ表象』, 御茶の水書房.

白水繁彦. 2018. 『海外ウチナーンチュ活動家の誕生』, 御茶の水書房.

白水繁彦, 鈴木啓編. 2016. 『ハワイ日系社会ものがたり』, 御茶の水書房.

新藤兼人. 1977. 『祭りの声:あるアメリカ移民の足跡』, 岩波書店.

トラスク, ハウナニ=ケイ. 2002[1999]. 『大地にしがみつけ——ハワイ先住民女性の訴え』, 松原好次訳, 春風社.

ハワイ日本人移民史刊行委員会. 1964. 『ハワイ日本人移民史』, 布哇日系人連合協会.

矢口祐人. 2002. 『ハワイの歴史と文化』, 中央公論新社.

矢口祐人. 2011a. 『憧れのハワイ——日本人のハワイ観』, 中央公論新社.

柳澤幾美. 2009. 「「写真花嫁」は「夫の奴隷」だったのか」島田法子編著『写真花嫁・戦争花嫁のたどった道——女性移民史の発掘』, 明石書店.

柳田由紀子. 2012. 『二世兵士　激戦の記録——日系アメリカ人の第二次大戦』, 新潮社.

山下草園. 1942. 『日本人のハワイ』, 世界堂書店.

山中速人. 1992. 『イメージの「楽園」——観光ハワイの文化史』, 筑摩書房.

山中速人. 2004. 『ヨーロッパからみた太平洋』, 山川出版社.

山本真鳥, 山田亨編. 2013. 『ハワイを知るための 60 章』, 明石書店.

渡辺礼三. 1986. 『ハワイの日本人日系人の歴史（上巻）』, ハワイ報知社.

Fujisankei Communications International. 2013. *Journey to Washington: On the Trail of Senator Daniel Inouye*. DVD

Hiura, Arnold. 2009. *KAU KAU: Cuisine & Culture in the Hawaiian Islands*. Honolulu: Watermark Publishing.

Juvik, Sonia P., James O. Juvik (eds). 1998. *Atlas of Hawai'i*. Third Edition. Honolulu: University of 'Hawai' i Press.

Kawakami, Barbara. 2016. *Picture Bride Stories*. Honolulu; University of 'Hawai' i Press.

■ 次へのステップ ■ •••

1. 戦前と戦後のハワイにおける人種・民族構成の違いについてまとめてみよう。

2. 「官約移民」の出身地が西日本に多かった諸要因を整理してみよう。

3. ハワイ先住民と日本人・日系人との関係について、歴史的経緯をたどって調べてみよう。

エスニック・エージェンシーの例「日本語学校の機能」

　エスニック・エージェンシーとは同胞のための生存もしくは適応のための援助のシステムのこと。日系社会でいえば、日本語新聞・雑誌（後にはラジオ）等の日系エスニック・メディア、日本語学校（日本人学校）、宗教団体、商工会、県人会などの結社、そして日常生活のニーズを充たす各種商店などのエスニック・ビジネス、さらに娯楽のためのスポーツや音楽等を提供するプロやアマチュアの結社などである。

　エスニック・エージェンシーには社会規範の面からみて向社会的（prosocial）機能をもつエージェンシーと、反社会的（antisocial）な機能をもつものがある。男性単身者が圧倒的多数だった出稼ぎ時代には賭博場や売春宿といった仕組みもあった（白水・鈴木，2016, 231-247）。

　エスニック・エージェンシーのなかでもとくに重要な日本語学校を取り上げてみよう。二世は元年者の間でも生まれていたが、官約移民時代の1887年以降次第に増加し、1900年には5,000人弱にまでなっていた。二世が生まれると「人生ストラテジー」のなかの「教育ストラテジー」が問題になる。ハワイにおける最初の日本人学校は1893年（ハワイ島コハラ）、ホノルルでは1896年創立の「日本人小学校」である。この時期の日本人移民の人生ストラテジーは、蓄財優先早期帰国を目標とする腰かけ主義であった。そのために、子どもたちに対する教育ストラテジーも日本人の再生産にあった。すなわち、日本の教科書を用いて、日本語と日本的精神、日本的技芸の教育を欲した。したがって多くの学校は一世たちのそういった欲求にそった教育内容に終始した。これがホスト社会の同化圧力によって変化するのが1910年ころからで、まず日本人小学校から日本語学校や日本語学園へと名前を変える。ついでホスト社会からの非難の的であった文部省検定教科書を全廃し、ハワイ独自の教科書が作られた。1916年のことである。日本語学校は日米開戦で閉鎖されるまで、近在の日系社会の文化的結節点としても大きな機能を果たした。

　そうした日本語学校や家庭教育をとおして一世が二世以降に伝えたかったのが日本的価値観である。ハワイ日系文化センターの展示には一世の「価値観」として12の言葉が日本語で石柱に彫り込んである。犠牲、義理、名誉、恥・誇り、責任、忠義、感謝、仕方がない、頑張り、我慢、恩、孝行の12本である。元442連隊兵士 D. イノウエ（元連邦上院議員）は志願にあたって父親から家名を汚すな、国や家族に対して恥ずかしいことをするなという意味のことをいわれた、と答えている（柳田 2012, 118-119）（Fujisankei Communications International, 2013）。300％という死傷率に象徴される日系部隊の若者たちの決死の戦いをみると、名誉、恥・誇り、責任、頑張りを中心に、上記12の徳目すべてを血肉化していたのではないかと思わざるをえない。そして、こうした徳目の一部は三世へと伝えられ、筆者の調査では責任感や勤勉さを誇りとする人びとが少なくない（2004年9月3日～9日調査）。

（白水繁彦）

グアムへの日本人移民

　グアムへの日本人移民は、1868年（明治元年）にハワイへ移民を送ったことで知られるヴァン・リードによって、当時スペイン領であったグアムへ42人が横浜から渡航した。適応できずに外国船に乗って帰国する者が現れ、後に明治政府が残りの日本人を帰国させたが、42人の消息のすべては把握されていない。

　1800年代後半から1910年ごろまでにグアムに渡った53名の日本人移民が、グアムの先住民族チャモロの女性と結婚したことが、教会の記録から明らかになっている。彼らは栃木、茨城、群馬県出身者が多く、渡航当時は独身であり、技術を持つ労働者、商人、農業従事者であった。1920年代〜30年代までにハガッニャで個人商店の経営や貿易関連事業を成功させていたが、日本軍上陸とともに徴用され、戦後は継続することはできなかった。多くはチャモロの女性と結婚していたため、戦後もグアムに残った。彼らの子孫は現在5,000人にのぼる。

　2013年に発足したGuam Nikkei Associationでは、この53人をIsseiとし、2015年12月、グアム北部にあるグアム平和慰霊公苑に53人の名前を刻んだ記念碑を建てた。残念ながら、日本の家を「捨てて出てきた」意識から日本へ戻れなかった者、戦争中にチャモロの家族とともに行動したことでアメリカに加担し祖国を捨てたと非難された者、子どもに日本のことを教えず二世が自らのルーツに興味を持った頃にはすでに一世が他界していた例など、一世の日本の親類と現在も交流があるものは少ない。すでに親類を探すための情報すら持ち合わせていないのがほとんどである。

　Guam Nikkei Association設立、記念碑建立に中心となって動いた元グアム大学教員ピーター・オネデラ氏は、栃木の小野寺家にルーツを持つ。グアムで登録時にOnederaと誤記されて以来、オネデラとなった。一世の小野寺善平さんを祖父とするオネデラ氏は、子ども、孫世代がルーツがわからなくなる前に、また日本の親類が自分たちのことを覚えている間に、栃木を訪問することを決意した。善平さんは戦争中に行方不明になり遺体は発見されず、栃木の家では墓碑だけ建てられたという。栃木の小野寺家を守る主人は、家を捨てた善平さんとその子孫に好感を持っていなかった。1960年代にオネデラ家から突然、訪問された時には言葉もよく伝わらず、金の無心をしにきたという印象があったからだ。2014年、通訳と介添えを頼まれて同行したが、再会には緊張があった。小野寺氏はあえて外出をして対面を避け、家に残された年配の長女たちが困惑気味に応対してくれた。電話で小野寺氏に墓参りの許可を筆者がとり、長女の案内で墓参りをした。オネデラ氏の涙とそこでの姿を長女から報告を受けたのか、小野寺氏は帰宅した。オネデラ氏の心のこもった挨拶と訪問の趣旨を聞いて、小野寺氏が古い写真をオネデラ氏に渡した。それはオネデラ家の1960年代の訪問時のものであった。オネデラ家は忘れられてはいなかった。　　　　　　　　　　（中山京子）

第3章

アメリカ合衆国への移民

坂口満宏

1　はじめに

　本章では、まず歴史の観点から第二次世界大戦までにアメリカ合衆国へ渡った日本人移民の送り出し状況と日米関係について概観し、ついで地理として移民はいつ、日本のどこからアメリカに渡ったのか、そしてアメリカのどこに集まり住んでいたのかという点について明らかにする。そして最後に日本とのつながりにおいては、かつての県人会や海外協会などにみられた移民のネットワークと郷里への貢献について言及し、移民の送り出しと受入れの歴史を考える意義にふれたいと思う。

2　漂流民から強制収容まで

アメリカ合衆国に渡った日本人移民の歴史・概観（1868 〜 1941 年）

　ここでは図-1 を用いて、いつ頃、どのような人々がアメリカ合衆国（以下、アメリカ）に渡り、アメリカ社会においてどのように存在していたのかという点に着目し、1868 〜 1941 年にかけての歴史的推移を概観したいと思う。まずは、どのような人々がアメリカに渡ったのかという点から見てみよう。

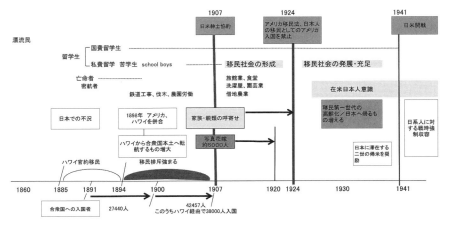

図-1：渡米日本人の歴史的推移（1860～1941年）

注）合衆国への入国者数の典拠は、ユウジ・イチオカ『一世』（刀水書房．1992年）60頁による。
写真花嫁の人数は、柳澤幾美「「写真花嫁」は「夫の奴隷」だったのか──「写真花嫁」たちの語りを中心に」（島田法子編著『写真花嫁・戦争花嫁のたどった道──女性移民史の発掘』（明石書店，2009年）52頁による。

■漂流民と留学生

　日本の幕末期にあっては、ジョン万次郎こと中浜万次郎やジョセフ彦とよばれた浜田彦蔵のような漂流民がいたことはよく知られている。その数はわずかではあったが、帰国後、彼らは通訳や教師、貿易商として活躍し、日本とアメリカをつなぐ役目を果たしていたので、まずは広い意味で渡米日本人の先駆者として位置付けておこう。

　つぎに渡米したのが留学生である。明治維新後、アメリカも一つの文明国モデルとされていたことから、1880年代半ばになるとアメリカを目指す留学生が増えていった。ただし留学生といっても、国家から潤沢な留学資金が支給され、アメリカ東部の大学で学ぶことのできた官費留学生と、苦労して渡米資金をかき集め、なんとかしてアメリカの西海岸まで渡ったものの、そこで資金が尽きてしまい、スクールボーイ（苦学生・書生）として白人家庭に住み込みで働かざるをえなかった私費留学生に分かれていた。国費留学生は数年間の勉学を終えると日本に帰り、エリートとして政財界で活躍することとなったが、私費留学生たちの多くは1900年以降もアメリカに残り、サンフランシスコやシア

トルで発行されていた日本語新聞や雑誌の記者として活躍したほか、キリスト教の牧師になるなどして、初期日本人社会のリーダー的存在となっていった。

■海外への出稼ぎの始まり

　さて、1880 年代の日本といえば、西南戦争の戦費調達のために乱発された紙幣によるインフレに苦しみ、それを抑えるため、徹底した緊縮財政が実行された時期であった。しかしこのデフレ策は逆に深刻な不況を生み出すこととなり、米や生糸の価格は急落し、農民の収入は激減した。借金の返済も困難となった。物価は下落しても地価は据え置かれたため、地租（土地にかかる税金）が実質的な増税となり、重くのしかかってきた。土地を売りはらい地租や借金の返済に充てた自作農は、小作人への転落を余儀なくされた。農業だけで生計を立てることが難しくなった自作農や小作人は、少しでも多くの現金収入を得ようとして、娘を製糸工場へ働きに出し、本人も炭坑や鉱山などへ出稼ぎに出た。そうした出稼ぎ先は国内にとどまらず、より高収入の得られる海外へと広がっていったのである。

　海外への出稼ぎの道を決定づけたのが、1886 年に日本政府とハワイ王国とのあいだで締結された「日布渡航条約」であった。この条約にもとづいてハワイへ出稼ぎに行った人々がのちに「ハワイ官約移民」と呼ばれた人たちである。1885 年から 94 年までの 10 年間に日本から 26 回の送り出しがあり、30,000 人近くが渡航した。

　ハワイ官約移民が終了すると 1894 年以後は民間の移民会社が移民取扱い業務を行うようになり、ハワイだけでなくカナダやアメリカ、ペルーなどにも移民を送り出した。またこの間、直接アメリカを目指す者も増加し、1891 年から 1900 年の間で 27,000 人あまりがアメリカに入ったとされている（ユウジ・イチオカ 1992, 60）。そして 1898 年にハワイがアメリカに併合され、1900 年に準州となると、ハワイに渡っていたもののなかからアメリカ本土へ転航するものが一段と増した。アメリカに渡った人々は、アメリカ西部各地の鉄道建設現場や伐木・製材場、農場などのキャンプを毛布（ブランケット）をかつぎながら廻って働いていたことから「ブランケットかつぎ」と呼ばれた。「渡米熱」の高まりもあって 1900 年から 1907 年の間に渡米したものは一挙に 43,000 人近くと

なった。このうちハワイを経由して渡米したものは 38,000 人と考えられている。

■日米紳士協約と移民社会の形成

　日露戦争後に渡米するものが急増したため、アメリカ国内では日本の対外膨張政策への危機感ともあわさり、出稼ぎ目的の日本人移民を排斥せよとの声が高まった。この新たな日米危機を収束させるためにとられた措置が、1907 年から翌年にかけて締結された一連の日米紳士協約であった。この協約によってアメリカに渡ることができる日本人とされたのが、以下の人びとであった（坂口 2002, 41-43）。

　　①すでにアメリカに在住しているもので、日本の領事館が発行する在留証明
　　　書をもって再渡航するもの

　　②すでにアメリカに在住しているものの父母や妻、20 歳（のちには 17 歳）未
　　　満の子ども。妻を呼寄せる場合は、入籍後 6 カ月経っていること。

　　③外務省が許可した定住農夫。

いずれも単なる出稼ぎを目的に渡米しようとするものの渡航を制限するものであった。

　妻のいない男性は郷里に写真を送り、縁談のとりまとめを依頼した。入籍した花嫁は自らの写真をアメリカに住むまだ見ぬ夫のもとに送り、呼寄せの知らせを待った。こうして渡米した女性たちが「写真花嫁」である。第一次世界大戦後に再びアメリカで排日の声が高まりだし、日米危機が喧伝されると、日本政府は自主規制として写真花嫁の渡米を禁止する措置をとった。1920 年までにおよそ 6,000 人が写真花嫁として渡米したといわれている（柳澤 2009, 52）。

　こうしてアメリカに渡った日本人移民の歴史は、1907 年の日米紳士協約を契機として、出稼ぎ労働の時代から父母・兄弟・妻子を呼寄せて生業に従事する定住の時代へと転換していったのである。サンフランシスコやシアトル、ロサンゼルスなどの都市部には、肥後屋旅館や広島屋、菊水亭や富士見亭など郷里の地名を屋号とする旅館や日本料理店が数多く作られ、呼寄せられて渡米してきた家族の滞在に便宜を図っていた。都市近郊部の農場に入ったものは地主から土地を借り、家族もともに働き、野菜や果物を育て、耕作地を広げていっ

た。そしてつぎつぎと生まれてくる子どもたちのために日本語学校を設立し、独自の教科書を編纂しては教育にも力を入れていたのである（森本 2014, 18-28）。

1924年の移民法と在米日本人意識の形成

　第一次世界大戦を契機に大量移民時代、大量消費社会状況を迎えたアメリカでは、国民統合策として100％アメリカニズムという考えが台頭し、アメリカにとって望ましい成員像が語られるとともに、移民の選択的受け入れが行われるようになった。そのアメリカにとって望ましい成員像の対極に位置したのが「帰化不能外国人」と判定された人々であった。

　日米関係が悪化してくると、その矛先はアメリカ人にとって最も身近な「日本」にあたる日本人移民に向けられ、排斥の対象となった。日本人は本当に「帰化不能外国人」にあたるのかとして小沢孝雄は訴訟を起こしたが、1922年の合衆国最高裁判決によって、日本人は「帰化不能外国人」にあたると裁定された。この判決によりワシントン州やカリフォルニア州で制定されていた一連の外国人土地法が規定する「外国人」に日本人も含まれることが確定した。そして1924年に移民法が改正され、「帰化不能外国人」は移民としてアメリカに入国することができないと明記された。これ以降1952年の法改正に至るまで、日本人は移民としてのアメリカ入国とアメリカへの帰化も禁止となったのである。その結果、アメリカに在住する日本人移民は、日本国籍保持者ではあるが、それと同時にアメリカ市民権を持って成長していく二世の親として、ともにアメリカで生きていくという意識すなわち「在米日本人意識」を持つようになったのである（坂口 2001, 26-28）。

■日米開戦と日系人の強制収容

　1920年代後半、日本人移民の社会は外国人土地法などの規制を受けながらも合法的な経営を続け、好景気の波にも乗り、発展していった。30年代の初めには大不況の嵐に飲み込まれたが、農業分野においては生産出荷調整と市場の拡大をはかることで不況に対応していった。

　一方、この間に1910年代後半に生まれた二世たちは学齢期に入り、太平洋

沿岸各地の日本人社会において日本語学校や国語学校が急増した。少し年長の二世たちは全米日系市民協会（JACL）を組織するなど、発言と行動力を増していた。1924年の移民法の施行により日本からの呼寄せが不可能となり、一世の世界は完結し、高齢化が進んできた。二世との間に横たわる言葉の壁や日本に対する認識の差も広がりだした。移民社会の活力を維持し、より一層の発展を図るには日本に在留している二世を呼び戻すことが必要だという声もあがってきた。そうして展開されたのが「帰米運動」である。1930年代の日本人移民社会は、多方面において発展し、充足していたが、一世においても二世にあっても、自分たちはこれからどこに帰属し、いかに生きるかというアイデンティティを模索する局面に直面するのである。

1941年12月7日（アメリカ時間）、日本の真珠湾攻撃によって日米戦争が始まり、アメリカにいた日本人は敵国人となった。翌42年2月19日、ローズヴェルト大統領は行政命令9066号に署名し、アメリカ市民、外国人の区別なく強制立退きを命ずる権限を陸軍省に与えた。これにより太平洋沿岸各地に住んでいた日系人約12万人は、内陸部に設けられた10カ所の収容所に送られることとなったのである。

アメリカ合衆国に渡った日本人移民数の推移

■渡米目的の変化と渡米者数の推移

ここからは視点を変え、アメリカに渡った日本人移民数の推移に着目し、上述してきた日本人移民の歴史を数量的にとらえなおすという方法をとってみよう。まずは図-2を見てもらいたい。

これは岡山県からアメリカに渡った人々の数を、旅券を取得する際の渡航目的（修学、農業、夫に同伴・夫の呼寄せ、親に同伴・親の呼寄せ）別に集計し、図示したものである。一見して大きく三つの山場があり、それぞれが移民政策の変化に翻弄されながらも、時代に即した渡米目的を抱き渡米していった推移を示している。

第1の山場は1891年から1900年にかけての10年間である。日清戦争のあいだ渡米者数は減少したが、戦争が終わると再び急増し1898年には200人を

図-2：岡山県からの新渡米者──その目的の推移

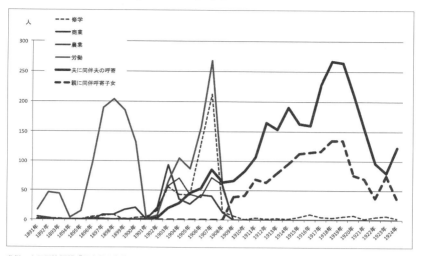

凡例：
- 修学
- 商業
- 農業
- 労働
- 夫に同伴夫の呼寄
- 親に同伴呼寄子女

典拠：山口平治編輯『岡山県人海外発展略史』（岡山県海外協会、1941 年。ここでは『初期在米日本人の記録〈北米編〉』第 5 冊：在米岡山県人発展史／岡山県人発展略史』を利用）7、9、13 頁より作成。なお、1891 ～ 1900 年においては、「農業」と「労働」の区別が付けられていないため、「農業」として表示した。

超えた。しかし 1900 年にアメリカで排日が激化し、その対応に苦慮した日本政府がアメリカ行き移民を一時禁止としたため、1901 年の渡米者が急速に減少したという流れである。この 10 年間の渡米者は 1,055 人で、その 9 割が「農業」（労働）を渡米目的としていた。

　第 2 の山場は 1901 年から 1908 年の 7 年間である。1903 年から渡米者は増加に転じ、1907 年にピークに達したが、日米紳士協約による移民制限の結果、翌年には再び急減したという動きである。この間の渡米者は 2,619 人で、第 1 の山場に比べて 2.5 倍となっていた。その要因は、「農業（労働）」目的のものに加えて、日露戦争の終結とともに「修学」を目的として渡米するものが急増したからである。彼らにどれほど徴兵逃れの意図があったのか、統計数字だけではわからない。だがこうした集団こそが、渡米後、さらなる苦学生（スクールボーイ）の群れとなっていったことはまちがいない。

　第 3 の山場は、1908 年から 1923 年までの 15 年間である。この時期の特徴は、夫に同伴もしくは夫からの呼寄せを渡米の目的とするものが大半にのぼったことにあり、妻として渡米する女性が顕著に増えたことであった。しかしそ

の数は 1919 年を境に急速に減少していった。アメリカで写真結婚という慣習に批判が高まり、それに配慮した日本政府が 1920 年以降の写真花嫁の渡米を禁止としたからであった。

　同様に、この間は親との同伴もしくは親に呼寄せられて渡米するという子女の数が増えた時期でもあった。新たな家族と働き手を得た移民社会は、借地農業の規模を拡大し、食料品店や洗濯業など各種家族経営においても事業を発展させることになった。しかし第一次世界大戦後に高まった排日を懸念したのか、1919 年を過ぎると親からの呼寄せも減るという傾向にあった。

　このように渡米目的の変遷を数量的に把握することで、1907 年から翌年にかけて締結された一連の日米紳士協約がどれほどその効力を発揮し、それまでの出稼ぎを目的とした渡米時代から夫や親の呼寄せによる渡米の時代へと転換していった様子が明らかになったと思う。

　こうした渡米目的の変化と渡米者数の推移という動きは、岡山県からの移民に限られたものではなく、1890 年代から 1920 年代半ばにかけて、日本からアメリカに渡った日本人移民の全体に共通するものであった。では、この間にどれほどの日本人が移民としてアメリカに渡ったのだろうか。図-3 を用いて 1890 年から 1925 年に至る期間の在米日本人数の推移を確認することにしよう。

■在米日本人数の推移

　ハワイ官約移民が終了した 1890 年代半ばまでは 10,000 人に満たなかったが、日露戦争後には自由移民という名のもとでの出稼ぎ渡米者が急増し、1907 年には 100,000 人を上回るにいたったことがわかる（児玉 1992, 519）。しかし日本人移民の急増に危機感を感じたアメリカでは排日運動が台頭し、アメリカに配慮した日本政府は日米紳士協約を締結して自主規制をとった。その結果、単なる出稼ぎ目的の渡米は制限されたが、新たに呼寄せという方法による渡米の時代となった。写真花嫁が渡米したのもこの時代であった。しかし日本人移民の増加に危機感を感じたアメリカは、1924 年に移民法を改正し、「帰化不能外国人」と規定された日本人の移民としての入国を禁止した。ここで移民第一世代の世界は完結することになったのである。

図-3：在米日本人数の推移

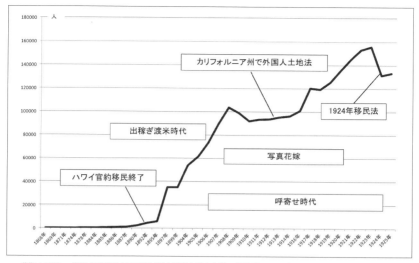

典拠：1868～1913年までは児玉正昭『日本移民史研究序説』（渓水社、1992年）519頁。
児玉論文の原資料は『日米文化交流史』第5巻50、93頁。
1914～25年の数値は、『北米年鑑』1928年第6編、41頁による。

3　在米日本人の地理的特徴

アメリカの州別日本人移民数とその出身地

■州別日系アメリカ人の人口と居住地

　ここからは地理的な観点から、日本人移民はいつ、日本のどこからアメリカに渡り、アメリカのどこに住んでいたのかということに焦点を当てていく。図-4は、1910年現在のアメリカで、州別に日本人の移民とその子どもたちがどれくらい住んでいたのかということを示したものである。

　これによればハワイに住むものが56％近くで最も多く、ついでカリフォルニアに29％、ワシントン州に9％あまりが住んでいたことがわかる。こうした分布状況はその後も大きく変わらないが、人口だけをみればハワイとカリフォルニアにおいては1910年から40年までの30年間でその数を倍増させていた。日本からの呼寄せ、そしてアメリカで生まれた子どもたちの増加により、日系

図-4：州別日系アメリカ人口数

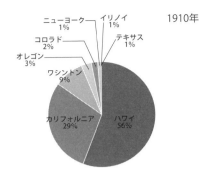

1910年

州	1900年	1910年	1940年
ハワイ	61,111	79,675	157,905
カリフォルニア	10,151	41,356	93,717
ワシントン	5,617	12,929	14,565
オレゴン	2,501	3,418	4,071
コロラド	48	2,300	2,734
ニューヨーク	354	1,247	2,538
イリノイ	80	285	462
テキサス	13	340	458

典拠：アケミ・キクムラ＝ヤノ編『アメリカ大陸日系人百科事典』(明石書店, 2002年) 413頁の表10.4により抄録。
原出典はU. S. Census, 1900–2000とのこと。

図-5：羅府日本人会発表　府県別南加州在留日本人人口（1918年8月31日発表）

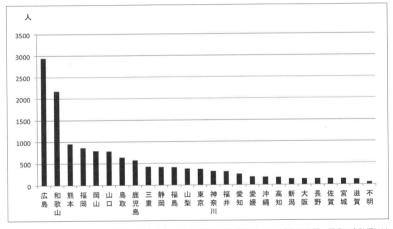

典拠：南加日系人商業会議所『南加州日本人史』(南加日系人商業会議所, 1956年) 368頁。同書の合計欄には
15,320人とあるが実際の合計数は13,998人で、合ってはいない。

人社会が拡充していった様子を想像させる数字である（アケミ・キクムラ＝ヤノ
編 2002, 413）。実際、カリフォルニア州では、ロサンゼルスを中心とした南カリ
フォルニア地方での日系人の人口増加が顕著であった。

　では南カリフォルニア地方にはどれほどの日本人がいて、その出身地はどこ
が多かったのだろうか。まずは図-5を見てみよう。

これはロサンゼルスの日本人会が1918年に発表した「府県別南加州在留日本人人口」を図示したものである（南加日系人商業会議所 1956, 368）。1918年当時、南カリフォルニア地方に在留していた日本人はおよそ14,000人で、そのうちの2割あまりは広島県出身者であった。それに次いだのは和歌山県で、以下、熊本、福岡、岡山、山口、鳥取、鹿児島と移民卓越県が上位を占めていたことがわかる。広島県出身者は都市部では旅館業や小売業などの商業に従事したものが多く、郊外ではガーデナーや野菜の生産にあたっていた。2位の和歌山県出身者は、ロサンゼルスから25マイルほど離れた海岸のターミナルアイランドにコミュニティを作り、男性は漁師、女性は缶詰工場で働くという特色をもっていた。

■「オレゴンといえば岡山県人」

　では図-6はどうだろう。

　このグラフの根拠は、熊本海外協会ポートランド支部の宮塚重太郎が同協会にあてた通信文に記されていた数値で、1920年10月の国勢調査でオレゴン州に在留するものとして日本の領事館に登録したおよそ4,900人を県別に集計したというものである（熊本海外協会『会報』第4巻第5号、1921年6月25日）。注目すべきことは、岡山県人が1,409人と最多で、全体の3割を占めて第1位だっ

図-6：府県別オレゴン州在留日本人（1920年10月調査）

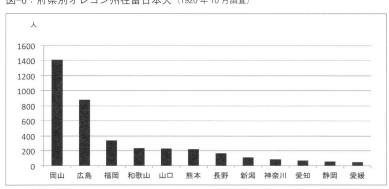

典拠：「オレゴン州ポートランド支部宮塚重太郎」からの通信文（熊本海外協会『会報』第4巻第5号、1921年6月25日）

たことである。2位は879人の広島県、熊本県は220人で6番目であった。ではなぜオレゴン州にこれほど多くの岡山県人が集まったのだろうか。

　山口平治編輯『岡山県人海外発展略史』によれば、岡山県からは早くも1891年に当時の御野郡厳井村から1人、大野村から5人、津高郡馬屋下村と一宮村からそれぞれ3人がオレゴン州のポートランド行き旅券の下付を受けていたといい、その後も御野郡大野村、津高郡平津村、吉備郡阿曾村からオレゴン州に入るものが続き、「（明治）三十年までに約三百人、今はオレゴンといえば岡山県人、岡山県人といえばオレゴンを聯想する程の勢力を張る基礎を茲に置いた」（山口平治編輯 1941, 14）とされている。先に63ページの図-2で岡山県からの目的別渡米者の推移を示し、第1の山場を築いた出稼ぎ組の存在を確認してきたが、そこに含まれていた人々の多くはオレゴン州を目指したパイオニアだったのである。こうした人々は当初、内陸部の大陸横断鉄道の工事に従事し、アメリカ事情にも慣れてくるとより安定した仕事に就くようになり、ポートランドに移動したものは旅館業や食料品店を営み、セーラムやフードリバーに入ったものは野菜栽培や果樹園の経営に従事し、成功していたのであった。

アメリカに渡った日本人移民の出身地を掘り下げる──岡山県を事例に

　表-1は岡山県海外協会央州支部の会員名簿（1940年頃のものと推測されるもの）のなかから、1907年までに渡米したものを抽出し、その出身地と渡米年・再渡航年、妻の渡航年、事業を示したものである（山口 1941,「央州支部現在会員」15-19）。

　出身地の市郡・町村名をみるだけでも、上述した岡山県からのパイオニア移民と出身町村を同じくしているものが多いことに気づくだろう。そしてその多くが十年余り就労したのちに錦衣帰郷よろしく日本に一時帰国し、妻を娶り、その後アメリカに呼寄せているプロセスも確認できると思う。事業としては農業や旅館業が多かったが、美術雑貨業や写真業、風呂・洗濯業から鮭漁請負業と、幅広い業種におよんでいたこともわかる。

表-1：岡山県からオレゴン州に渡った初期の人びと

名前	市郡	町村	渡米年	再渡航年	妻の渡航年	事業
松島草夫	御津郡	平津村	1893	1904		日米雑貨業
坪井政一	吉備郡	阿曾村	1897	1912		宝石貴金属類販売
小林金三	御津郡	一宮村	1897	1904	1906	農業
深井慶市	御津郡	一宮村	1899	1903		サック売買業
栗原助作	都窪郡	加茂村	1899	1907		農業
堀武志	吉備郡	秦村	1899		1916	
小原元一	岡山市	磨屋	1899			美術雑貨業
小倉啓治（教治）	吉備郡	池田村	1900			農業
赤松康子	御津郡	宇甘東村	1900			旅館業
坪井春吉	御津郡	馬屋上村	1900			農業
林石松	都窪郡	妹尾村	1900	1916	1907	鮭漁請負業
小山伊助	吉備郡	服部村	1901		1911	農業
中田繁夫	吉備郡	足守村	1903	1912	1913	旅館業
森岡英彦	御津郡	馬屋下村	1903		1913	農業
井上清男	吉備郡	日近村	1903			風呂・洗濯業
角田義（美）夫	都窪郡	三須村	1903			旅館業
三垣保三（次）郎	吉備郡	生石村	1905			農業
二宮仁五郎	御津郡	横井村	1905			写真業
小林滝夫	御津郡	宇甘西村	1906			洋食業
赤松壽美	御津郡	宇甘東村	1906		1916	西洋風呂、理髪業
今井知義	御津郡	馬屋下村	1906		1919	農業
草地栄吉	御津郡	円城村	1907			農業
小野勇之進	吉備郡	生石村	1907	1916	1917	旅館業兼理髪業
中山常造	吉備郡	庭瀬村	1907			プラマー、大工業

典拠：山口平治編輯『岡山人海外発展略史』（岡山県海外協会，1941年）、所収「央州支部現在会員」、15～19頁。ただし、いつの時点での会員名簿であるかは不明。1940年頃か。
岡山県海外協会ポートランド支部会員名簿記載者の内、片山景雄『在米岡山県人発展史』（1912年、日米評論社）に記載のある者について渡米年の古いものから配列した。

■移民の出身地を図示してみる

　同会員名簿に記載された356人のなかから出身地不詳の33人を除いた323人分の上位20町村を示したのが表-2である。岡山県内では吉備郡が最大の渡

表-2：岡山県海外協会オレゴン州支部の会員名簿にみる市郡別出身地ならびに上位20町村

表2-1　市郡別人数

市郡	人数
吉備郡	146
御津郡	98
都窪郡	42
不明	33
岡山市	6
上房郡	5
英田郡	4
赤磐郡	4
児島郡	4
後月郡	3
浅口郡	2
久米郡	2
苫田郡	2
上道郡	1
小田郡	1
川上郡	1
倉敷市	1
和気郡	1
計	356

表2-2　上位20町村

市郡	町村	人数
吉備郡	総社町	19
吉備郡	生石村	17
吉備郡	阿曾村	15
吉備郡	庭瀬村	15
吉備郡	高松村	14
御津郡	平津村	14
都窪郡	加茂村	12
吉備郡	服部村	12
吉備郡	足守村	11
吉備郡	池田村	11
御津郡	一宮村	11
御津郡	宇甘西村	9
御津郡	宇甘東村	9
御津郡	馬屋下村	9
御津郡	大野村	8
都窪郡	三須村	8
御津郡	馬屋上村	6
吉備郡	日近村	6
吉備郡	真金村	6
御津郡	今村	5

典拠：山口平治編輯『岡山県人海外発展略史』（岡山県海外協会、1941年）、所収「央州支部現在会員」15～19頁。ただし、いつの時点での会員名簿であるかは不明。なお、出身町村の人数については、356人中、出身町村不詳の33人を除いた323人で集計した。

米移民輩出郡だったこと、吉備郡内でも総社町や生石村、阿曾村が渡米とりわけオレゴン州へより多くの移民を輩出した町村であったことがわかる。図-7はそうした移民の出身地を地図に落としたものである。その多くが現在の岡山市の北西部に集中していたことがよくわかると思う。しかしこうした整理をおこなうと、なぜ総社町から移民が多く出たのかという新たな疑問が生じてくる。その要因は何だったのか——。岡山県に限らず海外移民の出身地に関する研究はまだまだ手薄である。こうした出移民に関するデータを手掛かりに、地域の歴史として海外移民の歴史が掘り起こされていくことを期待したい。

図-7：岡山県海外協会ポートランド支部会員の出身地

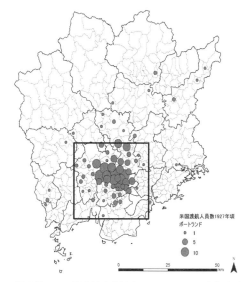

図 7-1：県全体にみる岡山県海外協会　ポートランド支部会員の出身地

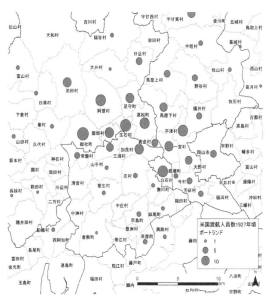

図 7-2：吉備郡・御津郡周辺の拡大図

典拠：山口平治編輯『岡山県人海外発展略史』（岡山県海外協会、1941 年）、所収「央州支部現在会員」356 人中、出身町村不詳の 33 人を除いた 323 人で集計して作図。地名は 1927 年当時の岡山県の市町村。

4 日本とのつながり

アメリカ太平洋岸各地にできた県人会

■呼寄せ時代の県人会

　歴史の項目で確認したように、1907年の日米紳士協約によって移民制限が強まるまで、海外への移民といえばそれは海外に出稼ぎにいくことと同義だった。サンフランシスコやシアトルなどの上陸地には渡米日本人の増加と比例するように、彼らを顧客とした旅館や日本料理店がたくさん作られた。こうした旅館や料理屋は、単に宿泊や食事という業務にとどまることなく、出稼ぎ目的で渡米してきた同胞に家庭的な雰囲気や助言を与え、就職の世話を行う場であり、同郷意識を越えた義援・救済活動の拠点であった（坂口 2001, 70-73）。

　その後呼寄せの時代になると、地縁・血縁関係の強い同郷人が多数渡米してきたことから、旅券の発給単位にすぎなかった府県名が移民を結集させるシンボルとなり、新たに同郷人の親睦や相互扶助、身元の保証という実利面を担当する団体を生み出していった。それが県人会である。

　日米紳士協約以後は、すでにアメリカに入国していたものであっても日本に一時帰国し再びアメリカに入るためには、当該人物が確かにアメリカに在留していたものであることを明示しなければ再渡航できなくなった。こうした日本人の在留資格を証明することも領事館の業務であった。しかし領事館といえどもその管轄域に在留するすべての日本人の生活状況を把握し、根拠のある証明書を発行することは困難であった。そこで在留日本人の実態をよく知る各地の日本人会が身元を保証し、領事館の業務をサポートするというシステムが出来上がった。それが地方日本人会に与えられた証明保証権である。かかる日本人会は県人会や各種団体からの代議員によって構成されていたことから、様々な実利を得るためにも県人会に所属しておくことが得策であった。こうして県人会には同郷人が数多く集まり、大きな勢力となったのである。

■呼寄せ時代の終焉と県人会

　しかし1924年に移民法が制定され、日本人の移民としてのアメリカ入国が禁止されると、いったん日本に帰り、親族を呼寄せることが不可能となった。こうした情勢の変化をうけて、1926年に日本政府はそれまでアメリカとカナダの日本人会に与えていた各種証明に対する保証制度を撤廃した（坂口2001, 141）。日本人会の存在価値が減退していくにつれて、日本人会役員の選出母体であった県人会のあり方も見直しを迫られた。各地の県人会は本来の親睦団体として、さらには貯蓄組合や頼母子講へと転換していった。

　おりしも1920年代半ばの日本では、政府が移植民積極政策へと方針を転換し、日本各地に海外協会が組織されはじめていた。こうした動きに連動して、アメリカ各地の県人会は、新たにできた海外協会の支部として再編されていくのである。

県人会から海外協会の支部へ

■海外協会の設立と海外支部

　日本各地に設立された海外協会とは、県庁もしくはその外郭団体に本部を置き、知事を会長として、内務省（のちには拓務省）から補助金を受けた移植民奨励団体である。熊本・広島・岡山・山口・和歌山などの移民卓越県では、1910年代半ばから激しさを増したアメリカでの排日に対処するという目的のもといち早く設立され、1920年代半ば以降になると日本政府による移植民積極政策の実行機関として各府県に設立された（坂口2015, 81-83）。

　ここで注目すべきことは、その存在感を失いかけていたアメリカ各地の県人会が、郷里に海外協会が設立されたことを機に再び結集し、県人会を発展的に解消させ、海外協会の支部となることで活動を再開したことである。ハワイやアメリカの各地にできた支部の会員名や活動の様子は随時、各府県の海外協会が発行していた『会報』等に掲載され、移民の郷里において広く配布された。表-3は、熊本・広島・岡山・福岡・福島各県の海外協会創設年月日と順次承認されていった海外支部の数もしくはその名称を示したものである。

表-3：主な海外協会の創立年月日と海外支部の数と名称

地域	熊本海外協会	広島県海外協会	岡山県海外協会	福岡県海外協会	福島県海外協会
創設年月日	1915年7月15日	1915年9月1日	1919年12月	1925年11月25日	1928年5月19日
カナダ	加奈陀支部		加奈陀支部	加奈陀支部	
アメリカ合衆国	支部数　25	支部数　25	シアトル支部	華州支部	米国西北部シアトル支部
			白河支部	タコマ支部	
			スポーケン支部	南部愛州支部	
			オレゴン州支部	ワイオミング州支部	
			山中部支部	桜府平原支部	桜府支部
			ソルトレーキ支部	須市支部	
			山東支部	湾東支部	
			桑港支部	桑港支部	
			フレスノ支部	サンノゼ支部	
			南加岡山海外協会	羅府支部	米国南加支部
				南加帝原支部	
ハワイ	支部数最大63	支部数31		布哇支部	ホノルル支部
					スプレックルスビル支部

典拠：地名表記はすべて原文どおり。
福島県＝福島県海外協会『会報』第34号（1934年3月）、同72号（1937年6月）による。
岡山県＝岡山県海外協会『会報』第20巻第1号（1938年12月）による。
広島県＝『海外協会中央会各府県海外協会要覧』（1928年）43〜44頁、「昭和2年度末現在における支部」による。
福岡県＝福岡県海外協会『八紘』第132号（1938年12月）裏表紙の支部一覧による。
熊本県＝熊本海外協会『会報』第19号（1936年1月13日）「謹賀新年」広告による。

　こうして海外各地の支部とその会員は、郷里の府県からいわば「公式」なものとしてその存在が認定され、当時の積極的な移植民政策のなかにあって、各府県における海外発展の先駆者、海外貿易振興の橋頭堡として各府県の海外移住史のなかに位置づけられることとなったのである。

■熊本海外協会のアメリカ支部

　ここでは最も早くに設立された熊本海外協会とその支部をとりあげてみよう。熊本海外協会は、1919年から翌年にかけて副会長の長江虎臣をハワイと北米に派遣し、支部の設立と協会本部との関係樹立を説いて回った。その結果、ハワイの各島に60あまりの支部ができ、カナダではバンクーバーに1支部、アメリカ太平洋沿岸三州には25の支部が設立された。そしてアメリカ各

図-8：熊本海外協会のアメリカ各地の支部名とその所在地

	支部名	地名
華州	シアトル	Seattle
華州	タコマ	Tacome
華州	ヤキマ	Yakima
央州	ポートランド	Portaland
北加	メリスビル	Merysville
北加	ソノマ サンタローザ	Sonoma Sannta Rosa
北加	サクラメント	Sacramento
北加	コートランド	Courtland
北加	ウォルナッツグローブ	Walnut Grove
北加	アイルトン	Isleton
北加	コンコード	Concord
北加	スタクトン	Stockton
北加	サンフランシスコ	San Francisco
北加	湾東（オークランド）	Oakland
北加	サンノゼ	San Jose
中加	ワッソンビル	Watsonvile
中加	中加デルレー	Del Rey
中加	ハンフォード	Hanford
中加	バイセリア	Visalia
南加	サンルイスオビスポ	San Luis Obispo
南加	ガダループ	Guadalupe
南加	サンタバーバラ	Santa Barbara
南加	オクスナード	Oxnard
南加	南加（ロサンゼルス）	Los Angeles
南加	帝国平原	Brawley

典拠：熊本海外協会『会報』第 191 号、1936 年 1 月 13 日、「謹賀新年」、ただし一部の支部名の表記を通常よく用いられるものに改めた。

地の支部は、1920 年 3 月 21 日、サンフランシスコに代表者会を開き、熊本海外協会聯合協議会を設立、結束を強めていた（熊本海外協会『会報』第 3 巻第 6 号 1920 年 6 月 15 日）。

　図-8 は、アメリカ太平洋沿岸各地にできた 25 支部の所在地を示したものである。アメリカに渡った熊本県人がどこに多く集住していたのかが確認できると思う。

　1924 年に編まれた『在米熊本海外協会人名録』（在米熊本海外協会名簿編輯部 1924）には、1,483 人分の人名が支部ごとに記載されている。最大多数の支部は

南加支部（ロサンゼルス）の 284 人で、それに次いだのが北カリフォルニアのサンノゼ支部の 262 人、サクラメント支部の 157 人であった。全体的には北カリフォルニアのサクラメント川流域のいわゆる河下地方（サクラメント、コートランド、ウォールナッツグローブ、スタクトンなど）に集住するものが多く、地図を見てもその密集度がわかると思う。河下地域に入植した熊本県人は、地主から現金で農地を借り、豆や玉ねぎ、アスパラガスを生産し、葦茅の生い茂っていた沼沢を肥沃な農地へと変えたのである。

■移民による郷里への貢献

　そこで最後にアメリカに渡った日本人移民と出身地とのつながりを示すエピソードを紹介しておこう。それは 1931 年熊本海外協会のサクラメント支部とコートランド支部が、郷里の熊本にメリーワシントンという品種のアスパラガスの種子 500 ポンドを寄贈したことを機に、熊本でにわかにアスパラガスの栽培熱が沸き起こったというものである。以下はアスパラガスの種子を熊本に贈ると決めた両支部による趣意書の一節である。

　（前略）吾々在米同胞が遠き波路を越へて此地に来り起居すること既に数十年、早吾々の後継者とも云ふべき第二世までも得たる今日猶且つ胸の至奥に往来する思ひは懐郷の念であります。霜の晨雨の夕べ且つは炎天の下に吾々の語る言葉の端には絶へず故郷の山河、同胞への思ひが馳せ真に郷土の発展、同胞の福祉を祈らざる日とて一日としてありません。今回吾々が上記アスパラガスの移植の如き之畢竟吾々の郷土を偲び同胞を思ふの念慮が偶々具体化されし一企挙に外ならないのであります（中略）更に又是れを以て吾々在米同胞が此地に移住して茲に幾星霜この海外進出の一記念として故郷に貽すに最も適はしき一企画ならんかと信じ此挙を起こせし次第であります。（以下略）

　　　昭和六年四月下旬

　　　　　　在米熊本海外協会　　サクラメント支部　コートランド支部

　　　　　　　　　　　　（熊本海外協会『会報』第 14 巻第 5 号、1931 年 6 月 15 日）

思いのこもったアスパラガスの種子は、1931 年 6 月 13 日、熊本に到着。受け取った熊本海外協会では、種子を少量ずつ農家に配布したのでは数年後に自然消滅しかねないとして、熊本県の指導を受けている阿蘇郡高森町畑地利用組合にその大半を無料で配布し、将来は缶詰加工を行い、同地方の特産物にするとした（『九州日日新聞』1931 年 6 月 14 日）。植え付けられたアスパラガスはその後、順調に育ち、販路を協議していたところ、1933 年 1 月、福岡県八女郡全国蔬菜缶詰製造会社から「アスパラガスを缶詰にしたいから大いに栽培して欲しい」との注文が入ったという（同『会報』第 16 巻第 1 号、1933 年 1 月 15 日）。同年 3 月には高森町にアスパラガスの缶詰工場を設けるため蘇南アスパラガス栽培組合が組織され、アスパラガスの栽培と加工が地域の活性化につながると期待された（同『会報』第 16 巻第 3 号、1933 年 4 月 15 日）。しかし翌年 6 月発行の『会報』には、熊本海外協会の阿部野理事長が高森町に赴き、「種々遺憾の点あるを発見せしに依り一方北米坂田氏に向け報告をなすと同時に向後の処置に就き研究の筈である」との記事が載った（同『会報』第 16 巻第 5 号、1933 年 6 月 15 日）。何らかの異変がおこったようである。この記事を最後に『会報』にはアスパラガスに関する報道はみられなくなった。「遥遥と太平洋万里の波濤を越へて送り届けられた、県人同胞諸君の郷土愛の結晶」（「アスパラキングと共に阿蘇南郷のアスパラガス栽培を観る」『九州新聞』1932 年 9 月 1 日）と期待されたアスパラガス栽培であったが、失敗に終わってしまった。

　神社に献納された石灯籠や絵馬、成功者の銅像などは、移民による郷里への貢献を示す実例としてわかりやすい。それに対して海外から送られた金銭や食料、衣類などの生活物資は、消費されてしまうとその姿かたちをとどめることは少なく、記憶にも残りがたい。移民からの送金や様々な物資は、はたしてどれほどの富や活力を郷里の村にもたらしていたのか、さらなる調査が必要である。

5　おわりに

　本章では、まず、第二次世界大戦以前にアメリカに渡った日本人移民の歴史を概観した。出稼ぎ時代であっても呼寄せの時代であっても、渡米した日本人の数が極端に増減していたことが確認できたと思う。それは、アメリカにおい

て日本という国に対するイメージが日本人の受け入れに反映していたからで、イメージが良好な時は受け入れも多くなったが、対日イメージが悪くなると排斥の声が高まり、日本人の受け入れを制限する、さらには日本側の忖度よって送り出しが制限されたという構造があったからである。それゆえに日本人移民の歴史を掘り下げるということは日米関係の歴史を問い直すことにつながり、その作業はとりもなおさず日米"移民"関係史という新たなジャンルを生み出すことになっていく。

　つぎに地理の視点からいつ、日本のどの地域から、どこへ移住したのかということを取り上げた。今日求められていることは、こうした根本問題を丁寧に掘り下げていくことである。こうした作業は、移民の出身地の解明にとどまらず、常に定住地での暮らしぶりや生業の実態も見通して複眼的に考えることとなり、移民を送り出した地域と迎え入れた地域それぞれの近代史を問い直すことになっていくはずである。

　最後に日本と移民社会とのつながりをとりあげた。ただしここで留意すべきことは、移民社会の人びとはアメリカに生きることを選んだ日本人（在米日本人）であったという点である。彼／彼女らは出身地だけに思いを寄せていたのではなく、定住地への貢献も惜しまなかった人びとである。それだけにアメリカに移民した人びとが定住地でどのような役割を果たし、貢献したのかということについても、今一度、新たな視点から考えてみることが必要である。

[参考文献]

イチオカ，ユウジ．1992．『一世――黎明期アメリカ移民の物語り』，富田虎男，篠田左多江，粂井輝子訳，刀水書房．

キクムラ＝ヤノ，アケミ編．2002．『アメリカ大陸日系人百科事典』，小原雅代，東栄一郎訳，明石書店．

『九州日日新聞』，1931年6月14日．

「アスパラキングと共に阿蘇南郷のアスパラガス栽培を観る」，『九州新聞』，1932年9月1日．

熊本海外協会『会報』第3巻第6号，1920年6月15日．

熊本海外協会『会報』第4巻第5号，1921年6月25日．

熊本海外協会『会報』第14巻第5号，1931年6月15日．

熊本海外協会『会報』第16巻第1号，1933年1月15日．

熊本海外協会『会報』第16巻第3号，1933年4月15日．

熊本海外協会『会報』第 16 巻第 5 号，1933 年 6 月 15 日．

児玉正昭.1992.『日本移民史研究序説』，渓水社．

在米熊本海外協会名簿編輯部．1924.『在米熊本海外協会人名録』．

坂口満宏．2001.『日本人アメリカ移民史』，不二出版．

坂口満宏．2002.「ネットワークでつながる日本人移民社会」，ハルミ・ベフ編『日系アメリカ人の歩みと現在』，人文書院，37-68.

坂口満宏．2015.「誰が移民をおくりだしたのか——環太平洋における日本人の国際移動・概観」，米山裕, 河原典史編著『日本人の国際移動と太平洋世界——日系移民の近現代史』，文理閣，72-91.

南加日系人商業会議所．1956.『南加州日本人史』，南加日系人商業会議所．

森本豊富．2014.「米国加州の日本語学校と「日本語讀本」」『米国加州教育局検定 日本語讀本 解題』，文生書院，18-28.

柳澤幾美．2009.「「写真花嫁」は「夫の奴隷」だったのか——「写真花嫁」たちの語りを中心に」，島田法子編著『写真花嫁・戦争花嫁のたどった道——女性移民史の発掘』，明石書店，47-85.

山口平治編輯．1941.『岡山県人海外発展略史』，岡山県海外協会．

第3章　アメリカ合衆国への移民

次へのステップ

1. 1907 年から 1908 年にかけて締結された日米紳士協約は、どのような経緯で締結されることになったのか、その背景を調べてみよう。

2. ロサンゼルス近郊のターミナルアイランドには和歌山出身者が多かったが、和歌山県のどの地域が多かったのか調べてみよう。

3. 在米日本人は定住先において、どのような貢献を果たしたのか、具体的な事例について調べてみよう。

コラム4

「北米日本人移民とキリスト教」に関する3つのアプローチ

　アメリカ日本人移民史において、キリスト教の社会的役割をみる場合、他の移民に関する研究同様、1）適応・同化、2）エスニック化、3）越境化という三種類のキーワードと関わらせることが多い。

　第1の適応・同化については、1960年代以前の研究に強くみられる。アメリカへの日本人移民が本格化する19世紀末から20世紀半ばの時期、現地社会への影響力を拡大し、「国教化」を強めるキリスト教特にプロテスタント諸派勢力は、アングロ人種を中心とした社会形成の一環として非キリスト教移民をアメリカ化・同化させるための伝道・教育活動を展開していった。日本人移民への諸活動（道徳改良、排日予防、日米親善、アメリカ化・市民化教育他）も類似のパターンが適用され、脱エスニック化と解釈されていったのである。

　第2のエスニック化については、70年代以降にみられる傾向である。上記の時期に日本人伝道を主導した日本人プロテスタントの自立性に着目する。彼（女）らの多くはプロテスタントに入信することで、アメリカ・プロテスタントに負けない「キリスト教文明国民」としての日本人という自覚と使命感を抱くようになり、「不当な」排日差別にさらされたこともあり、同胞移民に対しても同様の意識を育成する一環として、諸活動を通してアメリカ化・同化のレトリックを使用したのであるから（小林政助、大久保真次郎、安孫子余奈子他）、伝道・教育はむしろエスニック化を強める結果となったと解釈したのである。

　第3の越境化については、90年代以降から登場してきた方向性である。第2の解釈を発展させ、日本人移民が現地アメリカを起点に、生き残り戦略として展開していった国外とのネットワークや、日本と関わる「勢力圏」「非勢力圏」への移動（移民・転移民）に注目する。排日運動が制度化されていった1910〜20年代、海外膨張化に進む日本（及びプロテスタント教会）の影響も受け、人種主義化を強める「キリスト教国」アメリカから、南米や日本の「勢力圏」（満洲他）へ転移民した移民一世リーダーたち（千葉豊治、古屋孫次郎、小林美登利他）がそれらのグループを牽引していった。他方、特に30年代の日米両国の社会状況下、一世の影響を受けて、日本やその「勢力圏」（満洲他）に移民した二世たち（三宮都、西山千、後藤政一、楠本安子他）も越境ネットワーク形成に寄与したと解釈する。

（吉田　亮）

第4章

カナダへの移民

河原典史

1　はじめに

　第二次世界大戦以前、多くの日本人が太平洋を渡った。彼らはハワイ、アメリカ合衆国やブラジルなどへ渡航し、その当初では農業移民として活躍することが多かった。それに対し、カナダへの移民は、農業よりも他の生業に関わることが多かった。

　最初にカナダへ移住した日本人は、長崎県南高来郡口之津（現在の長崎県南島原市）出身の永野萬蔵とされている。1877年（明治10）にイギリス船の水夫として渡加（加は加奈陀）した彼は、カナダ西部のブリティッシュ・コロンビア州（以下、BC州）のニュー・ウェストンミンスターでサケ漁業に従事し、やがて州都・ビクトリアで美術商、宿泊業や雑貨業を営んだ。1888年（明治21）には、和歌山県日高郡三尾（現在の和歌山県美浜町）出身の工野儀兵衛がフレーザー川河口のスティーブストンに渡り、彼の呼び寄せにより和歌山県の沿岸部から多くの人々が渡加した。彼らの多くは杭上家屋を呈するサケ缶詰工場に従事し、漁業ライセンス（漁業権）を取得してサケ刺網漁業に関わった。北西部のナース・スキナー川などの河口にも、多くの缶詰工場が建てられ、そこでも日本人はサケ漁業に就いた。

　カナダ移民の多くは、血縁・地縁関係者による呼び寄せを中心とする自由移民であった。しかし、移民斡旋会社を介する契約移民も存在し、彼らは炭鉱業

や鉄道保線業に就くことが多かった。初期には、1891年（明治24）に神戸移民会社によって広島県、翌年には福岡県からバンクーバー島中央部のカンバーランド炭鉱へ契約移民が送られた。

　日本人移民が最も集住したのは、バンクーバー港南岸であった。1885年に全通したカナダ太平洋鉄道（以下、CPR）の終着駅が置かれた当地区には、陸海交通の結接点となった。ここでは海上にも貯木場が設けられ、製材所が連立した。そのひとつであるヘイスティング製材所に雇用されたことを契機に、日本人が集住するようになった。やがて、同胞を顧客とする日本人宿・商店が開設し、東西に通じるパウエル通、特に1〜300番地を中心に日本人街が形成されたのである。

　本章では、カナダ移民の大きな特色である漁業移民と、これまで等閑視されてきた契約移民やガーディナー（庭園業）について紹介する。特に、漁業移民については、サケ缶詰産業以外の水産業についても詳述する。

2　日本人社会の形成

　先に、多くの日本人が渡航していたハワイでは、1898年におけるアメリカ合衆国への併合を契機に、アメリカ本土へ転航する人が多くなった。ただし、当時のアメリカ合衆国では日本人に対する差別的な排斥が進んでいた。そこで、比較的入国が容易であったカナダへの転航が増加した。そのようななか、1907年9月8日、約6,000人におよぶ日本人の一斉上陸によって、バンクーバーでは反対する白人たちがパウエル街を襲撃したのである。この事態を重くみた日本・カナダ両国は、日本人移民を制限した。翌年、カナダ労働大臣の名前をとったレミュー協定が制定された。

　レミュー協定よって、原則として年間400名の移民を上限とし、日本からカナダへの渡航は「呼び寄せ」という形態へ落ち着いた。そのとき、郷里に残してきた両親や妻子、とくに独身男性に対しては写真の交換によって婚約・婚姻後に新妻が渡加する「写真婚」が多くなった。その結果、1910年代後半になると、日本人移民には家族の形成と定住化がみられるようになった。出稼ぎ的な渡加であった日本人移民は、それまでのサケ缶詰産業や伐木・製材業や鉄道工夫などの肉体労働だけでなく、バンクーバーを中心とする都市において商

業・サービス業へも展開するようになったのである。さらに二世の誕生によって、日本語・日本文化を学ばせる教育機関の設立が望まれた。1906 年（明治39）には、バンクーバーのアレキサンダー通に晩香坡共立国民学校（現在のバンクーバー日本語学校）が誕生した。この設立には、前年における日露戦争の講和条約のポーツマス会議後、帰国時にバンクーバーに立ち寄った小村寿太郎外務大臣による＄150 の寄付が基金となっている。

　1914 年（大正 3）にヨーロッパで勃発した第一次世界大戦にも、カナダ日本人移民は密接に関わっている。1902 年（明治 35）に日英同盟を結んだ日本は、その保護国であったカナダとは同盟国であった。そこで、日本人の地位向上を目指し、カナダ軍に参加する日本人義勇兵が組織された。その結果、196 名がヨーロッパ戦線で戦い、54 名の戦死者を出した。バンクーバーにあるスタンレー公園には、彼らの慰霊碑が建立されている。

3　出身地と職業

　「近州ソーミル、熊本ヤマ、死ぬよりましかなヘレン獲り」。この俗言は、第二次世界大戦前のカナダにおける日本人の就業構造を的確に表している。つまり、滋賀県（近江）出身者は製材所（sawmill）に勤めることが多く、そこへ運搬される木材を提供するために山奥で伐木業や鉱業に従事するのは熊本県出身者が多かった。慣れない機械操作、倒木や落盤によって命を落とすかもしれないなら、ニシン漁（herring fishing）やサケ漁などの漁業に就くほうがよい、と揶揄したのは和歌山県出身たちであった。

　当時、最多のカナダ移民を輩出したのは、滋賀県である（図-1）。1896 年（明治 29）の愛知川水害以降、滋賀県東部から多くの人々がバンクーバーに渡った。彼らは、最初に日本人を雇用したヘイスティング製材所をはじめとするバンクーバー港付近の製材所に勤め、やがて隣接するパウエル街で同胞を顧客とする商業・サービス業に転出する者が多かった。

　第 2 位は、前述したように日高郡三尾出身の工野儀兵衛を先駆者とした連鎖移住による和歌山県からの渡加者である。そのため、和歌山県中部沿岸が最多の輩出地となり、伝統的に船大工の多い南西部からの移民も少なくない。県内においては、北部紀ノ川中流域からアメリカでの農業、古座川上流域から朝鮮

0　　　　200km

3000
1500
500
100
5（人）

（大陸日報社編『加奈陀同胞発展史 第三（1924）』）

への農業移民が輩出されている。漁業関係の移民でも、南東部からアメリカ・ロサンゼルス周辺へのツナ缶詰産業、南部からのオーストラリア木曜島への潜水器漁業関係者など、輩出地域の差異がみられる。

　それに続いて、広島県からのカナダ移民が多い理由は、先述した神戸移民会社による先駆的な契約移民と、その後の連鎖移住である。何よりも、近世末期における広島藩と対馬藩との婚姻関係からの交流により、近代の朝鮮方面への移動や、広島湾沿岸の埋め立てによるハワイへの初期移民が多かったことなど、同県からの渡航者は少なくなかった。ほぼ同数で、熊本県や鹿児島県からの移民が続く。この要因は、後述する東京移民合資会社からの契約移民の渡航によるところが大きい。

　なお、西日本からのカナダ移民が多いなか、宮城県からのカナダ移民も少なくない。これは、1906年（明治39）の及川甚三郎による密航船・水安丸事件（コラム5）に起因する。

4　漁業と日本人

■サケ缶詰産業と日本人移民

　19世紀に世界各地で大規模な内紛・戦争が勃発すると、軍需産業として保存食の缶詰製造が盛んになった。動物性タンパク質を容易に摂取するため、魚類缶詰が重要視された。なかでも、採卵時に海域から河川を遡上するサケ類は、絶好の缶詰材料となった。サケ類は比較的低温を好むため、高緯度に位置するカナダ西岸の大河河口部に缶詰工場が建設され、いわば「サーモン・ラッシュ」が起こった。イギリス系カナダ人は缶詰工場の経営者となり、労働力としてネイティブ・インディアン、やがて中国・日本人を中心とするアジアからの移民が受容されるようになったのである。

　1924年にBC州保険協会が編集・発行した"Plans of Salmon Canneries in British Columbia together with Inspection Reports on Each（『BC州サケ缶詰工場図集成』以下、『工場図集成』）"は、サケ缶詰工場ごとの解説と大縮尺図の火災保険地図からなる。『工場図集成』に収録された72工場をみると、従業員が単一の国籍（民族）で構成されることはなく、最多のタイプはインディアン・中国人・日本人からなる組み合わせで、それは38カ所（55.1%）を示した。日本人は6割強にあたる44カ所の工場で雇用されていたが、中国人は日本人を上まわる8割強の59カ所で従事していた。

コラム5

密航船・水安丸

　1906年（明治39）、宮城県登米郡米川（現在の宮城県登米市）で製糸業を営む及川甚三郎は、凶作に苦しむ地域の人々を救済するため、カナダへの密航を企てた。83名が乗船し、石巻萩浜港を出港した水安丸はビクトリアで収監されたが、領事館書記・吉江三郎らの活動で入国が許可された。すでに1896（明治29）年に渡河し、フレーザー川下流の中州にサケの漁獲と塩ザケ・スジコの製造を行っていた及川は、密航者を受け入れたのである。なお、翌1907年に東京移民合資会社による宮城県からの契約移民が多く渡加している。水安丸による渡航者が仙台で凱旋帰国し、新たな移民を募ったのである。

（河原典史）

BC 州南部の工場では一定数の白人が従事し、漁獲を日本人、缶詰作業では中国人が主力となり、インディアンが補完的労働力として担っていた。それに対し、北部の工場では一部の白人が重要な業種に就くものの、中国人はほとんどおらず、漁獲と缶詰作業は日本人とインディアンが担っていたのである。この相違は、BC 州最大の都市・バンクーバー周辺ではサケ缶詰産業以外にも様々な労働需要があり、アジア系移民を比較的容易に取り込んでいたことに対し、遠方の北部では漁期が終了すると他に労働需要がほとんどないことによる。

　日本人漁業者が集住していたスティーブストン南方にあるフレーザー川南流の支流・カナ水路に位置するブランスウィック工場は、1897 年にブリティッシュ・コロンビア・フィッシング&パッキング会社の缶詰工場の一つとして建設された。他の工場と同様、ここも缶詰工場本体とその付属建物からなる。鍵型をした前者は漁獲されたサケ類をすぐに水揚げ、そして缶詰材料には不要な内蔵をすぐに捨てるため、一部が河川上に建てられた杭上家屋となっている（図-2）。

　工場の東隣には、刺網を乾燥後に収納する網小屋（nethouse）がある。スティーブストンの大規模工場には倉庫（warehouse）も併設されていたが、小規模なここにはなかった。工場東方の内陸部には、"Mgr D and off" と記された建物が描かれている。D は dwelling、off は office の略記であることから、これは工場の事務所を兼ねたその経営者の住居である。工場の南部には、"Chinese Bunk" と記された中国人用の一棟が描かれている。男性が単身で従事・居住する中国人には、住居内部に二段ベッドを並べる寝台舎（bunk）が用意さていた。それに対し、"Japanese Cabins" と付された家屋群もみられる。これらは、日本人用簡易住居である。特に、前述したレミュー協定後に日本人は家族を形成し、それぞれが戸建て住宅、あるいは内部を区切った長屋式住宅に住んだ。そして、最東部に "Fishermens Huts" と記された小さな家屋が2棟ある。これは先住民（インディアン）の住む小屋（hut）である。当時、先住民である彼らにも住居は提供されていたが、それは日本人や中国人のものと比べると粗末であった。

　なお、スティーブストンの大規模工場には、造船所が設置されることも少なくない。漁閑期における漁船の新造や修理には、日本人が担うことが多かっ

た。特に動力船が導入されると、和歌山県南部出身の船大工が渡加するようになった。また二世を対象とする日本語学校や、球場（ビリヤード場）が設けられることもあった。

■クジラと日本人移民

19世紀末から20世紀初頭にかけて、カナダ北西岸の各地にいくつかの捕鯨基地が開設された。それらは統合や廃止を重ね、やがて5カ所の捕鯨基地を有する太平洋捕鯨会社（The Pacific Whaling Co.）に整理された。そこでは、サケ缶詰産業と同様に民族（出身国）別の国際的分業体制が採られていた。

太平洋捕鯨会社は数隻の捕鯨船を所有し、それらは捕鯨基地において相互に操業されていた。代表的なものとして、1904年にノルウェーで建造されたオリオン号がある。1908年におけるオリオン号の乗組員をみると、船長と機関

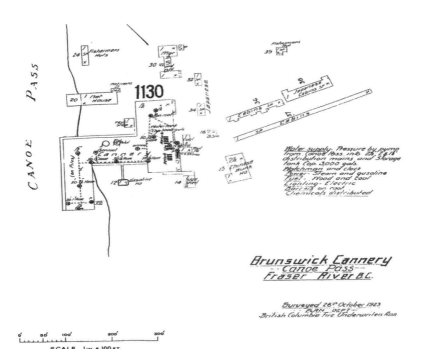

図-2：『BC州サケ缶詰工場図集成』にみるブランスウィック工場

長の要職にはイギリス人が就いた。それに対し砲手、一等運転士、二等機関士と水夫はノルウェー人が務めていた。近代式捕鯨業を開発した民族が、カナダでも捕鯨船の重職を担っていた。11名からなる乗組員のうち、そのほとんどをノルウェー人が占めるなか、日本人の火夫と中国人のコックが各1名ずつ従事していた。

　バンクーバー島北西岸にあったシーシャート捕鯨基地では、84名が働いていた。その内訳をみると、ノルウェー人とイギリス人が16名、中国人が36名、そして日本人が32名であった。イギリス人は技師長、書記や採油主任などの事務を任っていた。それに対し、日本人は同胞者を取りまとめる主任のほかに樽屋や鍛冶屋などの職工もいたが、そのほとんどが皮・肉切りなどの雑役を任せられていた。その構造は中国人でも同じで、一人の主任に対し、皮・肉切りなどの雑役が20名を数えた。当時の捕鯨業では，鯨油採集こそが主目的であり、鯨油はアメリカへ輸出されていたのである。

　開設当初の捕鯨基地では、カナダ東岸のニュー・ファンドランド地方出身者が多かったが、やがて彼らに代わって安価で雇われる日本人労働者が増えたという。日本人の賃金は、BC州各地でサケ缶詰産業に携わるより安価であった。そのため白人は、自分たちの仕事が略奪されているという危機感はあまりなかった。孤立した捕鯨基地では協力的な体制こそあれ、人種差別的な態度が生じることはほとんどなかったのである。4〜10月の操業期以外では基地は閉鎖され、整備のために主任と一部の日本人だけが残った。

　1910年、ハイダ・グワイにあったローズ・ハーバー捕鯨基地の開設と同時に、小坂茂一は初代の日本人主任になり、妻・きのゑも炊事係として基地で働くようになった。1884年（明治17）、大分県北海郡下南津留村前田（現在の臼杵市）に生まれた小坂は、臼杵中学校（現在の臼杵高等学校）卒業後に福岡県の赤池鉱山専門学校へ進学した。1906年（明治39）、結婚したきのゑとともに彼はカナダ・ビクトリアへ渡った。捕鯨基地の日本人主任には、イギリス人からの英語の指示を理解して日本人に伝えることが求められていた。大分県師範学校を卒業後、大分県小学校教員であったきのゑも、ある程度は英語を理解できた。独身男性が季節的に従事する捕鯨基地では、炊事を担う既婚女性が重宝された。

　ハイダ・グワイ東岸に位置したネーデン・ハーバー捕鯨基地の施設配置は、

鯨解体の作業場を中心に、事務を担う施設と就業者の住居からなる。作業場は
ウィンチとつながる鯨引き揚げ台、鯨油タンク、精製油貯蔵庫、資材引き揚げ
台、油身引き揚げ台やドラム缶洗浄庫からなる。内臓を肥料に加工するグアノ
倉庫のほか、ノルウェー式捕鯨には欠かせない火薬庫もある。これらが集積し
ている北側の作業場に対し、南側には民族や出身国ごとに分かれた住居が建ち
並んでいた。なかには、huts と称される簡易な寝台舎のネイティブ・インディ
アン用の住居があった。そして、作業場に近いところには、おもに解体や鯨油
採取を担う日本人と中国人の住居が設置された。それに対し、諸作業から生じ
る鯨の体液の流出や悪臭を避けるため、最も遠方の基地南端にイギリス人を中
心とする白人住居が置かれていたのである。サケ缶詰産業と同様、漁獲・加工
過程と住居配置について、捕鯨業も同様のシステムがみられたのである。

■太平洋をめぐるニシン

　日本人は、サケ缶詰材料となるサケ以外の魚種も漁獲対象とした。当時のカ
ナダ水産界ではニシン（鰊・鰊、herring）は重要視されず、一時的とはいえ塩ニ
シン製造業は日本人漁業者の独占的な産業となった。1893 年（明治25）、林貞
之丞（和歌山県出身）が塩ニシン製造業へ着手し、1897 年（明治30）には吉富邦
三（山口県出身）と森音次郎（出身地不明）がスティーブストンのガルフ湾缶詰製
造所の協力で塩ニシン製造業を試みたが、失敗に終わったという。

　20 世紀になると、塩ニシン製造業は発展期を迎えた。1902 年（明治35）に
は、大出竹次郎（和歌山県日高郡比井崎出身、現在の美浜町）が本格的な塩ニシン製
造業を開始した。1904 年（明治36）に、池田有親（新潟県北蒲原郡聖籠村眞野出身、
現在の聖籠町）がバンクーバー島東岸のナナイモ付近でニシンの大群を発見し、
魚肥・魚油工場を建設した。1908 年（明治41）には、その周辺に 43 カ所の塩
ニシン工場が建設された。当時のカナダ水産界では、魚肥としての加工や魚卵
（カズノコ）の採取が禁じられていたため、ニシンは塩漬けされて日本へ輸出さ
れるようになった。しかし、前述した捕鯨業の盛況により、その食物連鎖の関
係からナナイモ湾へのニシンの群遊は少なくなった。それによって、乱立気味
だった塩ニシン工場は淘汰された。

　塩ニシン製造所経営者の出身地をみると、大出竹次郎をはじめとする和歌山

写真-1：ナナイモ湾におけるニシン巾着網漁業（嘉祥家コレクション）
網船で集められたニシンは雇用された2人1組のユーゴスラビア人に
よってタモ網で運搬船へ掬いあげられる

県日高郡の人たちは6名を数えた。有田郡と海草郡出身者も各1名で、和歌山県出身者が塩ニシン製造業の中心であった。その他には、大阪・東京・新潟・岩手・広島・千葉・鹿児島出身者が同業に着手していた。塩ニシン製造業では、共同経営を採ることが多かった。その理由として、日本人漁業者の多くが就いていたサケ刺網漁業のように、契約したサケ缶詰工場から漁具が貸与されるのではなく、塩ニシン製造業を担う日本人経営者は大規模な漁具・漁業施設を自己所有する必要があったからである。キャンプと呼ばれた工場とその付属施設には桟橋やタンク、ならび漁網、網船、ガソリン船、小型船や付属品などが必要であり、それらの投資費用は少なくなかった。これらの施設を揃えるには、季節的な出稼ぎ者だけでは不可能であり、有力な数人が共同出資したのである（写真-1）。

　ニシンは塩漬けされて日本、さらに朝鮮や満洲などへ転送されたのである。また、燻製となったニシンはカリブ海沿岸諸国へ輸出された。つまり、第一次世界大戦によって荒廃した北大西洋から北太平洋へニシン漁の中心が移り、カナダ日本人漁業者がその漁獲、加工と流通を任うようになったのである。

写真-2：ユクルーレット日系漁業組合（前川家コレクション）
右側には集落南端の入江に浮かぶ組合施設、左側には2隻の大型運
搬船が浮かぶ

■新しい日本人漁村の形成

　1913年、CPRの工事によってフレーザー川上流のヘルスゲート渓谷が大き
く変わり、サーモンの遡上量が異常をきたした。そのころ、スティーブスト
ンでは、いくつかの大きな火災が起こり、廃業に追い込まれたサケ缶詰工場も
あった。一方、アメリカ・コロンビア州から動力漁船の技術を学び、やがてス
ティーブストンでも漁船の動力化が始まった。そのようななか、三尾出身でビ
クトリアに在住していた上出邦三が、バンクーバー島西岸の沖合に大きな漁場
を発見した。彼はスティーブストンに住む従兄弟の上山又吉にこの漁場の存在
を知らせた。当時のバンクーバー島西岸ではインディアンによる自給的な漁業
が中心であり、日本人漁業者はもちろん、白人もほとんど漁業には携わっては
いなかった。そこへ1919年に上山又吉が単身ユクルーレットへ渡り、トロー
リング漁業（一本釣漁業）によってスプリング・サーモンを釣獲したのである。

　彼の成功を得て、スティーブストンからユクルーレットを中心とするバン
クーバー島西岸に移住する日本人漁業者が後を絶たなかった。しかし、カナダ
政府は漁業ライセンスの制限を設けた。それはユクルーレットで30、その北
に位置するトフィーノで20、バークレー海峡を挟んだバムフィールドでは10
に制限されたのである。

スティーブストンからの移住当初、ユクルーレットにはサケ缶詰工場は存在しなかった。そこで、彼らは釣獲したスプリング・サーモンを愛媛・静岡県出身の日本人仲買人に販売しなければならなかった。当然ながら、彼らへの仲介料を支払うと、現地の漁業者にはあまり利益がもたらされなかった。このような状況を嘆いた和歌山県東牟婁郡古田（現在の串本町）出身の前川勘三は、漁業組合の設立を提案し、1924年に創立された組合の初代会長に就いたのである。ユクルーレット日系漁業組合は、スプリング・サーモンをカナダ国内ではなくアメリカ・シアトルへ出荷した。サカイ種と異なり、必ずしも缶詰材料に適していないスプリング種はドイツ向けの燻製に加工された。すなわち、カナダ人の資本から脱却し、新しい流通販路を開拓したユクルーレット日系漁業組合とトフィーノ日系漁業組合は、カナダ漁業史においても特筆されるべき活動であった（写真-2）。

5　契約移民とその転業

　1881年に創業されたCPRでは、同年にカナダ東部のモントリオールから横断鉄道の工事が着工された。やがて、それは西岸のバンクーバーからも着工され、1885年に全通した。建設には多くの中国系移民が就いたが、全通後には過酷な重労働、冬季の除雪や春季の雪崩の危険性、ならびに人頭税が課せられた雇用を回避するため、CPRも彼らの離職を促進した。かかる状況に着目した東京移民合資会社は、カナダの日加用達会社と提携し、1907年（明治40）の6月から翌年1月にかけて約1,500名の契約移民をカナダへ送り出した。彼らの出身地は、わずか10県に限定されていた。最も多いのは400名を輩出した鹿児島県で、全体の約4分の1を占める。そして、266名の熊本県と175名の宮城県に次いで、福井県から154名がカナダへ渡った。ほぼ同数で沖縄県出身者がみられ、渡加者は福岡・静岡・岡山県と続き、そして神奈川県と栃木県となる。横浜港を発った彼らは、およそ1,000名の鉄道工夫と500名の炭鉱夫とに大別できる。最多の輩出地である鹿児島県は半数ずつであるが、熊本・宮城県でもそのほとんどは鉄道工夫である。そして、4位の福井県は154名の全てが鉄道工夫である。

　カナダ到着後に日加用達会社を経て、鉄道工夫はレベルストークやゴールデ

ンなど CPR 沿線、炭鉱夫のほとんどはバンクーバー島のカンバーランドへ送られた。なお、貨車を寄宿とするような劣悪な労働環境から脱するため、3年契約が満了すると、鉄道保線工はバンクーバーとその周辺の製材業やフレーザー川中流域のイチゴ農業などへ移ることが多かった。なかでも、日本人が重要な役割を占めるサケ缶詰産業へ移る人々は少なくなかった（コラム6）。前述したブランスウィック缶詰工場の漁業者のほとんどは鹿児島県出身者で、その一部は契約移民として CPR で働いていたのである。つまり、カナダ日本人移民の大きな特徴である「漁業移民」は、必ずしも日本でも漁業を生業としていた訳ではないのである。

6　日本文化の変容

■庭園業と造園業

　『北米年鑑』（1941）をみると、当時の日本人は BC 州全体では漁業に携わる人が最も多かったが、バンクーバーに限るとそれは 386 人の製材業であった。そして商店員（289 人）、小売業（266 人）、庭園業（173 人）、裁縫・洗濯業（172人）が続いた。

　1929 年（昭和 4）の世界大恐慌により、カナダでは失業救済策から日本人への排斥は厳しくなり、それは漁業ライセンスの制限・削減に顕著に現れた。密

111

第4章　カナダへの移民

コラム6

ロジャーズ峠の雪崩災害

　1910 年（明治 43）3 月 4 日 BC 州内陸部のセルカーク山脈に位置するロジャーズ峠で雪崩が発生した。CPR の除雪作業に携わっていた 70 余名のうち、大規模な 2 次雪崩災害によって 58 名の鉄道工夫が落命した。そのうち 32 名は日本人であり、彼らの多くは東京移民会社を経てカナダの日加用達会社を介した契約移民として 3 年間の労働契約を結んだ、いわば出稼ぎ移民であった。外務省外交史料館所蔵「ロジャーズパスニ於ケル遭難者ノ原籍及氏名」を整理すると、犠牲者 32 名のうち最も多かったのが静岡県出身者 7 名であり、広島・岡山県が各 5 名、宮城・福井・滋賀・鹿児島県が各 3 名、長野・山口・福岡県が各 1 名であった。

（河原典史）

写真-3：ハトリー・パーク（現・ローヤル・ロード大学内）に残る日本庭園
池には横浜から運ばれた鶴の置物がある（2014年　河原撮影）

漁業によって拿捕された日本人漁業者のなかには、バンクーバー沖のボゥーエン島に送られ、ダイナマイトを扱う鉱業に従事させられたものもいた。漁業や製材業を追われた日本人は、カナダ人宅の芝刈りや落葉拾いなどの庭園業に就くものも少なくなかった。当初、この生業は春〜秋期のサケ漁期後の季節的な労働であった。しかし、バンクーバーの発展にともなって住宅地が拡大すると、その需要は高まっていった。そこで、やや後発の鳥取県西部出身者、特に現在の境港市域を中心とする日本人は、フレーザー入江南岸のキツラノ・フェアビュー地区に集住し、その後背地に居住する白人を顧客にしたのである。先述した俗言に倣うならば、鳥取県西部の旧国名である「伯耆」と庭園業で使う道具の「箒」とが同音となることから、庭園業と出身地との関係は「庭を掃くかな伯耆人」といえよう。

　一方、戦前からBC州の各地で日本庭園が造園されたことは看過できない。1907年、ビクトリアのゴーヂ・パークに横浜市出身の岸田芳男と広島県出身の高田隼人は岸田の父・伊三郎を呼び寄せ、日本庭園の造園をした。藤棚や池、さらには球戯場やダンスホールも備えた日本庭園は、白人には好評であった。それにより、ブッチャート・ガーデンやハトリー・パーク（写真-3）など、現地の上流階級者の私庭に日本庭園が造られるようになった。また、ボゥーエン島にも、佐賀県出身の古賀大吉により日本庭園が造園されたのである。

■バンクーバー朝日軍

　カナダ社会には、日本移民によって様々な文化が移植されている。それら
は、日本との交流のなかで変容をきたしてきた。ここで、文化のひとつとして
ベースボール（野球）の交流史を紐解いてみよう。

　カナダで最初の日本人野球チームは、1907年に最大の日本人集住区・パウ
エル街に発会した「扶桑倶楽部」であると推察される。1910年には「日本野
球倶楽部」も生まれ、バンクーバーとその周辺の日本人集住区では次々に日本
人野球チームが生まれた。おもに庭園業者が集住していたフェアビュー地区に
は「ミカド」や「敷島」、キツラノ地区に「ヤマト」、サケ缶詰工場が連立して
いたスティーブストンには「フジ」という野球チームなどが誕生した。BC州
の州都・ビクトリアでも、「ニッポン」が創設された。

　すでに明治初期に野球が伝わっていた日本では、1901年に創部された東京
専門学校（現在の早稲田大学）野球部が、より高度な技術を習得するため1905年
に日本人チームとして初めてのアメリカ遠征を行った。1911年にもアメリカ
へ遠征をした同チームは、バンクーバーでも試合を行った。その後、1914年
には現在の慶應大学と明治大学もバンクーバーを訪れた。これらの大学野球
チームの来訪によって、バンクーバーにおける日本人社会の野球熱は高まって
いった。やがて日本人最強チームの創設が目指され、既存チーム間の選手移動
により1914年にバンクーバーを代表するチームとして「朝日」が誕生したの
である。

　「朝日」の中心人物は北川卯吉・やゑ夫婦の子どもたちのミッキー北川、
ヨー堀居とカナダ生まれのエディー北川の三人兄弟、西崎與惣松、そして初代
監督の宮崎松二郎だった。彼らは、滋賀県犬上郡南青柳村開出今（現在の彦根
市）の出身であった。そして山口県大島郡油田村油宇（現在の周防大島町）出身
の古本彌太郎・アキ夫婦の子・古本忠義をエースとする、平均年齢20歳程度
の若いチームが生まれたのである。

　1921年に「朝日」は初来日し、「稲門倶楽部」との対戦後に関西地方、東北
地方から北海道まで転戦した。このとき、大柄の白人選手相手にはバント戦法
が有効であると気づいた「朝日」は、帰国後にブレイン・ベースボールを駆使
し、1926年にターミナル・リーグで念願の初優勝を果たしたのである。なお、

1935 年に創立された大日本東京野球倶楽部（現在の読売東京ジャイアンツ）がアメリカ遠征に旅立った。この北米遠征で同チームはカナダにも転戦し、「朝日」とも対戦している。翌年にも、「朝日」は二度目の北米遠征を行った同チームを迎えた。

2003 年、カナダ野球文化への功績を認められた「朝日」はカナダ野球殿堂、さらに 2005 年には BC 州スポーツ殿堂入りを果たした。

7 戦中・戦後の日本人

1941 年（昭和 16）12 月 7 日（日本時間 8 日）、日本軍の真珠湾攻撃によって太平洋戦争の火蓋が切られた。それによってカナダに在住する日本人は、漁業ライセンスの取得のためカナダ国籍を得た一世だけでなく、カナダ生まれの二・三世も敵性外国人とみなされた。やがて、財産の没収と収容所への強制収容が行われたのである。

バンクーバー島西海岸のユクルーレットで活躍した前川佐一郎が記した手記に生々しい記述がある（現代仮名遣いに修正、適宜中略）。

12 月 15 日に、突然、海軍省から日系人所有の漁船没収令が来た。1942（昭和 17）年 2 月に、カナダ政府は日系人を一人残らず BC 州沿岸より 200 マイルの奥地へ強制移動を執行することを発表した。3 月 31 日、遂にユークレット在住日系人の立退きの日がやって来た。バンクーバーに着いたのは午後 4 時であった。バスでヘイスティング・パークへ連れて行かれた。驚いたことには、そこは競馬場であつた。収容された建物は馬小屋であった。馬糞の匂いがプンプンと匂っていた。日本人が、1,000 人余り入っていた。佐一郎は他の独身者 100 名とともにカナダの東部オンタリオ州へ送られ、カナダ横断道路の工事に働かされた。9 月まで 2 カ月間、不自由な生活を続けている内に、ビーシー州奥地の荒野・レモンクリーキに大きな収容所が完成された。集団移動が開始され、父と（妹の）静代は 2,000 有余の家族とともにここへ送られた。

現在では遊園地となり、親子連れで賑わうヘイスティング・パークが日本

人の収容所になっていたのである。そして、BC州のおよそ3％を占めた約20,000人の日本人は、内陸部に設けられた10カ所の収容所や道路キャンプなどへ再移動が命じられた。1945年（昭和20）には、日本人の「忠誠心」調査が行われた。同年の日本無条件降伏とポツダム宣言受諾のあと、1946年（昭和21）にはBC州の内陸収容所が閉鎖された。多くの日本人は、就業の機会を求めてトロントを中心とする東部へ移動、また、約4,000人は日本に送還された。日本人のBC州への移動が許可されるのは、1949年（昭和24）であった。

　カナダ国籍のない日本人の「呼び寄せ」が許可されるのは、1951年（昭和26）に日加間での正式国交が再開される翌年のことであった。なお、1929年（昭和4）の世界恐慌時、雇用の機会を奪われた日本人は少なくなかった。また、第二次世界大戦の勃発にともない、不安定な日加関係を危惧して日本への帰国を選ぶ人々もいた。彼らのなかには、カナダで誕生した二世も多くいた。しかし、その後の戦災で疲弊していた故郷を鑑み、なかには外国人扱いを受けた彼らは、再びカナダへ戻る選択をした。そのような二世は、帰加二世と呼ばれる。そして、いわゆる「戦後移民」や「新一世」と呼ばれる戦後の日本人移民が承認されるのは、1967年（昭和42）にカナダ移民法の人種差別が削除されるまで待たねばならなかった。そして、二世を中心とする人々は、戦時中の差別的政策に対して抗議を繰り返した。それは、1988年（昭和63）にリドレス運動（補償問題）として結実したのである。

8　おわりに

　現在、カナダでは多くの日本人（日系人）が活躍している。それはバンクーバーやスティーブストンなどの西岸だけでなく、トロントを中心とする東部にも多い。バンクーバーにおける日本人集住区であったパウエル街は、戦時中における日本人（日系人）の強制移動後に流入した下層階級の労働者が占拠したため、現在ではややスラム街の様子を呈している。しかし、日本語学校をはじめ、各種商店やパウエル球場など当時の施設も多く残っている。そして、和歌山県をはじめとする県人会や、おもに戦後移住者によって形成された俳句や和太鼓などの趣味・同好者の会も少なくない。また、新渡戸庭園造園時の1959年に創設されたバンクーバー日系ガーディナーズ協会のような企業団体の活動

も盛んである（コラム7）。

　それらは、1988 年のバンクーバー万国博覧会を契機に、現地のカナダ社会にもより広く認知されている。同年から開始されたワーキングホリデー制度を活用した若者が、その後にカナダへ移住を決心するケースもみられる。彼らのなかには寿司や天ぷらなどの伝統的な日本食だけなく、ラーメンや牛丼など現在の日本食も提供するレストラン、通称ジャパレスで勤務・経営に関わることもある。今後とも、カナダへの日本人移民史を理解し、彼らがもたらした日本文化の継承と変化にふれることが期待される。

［参考文献］
飯野正子．1997．『日系カナダ人の歴史』，東京大学出版会．
河原典史．「ビクトリアの球戯とバンクーバーの達磨落とし―― 20 世紀初頭のカナダにおける日本庭園の模索」，マイグレーション研究会編『エスニシティを問いなおす――理論と変容』，関西学院大学出版会，2012．
河原典史．2012．「20 世紀初頭のカナダ西岸における捕鯨業と日本人移民」，地域漁業研究 52-2．
河原典史編著．2013．『カナダ日本人漁業移民の見た風景――前川家「古写真」コレクション』，三人社．
河原典史．2014．「カナダ・ロジャーズ峠における雪崩災害と日本人労働者――忘れられたカナダ日本人移民史」，吉越昭久編『災害の地理学』，文理閣．
河原典史．2015．「太平洋をめぐるニシンと日本人――第二次大戦以前におけるカナダ西岸の塩ニシン製造業」，米山裕・河原典史編『日本人の国際移動と太平洋世界――日系移民の近現代史』，文理閣．
河原典史．2017．「幻の新渡戸庭園を造った人びと――忘れられたバンクーバーの日本庭園史」，森隆男教授退職記念論考集刊行会編『住まいと人の文化』，三協社．
後藤紀夫．2010．『伝説の野球チーム　バンクーバー朝日物語』，岩波書店．
佐々木敏二．1999．『日本人カナダ移民史』，不二出版．
新保　満．1986．『カナダ日本人移民物語』，築地書館．
新保　満．1996．『石をもて追わるるごとく――日系カナダ人社会史』，御茶の水書房．
新保　満．1996．『カナダ移民排斥史――日本の漁業移民（新装版）』，未來社．
末永國紀．2010．『日系カナダ移民の社会史――太平洋を渡った近江商人の末裔たち』，ミネルヴァ書房．
細川道久．2017．『カナダの歴史を知るための 50 章』，明石書店．
ミチコ・ミッヂ・アユカワ．2012．『カナダへ渡った広島移民』，和泉真澄訳，明石書店．

1. ハワイやブラジルなどに比べて、カナダ日本人移民の特徴は何でしょうか。移民が関わった職業（生業）や、彼らを送り出した人々についても調べてみよう。

2. スティーブストンのサケ缶詰産業以外にも、日本人は様々な漁業に携わっていました。彼らの活躍した地域や漁業種類について考えてみよう。

3. 着物、寿司・天ぷらや仏壇など、伝統的な衣食住に関する日本文化についてカナダでの受容を調べてみよう。また、柔道・剣道などの武道や茶道・華道・香道のほか、アニメ、マンガやテレビゲームなどの新しい日本文化にも目を向けてみよう。

コラム7

新渡戸庭園

　1960年（昭和35）、ブリティッシュ・コロンビア大学（以下、UBC）に、新渡戸博士日本庭園が完成した。これを設計したのは、千葉大学園芸学部教授の森勘之助である。実は、戦前にも大学には新渡戸稲造博士にちなんだ日本庭園があった。1933年（昭和8）にビクトリアで客死した新渡戸の功績を称えて、バンクーバーの日本人社会では「故・新渡戸博士記念行事委員会」が創設された。そして、日本から石灯籠が輸入され、スタンレー公園に日本庭園の造園が計画された。しかし、新渡戸に関わる刻銘が許可されなかったため、委員会は設置を辞退した。最終的には、UBCでの石灯籠の設置が決定した。ただし、本格的な日本庭園の造園は許されず、1935年8月29日に芝草の上に石燈籠が設置された小規模な日本庭園が開園した。この石灯籠は、現在の新渡戸庭園に移設されている。

（河原典史）

第5章

ブラジルの移民政策と日本移民

三田千代子

1　はじめに

　北米への移民送出先を失った日本移民が新たな送出先としてブラジルに渡ったのは、1908 年のことである。

　その 100 年前、ポルトガル王室はナポレオンの侵攻を受け、植民地であったブラジルに宮廷を移し、友好国に門戸を開いてヨーロッパ移民を誘致する政策を整えた。以来、植民地時代から先住民、植民者のポルトガル人、黒人奴隷と、文化的民族的に多様な要素によって社会を形成してきたブラジルは、ヨーロッパ各地の移民を積極的に誘致し、植民地時代以来の文化的民族的多様性を促進させた。キリスト教文化圏以外からの日本移民は、ブラジル社会にさらなる多様化をもたらす要素となった。

　近代日本の海外移住は、明治の開幕とともにハワイへの出稼ぎ移民によって始まった。ハワイから再移住した日本移民を除けば、日本から直接ラテンアメリカに渡った最初の移民は 1899 年のペルー移民である。このペルー移民開始から 1969 年までに国家間の移住協定に基づいて日本から、メキシコ、ブラジル、アルゼンチン、チリ、コロンビア、ベネズエラ、キューバ、ドミニカ共和国、ボリビア、パラグアイといったラテンアメリカ諸国に移民した日本人総数は、314,558 人を数える（表-1 参照）。このうちブラジル向け日本移民は 244,950 人で、ラテンアメリカ向け日本移民総数の 78％を占めている [1]。今日、ブラ

表-1：ラテンアメリカ諸国への日本人移住の推移　1899–1969 年

国＼年	メ	パ	キ	ブ	ペ	ア	チ	コ	ボ	ベ	ウ	パ	＊	合計
1899	1				790									791
1900	1													1
1901	95													95
1902	83													83
1903	281				1,303	126								1,710
1904	1,261													1,261
1905	346													346
1906	5,068				1,257									6,325
1907	3,822		4		85	1								3,912
1908				799	2,880									3,679
1909	2			4	1,138	1								1,145
1910	5			911	483	2								1,401
1911	28				456	2	8							494
1912	16			2,859	714	16	1							3,606
1913	47			6,947	1,126	103	27							8,250
1914	35			3,526	1,132	41	9							4,743
1915	19	2		39	1,348	33	8							1,449
1916	22	4	76	35	1,429	135	15		1					1,717
1917	53	1	13	3,883	1,948	127	20		5					6,050
1918	128	12	4	5,956	1,736	134	18		3					7,991
1919	64	25	3	2,732	1,507	174	21		3					4,529
1920	53	15	8	970	836	42	16		5					1,945
1921	69	30	71	970	717	53	21	3	2					1,936
1922	77	21		986	202	52	8	2	1					1,349
1923	68	6		797	333	66	6		2					1,277
1924	76	24		3,689	651	58	4							4,502
1925	160	24	127	4,908	922	121	12		1					6,275
1926	326	18	117	8,599	1,250	182	25		1					10,518
1927	319	16	45	9,625	1,271	262	18		5					11,561
1928	353	9	37	12,002	1,410	387	13		5					14,216
1929	249	24	29	15,597	1,585	430	22	59	21					18,016
1930	434	39	37	13,741	831	489	40	42	26		2	1		15,682
1931	283	63	6	5,565	299	362	20	2	11	5	1			6,617
1932	149	7	1	15,092	369	239	8		15		2			15,882
1933	85	11	5	23,299	481	135	7		6		2			24,031
1934	80	3	9	22,960	473	112	9	2	12	3			4	23,667
1935	53	14	5	5,745	814	201	13	105	16	2				6,968
1936	62	3	9	5,357	593	349	8	9	8		7			6,343
1937	65	27	77	4,675	166	307	11	1	12	2	4	150		5,497
1938	38	12	1	2,563	177	288	2		14			103		3,198
1939	67			1,314	223	187						146		1,937
1940	67	5	1	1,565	111	183		2	18			38		1,989

表-1：ラテンアメリカ諸国への日本人移住の推移　1899-1969 年（つづき）

年＼国	メ	パ	キ	ブ	ペ	ア	チ	コ	ボ	ベ	ウ	パ	＊	合計
1941	28		1	1,277	24	124	3	2	9			83		1,551
小計	14,548	415	686	18,986	33,070	5,398	519	229	202	12	18	521	4	244,536
1951	1			102	5	53								161
1952	12			1,073	7	98			37					1,227
1953				1,816	1	16						18		1,851
1954	3			3,772		34			127					3,936
1955	9			4,130		147			107			866		5,259
1956	26			1,478	7	55			3			1,382	565	6,516
1957	31			5,649	114	117			377			1,603	299	8,188
1958	35			6,312	56	74			352			1,406	331	8,266
1959	18			7,041	46	140			5			229	123	7,602
1960	17			7,191	115	45			35			964	1	8,369
1961	16			5,780	65	91			705			674	2	7,333
1962	13			2,605	161	170			104			247		3,300
1963	14			1,775	69	206			94			148	4	2,307
1964	5			903		147			3			151		1,284
1965	0			735		177						130	2	1,062
1966	7			885	7	190						70		1,160
1967	9			829	12	130						85		1,065
1968	4			450	2	74			8			32		570
1969	3			438		95			44			22		568
合計	14,706	415	686	214,950	33,817	7,457	519	229	2,170	12	18	8,248	1,334	314,558

出所：外務省領事移住部『わが国民の海外発展——移住百年のあゆみ』資料編（外務省領事移住部、1971 年、2-3 および 140-141 頁）より作表。
注：移住先国名はメ＝メキシコ、パ＝パナマ、キ＝キューバ、ブ＝ブラジル、ペ＝ペルー、ア＝アルゼンチン、チ＝チリ、コ＝コロンビア、ボ＝ボリビア、ベ＝ベネズエラ、ウ＝ウルグアイ、パ＝パラグアイ、＊＝その他
＊印の 1965 年以降の数値はドミニカへの移住者数を示している。

ジルの日本人及びその子孫の日系人 (2) の数は、2014 年の海外日系人協会の資料によれば 160 万人と推定されており (3)、戦前最も多数の日本移民が渡った米国における日本人及び日系人数 130 万人を凌いでおり、海外で最多の日系人が生活している国が、ブラジルである。

　ブラジル向け移民は、両国の国交が第二次世界大戦によって断絶した 1942 年から 1953 年の戦後移民の再開までの 11 年間を除き、1908 年から 1981 年までの実に 60 年以上にわたって継続されてきた海外移民なのである。しかも、ブラジルの日本移民の定着率は 90％とされ、ブラジルに移民した他国の移民

表-2：ブラジルにおける道府県別男女別日本移民在留者数（1940年）

道府県名	在留者数			左計の構成比(%)	道府県名	在留者数			左計の構成比(%)
	男（人）	女（人）	計（人）			男（人）	女（人）	計（人）	
北海道	6,315	5,476	11,791	6.1	大 阪	1,736	1,496	3,232	1.7
青 森	410	363	773	0.4	兵 庫	1,199	1,013	2,212	1.2
岩 手	1,219	1,075	2,294	1.2	奈 良	513	430	943	0.5
宮 城	1,961	1,670	3,631	1.9	和歌山	2,178	1,902	4,080	2.1
秋 田	1,219	988	2,207	1.1	鳥 取	833	737	1,570	0.8
山 形	2,032	1,604	3,636	1.9	島 根	735	618	1,353	0.7
福 島	5,706	5,032	10,738	5.6	岡 山	3,078	2,699	5,777	3.0
茨 城	1,077	873	1,950	1.0	広 島	6,901	6,082	12,983	6.7
栃 木	554	466	1,020	0.5	山 口	3,115	2,594	5,709	3.0
群 馬	959	775	1,734	0.9	徳 島	591	497	1,088	0.6
埼 玉	456	392	848	0.4	香 川	1,365	1,253	2,618	1.4
千 葉	395	364	759	0.4	愛 媛	1,988	1,768	3,756	1.9
東 京	1,753	1,396	3,149	1.6	高 知	2,469	2,058	4,527	2.3
神奈川	434	343	777	0.4	福 岡	9,347	8,351	17,698	9.2
新 潟	1,314	1,119	2,433	1.3	佐 賀	1,966	1,764	3,730	1.9
富 山	787	704	1,491	0.8	長 崎	1,484	1,238	2,722	1.4
石 川	816	703	1,519	0.8	熊 本	11,348	10,134	21,482	11.1
福 井	595	453	1,048	0.5	大 分	1,100	985	2,085	1.1
山 梨	724	555	1,279	0.7	宮 崎	842	749	1,591	0.8
長 野	2,255	2,098	4,353	2.3	鹿児島	3,270	2,842	6,112	3.2
岐 阜	988	830	1,818	0.9	沖 縄	8,802	7,485	16,287	8.4
静 岡	1,941	1,613	3,554	1.8	樺 太	39	23	62	0.0
愛 知	1,934	1,595	3,529	1.8	朝鮮・台湾	—	—	—	—
三 重	1,124	993	2,117	1.1	不 詳	379	315	694	0.4
滋 賀	545	489	1,034	0.5	総 数	103,514	89,642	193,156	100.0
京 都	723	640	1,363	0.7					

注：資料の出所：外務省調査局（1943）『昭和十五年海外在留本邦人調査結果表』第9表本籍地別内地人，p.568.
出所：丸山浩明編著『ブラジル日本移民百年の軌跡』明石書店，2010年，105頁.

と比較するとその割合は突出して高い[4]。

　2018年にはブラジル向け日本移民が開始されてから110年を数える。移民の送出が中断された時期も含めて今日まで、ブラジルに渡った日本移民とその子孫は、ブラジルで日系ブラジル人としての生活を築いてきた。この間共和国ブラジルは、寡頭制時代（オリガーキー）（1894～1930年）、ナショナリズムの時代（1930～85年）、多文化主義時代（1988年～）と、大きな社会政治の変化を遂げたが、これら3時代を日本移民とその子孫は、ブラジルの排日的な環境を克服して生き抜いてきたのである。

2　ヨーロッパ移民の代替としての日本移民

■ブラジルにおける外国移民導入の開始

16 世紀以来、ポルトガル人以外の入国を認めてこなかった植民地ブラジル
にポルトガル王国は 1808 年の開港によって外国人の入国を認め、さらに外国
人に土地の払い下げを行い、ポルトガル人以外の外国移民の導入を可能とし
た。1822 年の独立宣言直前に、永代借地権によってのみ個人の土地利用を可
能としていた植民地時代以来の土地制度セズマリア制が廃され、売買による土
地の取得を可能とする土地法（Lei no. 601 de 18 de setembro de 1850）が奴隷貿易
の廃止（1850 年）とともに整えられると、積極的な外国移民の誘致が行われる
ようになった。こうして 19 世紀に始まったブラジルの外国移民は、自営開拓
移民と農園の契約労働移民の二形態に大別することができる。

独立と同時にブラジル帝国は、外国移民に渡航費などの補助金を与え、農地
を確保し、移民が入植地で奴隷と共存することを禁止するなどして外国移民を
保護し、カトリック教徒以外の入移民も認めた。ブラジルの広大な領土、主と
して人口の疎らな南部や北部に入植地ヌクレオ・コロニアルを建設して、ドイ
ツ、イタリア、ポーランド、スペイン、ポルトガルなどのヨーロッパ移民を入
植させて領土の確保にあたった。北部地域の入植地は数も少なく、熱帯気候で
あったために、ヨーロッパ移民の入植は振るわず、大方が失敗した（地図-1 ブ
ラジルの大地方区分参照）。

他方、19 世紀中葉になるとサンパウロ県を中心に新しい移民の形態がみら
れるようになった。それは、所定の契約に従って雇用主のもとで 3 ～ 4 年の一
定期間、コーヒー農園で賃金労働に従事する契約労働移民コロノで、1850 年
の奴隷貿易の廃止に伴って始まった移民であった。第二次世界大戦以前の日本
移民の 6 割は、この形態でブラジルに渡っている。

■サンパウロのコーヒー産業とヨーロッパ移民

金やダイヤモンドの採掘による重商主義経済が衰退したブラジルで、新たな

地図-1：ブラジルの大地方区分

北　部

北東部

中西部

DF（連邦区ブラジリア）

南東部

南　部

＊1988年以降の大地方区分

出典：三田千代子「多人種民族社会ブラジルーブラジル社会概観」田村梨花・三田千代子・拝野
寿美子・渡会環編著『ブラジルの人と社会』上智大学出版，2017年，4 頁.

　輸出産業としてコーヒー栽培が 1820 年代に入り、リオデジャネイロ、ミナス
ジェライス、サンパウロの各県に導入された。重商主義産業によって多数の奴
隷人口を抱えていたミナスジェライスやリオデジャネイロ県ではコーヒー栽培
の労働力の自給は可能であった。しかし、植民地時代に重商主義産業が展開し
なかったサンパウロ県ではコーヒー農園の労働力不足は深刻で、奴隷に代わる
新たな労働力が求められた。そこで農園の契約労働者としてのヨーロッパ移民
が求められた。しかし、報酬が安価で奴隷制度も存続していた中での就労で
あったために、19 世紀末まで契約労働者としてのヨーロッパ移民は低調であっ
た。
　コーヒー農園に契約労働移民の導入が本格化するのは、奴隷労働力の供給が
ブラジル国内で不可能となった 1870 年代になってからである。1878 年、コー
ヒー生産者の利益代表者であったサンパウロの県知事はヨーロッパ移民誘致に
乗り出した。入移民に対する渡航費補助制度の設置や移民収容所の開設といっ
た移民受け入れ体制をサンパウロ県が整えるに従い、契約労働者としてヨー
ロッパ移民が増大した。

1885 年に 6,500 人であったサンパウロ県のヨーロッパ移民は、奴隷制度が廃止された 1888 年にはブラジル移民総数（133,300 人）の約 70％ を占める 92,000 人に上った [5]。旧宗主国ポルトガルが多数の移民を送出してきていたが、80 年代後半になると、イタリアがブラジル移民の最多を占めるようになった。特に、1888 年にはイタリアが経済恐慌に見舞われ、ブラジル入移民総数の 78％ に当たる 104,000 人余を送出している [6]。

　1820 年から外国移民制限法が制定された 1930 年までの 110 年間に、ブラジルに導入された外国移民の総数は、およそ 400 万人と推定されている。このうち 1887 年から 1898 年 [7] の 11 年間が外国移民の全盛期で、移民総数の 37％ を超える 150 万人が導入された。これら外国移民は、既存の労働力が充分に存在していなかったサンパウロ県／州 [8] に集中し、移民総数の 56％ に相当する 231 万人を数えている [9]。こうしたサンパウロ県／州における外国移民の増加は、コーヒー産業の発展に伴って出現した現象であった。

　リオデジャネイロ、ミナスジェライス、サンパウロの北西部にかけて広がるパライバ渓谷のコーヒー栽培（1830-70 年）が地力の消耗によって衰退すると、コーヒーの開拓前線はサンパウロの西に向かって移動していった。1870 年代以降ブラジルのコーヒー生産量は、ブラジルの輸出総額の半分を超え、「緑の黄金（オウロ・ヴェルデ）」と呼ばれるコーヒーブームが到来した。奴隷制が終焉し共和国が樹立された頃にはブラジルの輸出総額の 67％ を超えるまでになった [10]。

■イタリア移民に代わる日本移民、米国に代わるブラジル

　1897 年、世界のコーヒー価格が暴落した。世界のコーヒー市場の 8 割を占めていたブラジルで、生産量が需要を上回ったのである。ブラジル通貨も急激に下落し、深刻なコーヒー不況に見舞われた。自国民のサンパウロ州での惨状を知ったヨーロッパ各国は次々とブラジルへの移民送出を禁止した。コーヒー農園で働いていた契約労働者は不況の農園から逃れて都市に移転したり、他国へ再移住したり、あるいは帰国したりした。1907 年には、サンパウロ州から転出した移民の数（約 44,000 人）は入移民の数（約 40,000 人）を上回った [11]。

　労働力の不足に悩んだサンパウロ州のコーヒー農園主は、日本に移民の送出を働きかけてきた。1894 年に日本移民送出の打診があったが、国交が樹立し

ていないままでの移民送出を日本政府は許可しなかった。1895年に両国の間に修好通商航海条約が調印されるが、移民送出には至らなかった。

　1904年からコーヒー価格が上昇傾向をたどるようになった。日本では、日露戦争後の不況が訪れ、全国でストライキが起こり、海外移民が再び注目されるようになっていた。1908年に日本は、米国とカナダとの協定によって移民送出を自粛することになり、有力な移民の送出先を失った。日本政府は、米国に代わるサンパウロのコーヒー農園の労働者として移民の送出を許可した。1907年11月6日、「皇国殖民会社」とサンパウロ州農務局との間で、3年間に日本移民3,000名を送出／導入する契約が調印された。この契約に基づき、サンパウロ州から渡航補助を受けた日本移民781名（他に自由渡航者12名）を乗せた笠戸丸が1908年4月18日に神戸港を出航し、ブラジル向け移民が始まった[12]。

　ハワイからブラジルに出稼ぎ先が変更になった日本移民は、コーヒー産業の最盛期を過ぎたサンパウロのコーヒー農園に契約労働者として送出されたのである。ただし、ハワイ移民とは異なり、サンパウロ移民には12歳以上の働き手3人以上がいる家族移民[13]であることが条件づけられており、結果的には、後にブラジルに日本移民が定着する要因の一つとなったといえる。

3　ブラジルの国造りの理念と日本移民

■「脱アフリカ化」としてのヨーロッパ移民

　移民の送出先を失った日本とコーヒー農園の労働力を必要としたサンパウロ州両者のそれぞれの事情によって開始された日本移民であったが、本来ヨーロッパ移民による住民の「白人化」を目指していたブラジルにとって、日本移民の導入は歓迎されるものではなかった。

　300年にわたる奴隷制度を通じてブラジルは、350万人あるいは1,200万人ともいわれる黒人をアフリカから奴隷として導入しており、社会・文化的にアフリカ黒人の強い影響を受けていた。19世紀の独立とともにヨーロッパ諸国との交流が自由に行われるようになるとブラジルは、ヨーロッパ文化を手本として積極的に受容した。当時のブラジルの知識人は科学的と称されたヨーロッ

パの人種主義の影響を受け、自国のアフリカ的な要素に対し強い劣等感を抱いた[14]。

　ブラジル社会には住民の「脱アフリカ化」を目指し、住民を白人種の身体的特徴に近づけて「優生学的」に改良しようとする「白人化」のイデオロギーが形成され、独立以降、ブラジルの政治家や科学者に支持された。ブラジルのヨーロッパ移民は、単に労働力を提供するだけではなく、住民の身体的特徴の「白人化」という役割も担わされていたのである。当時のブラジルの国造りの理念である白人によるラテン文化社会形成の一翼をヨーロッパ移民は担っていたのである。

■サンパウロ州政府による日本移民の導入

　ブラジル帝国が奴隷制度とその運命をともにして崩壊すると、1889 年、共
和国が誕生した。帝政時代からの国造りの理念であるヨーロッパ化は、共和国政府によって具体的に示された。1890 年 6 月 28 日の法令 528 号第 1 条において、原則的にアジア・アフリカ生まれの者の入国を禁止し、国会の特別許可が得られた場合のみ入国を可能とした。奴隷制度が廃止され、労働力不足が明白であったにもかかわらず、住民の白人的要素やヨーロッパ的要素を重視するブラジルは、黒人や黄色人の入国を禁止したのである。ところが、1891 年に発布された共和国憲法は、各州政府の政策は共和国の政策に優越されることを保障しており（第 6 条）、各州における文学、芸術、科学、移民、その他農工商業を共和国政府は妨げてはならない（同憲法 35 条第 2 項）と定めており、共和国政府はサンパウロ州の移民政策をコントロールできる時代ではなかった。従って、日本移民はサンパウロ州政府の政策に基づいて導入されたのであって、ブラジル共和国の法令を遵守して導入されたものではなかった。つまり、日本のブラジル移民は、「サンパウロ移民」として始まったのである。とはいえ、サンパウロ州は日本移民をヨーロッパ移民の代替として一時的に導入したのであって、決して永続的に導入しようと考えていたのではなかった。

　1910 年代に入り、ヨーロッパ移民が増大する傾向がみられるようになると、サンパウロ州政府は、日本移民に対する補助金の交付を渋るようになった[15]。

　1914 年 1 月、サンパウロ州は、日本移民に対する補助金交付の中止を通告

してきた。米国の西海岸で排日運動が活発になった当時の日本移民の調査結果を踏まえてサンパウロ州政府が出した結論であった。補助金中止の理由は、日本移民はヨーロッパ移民と比較すると費用がかかり、しかもサンパウロの移民法や移民のための施設は、ヨーロッパ移民を想定したものであってアジア人は考慮していなかったという排日的なものであった[16]。

　ところが、第一次世界大戦が勃発し、ヨーロッパ移民が途絶えた。すでにブラジルに移民していた者もヨーロッパに引き揚げていった。しかも戦時景気が工業賃金を上昇させたために、農業労働者が都市に仕事を求めるようになり、農園の労働力不足に拍車がかかった。こうした結果、1916 年 8 月、サンパウロ州政府の補助による日本移民送出更新の契約が結ばれ、1917 年から 4 年間、毎年 5,000 人の労働者をサンパウロに送出する道が開かれた。

■外国移民の選別

　第一次世界大戦が終結すると、ヨーロッパから新大陸への移民の流れは回復の兆しをみせた。これに伴い米国がイタリア、ポーランドといった南欧や東欧からの移民を制限する目的で「緊急移民割当て法」を 1921 年に制定したことから、ブラジルでは移民が増加した。1918 年の入移民数は 20,000 人程に止まっていたのに対し、19 年には 37,000 人、20 年には 71,000 人と増加した[17]。外国移民を選択できる立場になったブラジルは、入移民を選別しようとするようになった。

　まず、1921 年 1 月に外国人入国取締法（第 4247 号）が制定され、障害のある者や伝染病患者、貧困者、犯罪人などの入国が禁止された。続いて同年 7 月には、米国の黒人のブラジルへの移民を禁止する法案が、サンパウロ州とペルナンブーコ州選出の二人の下院議員によって議会に提出された[18]。

　第一次世界大戦で激減したヨーロッパ移民を補うためにサンパウロ州に導入された日本移民は、当然戦時中のブラジル移民の中で大きな割合を占めた。1918 年の日本移民の割合は、ブラジル移民の 4 割を超えており、サンパウロ州に導入された外国移民のおよそ 2 人に 1 人は日本人であった。コーヒー経済のためにアジア人を導入して、共和国憲法を遵守しないサンパウロ州の移民政策に、コーヒー経済と直接関係しない諸州は不満を抱いていた。

図-1：ブラジル入国日本移住者数（年度別変化）

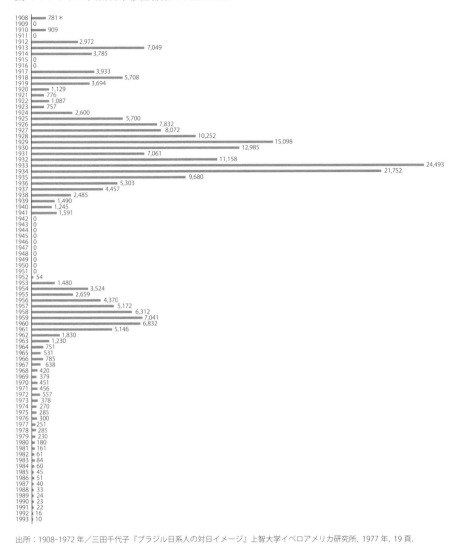

年	人数
1908	781 ＊
1909	0
1910	909
1911	0
1912	2,972
1913	7,049
1914	3,785
1915	0
1916	0
1917	3,933
1918	5,708
1919	3,694
1920	1,129
1921	776
1922	1,087
1923	757
1924	2,600
1925	5,700
1926	7,832
1927	8,072
1928	10,252
1929	15,098
1930	12,985
1931	7,061
1932	11,158
1933	24,493
1934	21,752
1935	9,680
1936	5,303
1937	4,457
1938	2,485
1939	1,490
1940	1,245
1941	1,591
1942	0
1943	0
1944	0
1945	0
1946	0
1947	0
1948	0
1949	0
1950	0
1951	0
1952	54
1953	1,480
1954	3,524
1955	2,659
1956	4,370
1957	5,172
1958	6,312
1959	7,041
1960	6,832
1961	5,146
1962	1,830
1963	1,230
1964	751
1965	531
1966	785
1967	638
1968	420
1969	379
1970	451
1971	456
1972	557
1973	378
1974	270
1975	285
1976	300
1977	251
1978	285
1979	230
1980	180
1981	161
1982	61
1983	84
1984	60
1985	45
1986	51
1987	40
1988	33
1989	24
1990	23
1991	22
1992	16
1993	10

出所：1908-1972 年／三田千代子『ブラジル日系人の対日イメージ』上智大学イベロアメリカ研究所，1977 年，19 頁.

1973-1978 年／ブラジル日本文化協会『ブラジル日本移民 70 年史』1980 年，15 頁.

1979-1993 年／日本ブラジル交流史編集委員会『日本ブラジル交流史――日伯関係 100 年の回顧と展望』1995 年，144 頁.

＊ 1908 年には、農業契約移民（781 人）の他に、12 人の自由渡航者がブラジルに渡っている。

日本移民に補助金を支給してきたサンパウロ州政府は1921年、日本移民に対する補助金支給終了の通告をしてきた。1922年の移民枠として600人は獲得できたが、同じ年のイタリア移民の枠は20,000人であった[19]。

サンパウロ州政府によって日本移民の送出先が狭められたことに加え、ブラジルの下院議会に日本移民制限法案（291号）が1923年に提出された。ミナスジェライス州選出の下院議員レイス（Fidelis Reis）が提出した法案で、1921年の米国の緊急移民割当て法に着想を得たものであった。法案は、米国からの黒人移民に反対すると同時に、日本移民の入国を（すでにブラジルに移住している日本人数の）3％に制限するというものであった。イタリア移民の促進を意図していたレイスは、諸外国がすでに黄色人種の入国を阻止していることを指摘し、ブラジルでもヨーロッパ移民の積極的誘致が必要であることを強調した。その理由を、移民政策は経済的観点だけを考慮して行われるべきではなく、国家的視点から移民の「優性学的」かつ、文化的要素に配慮して行われるものであると説明した。レイスは経済的便宜のためにサンパウロ州が採った一時的な手段が、ブラジル住民の民族的構成に消すことのできない汚点を残すことになったと批判している[20]。1924年の下院審議会では、日本移民排斥の理由が人種・文化的観点から政治的なものに展開した[21]。パラナ州選出の下院議員が、日本はブラジルに2,000万人の移民を送って、その帝国を南米に拡大しようという領土的野心があるとして、アジアからの制限のない移民の受け入れは大変危険であるとしてレイス法案に賛成した。当時は米国で日本移民が禁止され、日本政府が国策移民として日本移民をブラジル北部のパラー州やアマゾナス州にも送出するようになった時期で、実際にブラジルへの日本移民数は、1923年の896人から、24年には2,673人と、3倍に近い急増を示していた（図-1参照）。

これらを前にして、政府の財務委員会はリオ州選出の下院議員のオリヴェイラ・ボテーリョ（Francisco Chavez de Oliveira Botelho）にサンパウロ州の日本移民の実態調査報告を依頼した。1924年、ボテーリョは、サンパウロで日本移民が賞賛されていることを把握し、日本移民に好意的な報告書を提出した[22]。特に、農業の分野での貢献を強調し、日本移民の継続的導入を支持すると同時に、米国の移民政策をブラジルが踏襲することを批判し、日本人を不同化と判断するには時期尚早であると結論した修正案が提出された。

賛否両論が連邦政府の財務委員会で審議されている間に、サンパウロ州出身

のワシントン・ルイス（Washington Luís Pereira de Sousa）が寡頭制時代最後の大統領（1926-30年）となった。大蔵大臣にボテーリョが、ボテーリョ修正案を支援していたリラ・カストロ（Lyra Castro）が農業大臣にそれぞれ選出された結果、1927年、レイス法案は棚上げとなった。

4　ヴァルガスの国民国家形成と日本移民

■国策としての日本移民の送出

　レイス法案の扱いの経過を通して日本政府は、ブラジルが将来、日本移民に補助金を交付する可能性はないと判断した。以後日本では、日本政府の補助による移民送出の諸制度が整えられ、国策としてのブラジル向け日本移民が最盛期を迎えた。

　日本政府は、1915年にサンパウロ市に日本総領事館を開設して以来、日本移民が入植したサンパウロ州の各拠点に領事館を開設した。同時にブラジル移民送出を組織的に行うために民間の移民会社を統合して海外興業株式会社（海興）が日本政府の出資を得て東京に設立された。1923年には関東大震災による震災罹災者救済のために、日本政府は補助金を交付してブラジル移民を送出した。ついに1925年、すべてのブラジル移民に対し船賃と移民会社の取扱費用の全額を交付することが決定され、国策移民の体制が整った。1927年に神戸に300人収容の移民収容所が建設され、翌1928年には10,000人を超える移民が送出された。1932年には12歳以上の者に渡航準備金が交付されるようになり、日本移民は自己資金を準備することなく、ブラジルに渡航することが可能となった。

　日本政府は移民の送出だけでなく、独立自営農として移民を送出するために日本人移住地の建設にも着手した。日本人の移住地をブラジルに建設する目的で、海外移住組合連合会（長野県の信濃海外協会が前身）が1927年に東京に設立された。この現地機関として1929年に、サンパウロ市にブラジル拓殖組合（ブラ拓）が設立された。ブラ拓はサンパウロ州とパラナ州に土地を購入し、永住を目的とした日本移民が原則日本から直接日本政府の建設した移住地に入植した[23]。すでにブラジルに移民していた日本人にも政府は援助を行い、サンパ

ウロの大旱魃 (1924-25 年) に際し低利長期の融資を 1926 年に決定している。

　日本政府が積極的な対策を採った結果、ブラジル向け移民の最盛期を迎えた。1928-34 年に戦前期のブラジル向け日本移民の 57% 余に当たる 108,258 人がブラジルに送出された。特に 1932-35 年には、ポルトガル移民を超えるブラジル最多の日本移民を送出している。

■ブラジルの日本人共同体

　日本から遠く、コーヒー経済の全盛期が過ぎてのブラジル移民であったために、ハワイ移民のように短期間で蓄財を果たして帰国するという出稼ぎ移民の目的を達成することは不可能であった。そこで日本人移住者は出稼ぎの期間を長期に変更し、コーヒー農園での労働契約を終えると、自営農を目指して、開拓前線の広がるサンパウロ州の北西部に移動していった。そこには、1920 年代末から土地会社がコーヒー生産者であると同時に政治権力を掌握していわゆるコーヒー・オリガキー体制を形成していた富裕層が手放した大土地を購入し、それを分配して小農地ロッテとして売りに出しており、日本人にはコーヒー農園の契約労働者から自営農になる途が開けた。日本人はこの分譲農地を購入（または借地）し、現地の安い労働力を用いて輸出向け商品作物を生産する自営農（または借地農）となり、いずれ蓄財を果たして日本に帰国するつもりであった。こうして、賃金目当ての 2 ～ 3 年の出稼ぎから商品作物の生産をして蓄財を果たして帰国するという 5 ～ 6 年あるいは 10 年の中長期の出稼ぎに計画を変更して日本人は、開拓前戦で「植民地」と呼ぶ民族的同質性の高い地域共同体を形成した[24]。

　日本移民の国策化によってブラジル向け日本移民送出が全盛期を迎えると 1930 年代には、サンパウロ州北西部やパラナ州の北部にそれぞれの鉄道線に沿って、その数およそ 600 ないし 700 とされる日本人の「植民地」が形成されていた。（地図-2 参照）

　日本人が取得したサンパウロの開拓前線の未開の土地では、ブラジル社会の組織化は行われていなかった。そこで日本人は、日本で経験体得した文化の総体（cultural baggage）の中から共同体をつくるために必要な経験と知識を取り出し、日本の農村共同体を模した村落共同体を創り出した。社会組織化は相互

地図-2：サンパウロ州における日本人集団地の分布（1926年当時）

（1926年版サンパウロ州地図をもとに作成）

出所：丸山浩明編著『ブラジル日本移民百年の軌跡』明石書店，2010年，142頁.

扶助体制である「日本人会」を中心に行われた。各世帯の家長を成員として形成された「日本人会」がその日本人共同体内の司法、立法、行政を司った。

　ブラジルにおける日本の移民事業を推進したのは、日本の外務省と拓務省とそれぞれ深い関係のあった海興とブラ拓、それにサンパウロ総領事館であった。海興は移民の送出事業を独占し、ブラ拓はブラジルに日本人移住地を建設するとともに各移住地の生産した農業産品を日本に輸出する貿易部門も有し、ブラジルでの移民の経済活動と深く関わった。

　「植民地」で日本移民は、当初コーヒー栽培に従事したが、1929年の世界恐慌を機にサンパウロ州ではコーヒー樹の植え付けが禁止された[25]。コーヒーに代わる作物として換金性の早い一年生作物の綿作に日本人は従事した。当初ブラ拓の貿易部門がこの綿花を日本に輸出していた。1935年に日本から経済視察団がブラジルを訪れると、ブラジルの綿花を扱う会社が日本（「日伯綿花株式会社」）とサンパウロ（「ブラスコット」）に1936年、設立され、日本移民の綿花時代が始まった[26]。このように日本移民はブラジルにあっても日本の産業と

直接結びついていたのである。

■ 寡頭政治の終焉と移民
  同化政策
<small>オリガーキー</small>

サンパウロのコーヒー産業を基盤とし、第一次世界大戦を契機に輸入代替工業化を促進していたブラジルの経済は、世界恐慌によって打撃を受け、失業問題が深刻化した。この結果、国内労働者の定着と保護のために、1930年の法令第1942号によって三等船客及び非農業移民の入国が禁止されると同時に、被雇用者の三分の二はブラジル生まれの者であることが義務付けられた。

写真-1：ブラジル・サントス　日本移民ブラジル上陸像（撮影：森本豊富）

またコーヒー価格の暴落は、サンパウロ州を中心としたコーヒー・オリガーキーの経済基盤を揺るがせた。ブラジルの旧共和制時代の寡頭制下では、州の政治力が共和国のそれよりも優越しており、住民としてのアイデンティティは州、あるいはその州のオリガーキー一族を基盤に形成されており、「国民」としての感情は稀薄であった。

1930年、リオグランデドスル州知事ヴァルガス（Getúlio Dornelles Vargas、大統領1930-45年、1951-54年）は武力革命に成功し、寡頭制の終焉と強力な中央集権国家の建設を目指した。ヴァルガスは、ブラジル住民間に「国民意識」を確立するために、教育とマス・メディアを通じて「ブラジル魂」の宣伝と普及を行い、「ブラジル人」であることに誇りを持たせ、祖国崇拝を浸透させようとした。国民国家政策は、ブラジルの住民を「ブラジル国民」に統合する手段であった。

多様な外国移民を多数導入してきたブラジルにとって、国内の外国移民を「ブラジル国民」にすることも国民国家を建設するための必要な条件であった。

ヴァルガスは 1934 年の新憲法で、まず移民の出入に関する立法を連邦政府に専属するものとして、それまでの州政府の優先権を退け（第5条第19項）、州よりも国家への忠誠心を住民の間に作り出すことを目指した。さらに同憲法は、「移民の入国は人種統合の確保並びに移民の肉体的及び公民的能力の保全に必要な制限を受ける……」（第121条第6項）ことが必要であるとして、各国からの移民は過去50年間に入国した総数の2％までと定めて、外国移民の入国を制限した。国内の外国移民に対しては、同じ国の出身者のみで移住地を形成することを禁じて、外国人がブラジル人と同化することで新たな「ブラジル国民」を形成することを図った。レイス法案で提唱された移民割当て制度が、34年の新憲法に「外国移民2％割当て法」として採り入れられたのである。

　ブラジル向け移民の歴史が浅く、移民送出の最盛期を迎えていた日本移民は、まさにこの規定によって移民数が最も制限されることとなった。「外国移民2％割当て法」によれば日本に割り当てられた移民の数は 2,849 人であった[27]。当時ブラジルの日本移民は「排日法」と捉えたが、すでにブラジルに代わる新たな移民先として満州が登場しており、1931 年日本には満蒙開拓移民が始まっていた。

　1937 年、ヴァルガスは再度クーデターを起こしてエスタード・ノーヴォ（新国家体制）と呼ばれる一種の独裁体制を樹立すると、移植民審議会を設置して外国人をブラジル社会に同化させようとする具体的指針が示され、国家のリーダーシップの下に進められた。移植民審議会は、外国移民の同化を促すために「ブラジル化キャンペーン」を展開した。まず、農村社会が一国籍のみの外国人によって構成されることを禁止した[28]。次に、農村部の外国移民の集団地の名称に外国語名を使用することを禁止し、経済団体以外の外国人の結社を禁止し、外国人集団地の「ブラジル化」を図った。さらに、農村部の小学校の運営と教育に当たる者は、生来のブラジル人であることが条件とされ、授業はポルトガル語で書かれた教科書を用いて、ポルトガル語で行われなければならないとし、14 歳末満の者に対する外国語の教育を禁止した[29]。そして 1938 年、ブラジル国内の外国人学校は閉鎖され、ブラジルの小学校として再編された。1941 年には外国語での印刷物の発行が禁止され、ドイツ語や日本語での外国語新聞や雑誌の発行が停止された。

　「ブラジル化キャンペーン」は、「異質」のものをブラジル社会に同化して

「ブラジル人意識」を、人種的には異種族混淆によって「ブラジル人」という新しい身体的特徴をもつ住民を創り出し、ブラジル社会の構造を一つに統合して、外国移民とその集団地をブラジル国家に統合しようとするものであった。

この結果、外国人移住者が地理的文化的に孤立して民族的同質性の高い集団を形成していることはブラジル社会では非難の対象となった。

社会的にも文化的にも、時には経済活動ですら、日本と直結していた日本人植民地は、ブラジル社会に包括されていなかった[30]。ブラジル社会への同化を進め「ブラジル」という統一国家を建設しようとしていたヴァルガス政権下にあって、こうした日本人「植民地」の佇まいは、「硫黄のごとく不溶解な日本移民」あるいは「ブラジル社会の囊腫（のうしゅ）」と非難された。「排日法」と日本移民が捉えた「移民2％割当て法」が憲法に導入される根拠にもなった。ブラジル人エリートの中には日本政府が移民事業の多様な側面に介入していることに対し「日本はブラジルを植民地化している」と警告を発する者もいた。外国人移住地や外国移民のブラジル化が進められるようになると、日本人植民地にブラジル政府の注意が向けられ、政府関係者が奥地の小さな日本人集落を訪問するようになった[31]。

当時の国民国家の理念に基づいて採られたヴァルガスの同化政策は、国家制度のレベルでは、ブラジル住民に対する合理的な要求であった。しかし、その同化の対象とされた外国人移住者にとって、この政策によって圧迫を受けていると感じたのである。その結果、外国人移住者集団とその他のブラジル社会との間で摩擦を招いたりした。日本人はブラジル社会から抑圧されていると感じ、同化政策は「ニッポンジン」を否定するものだと解して、日本人はその「ニッポンジン」アイデンティティを強化させることになった。

こうしたなかで、1942年1月、ブラジルは枢軸国との国交を断絶したのである[32]。

5 祖国の敗戦と日本移民

■戦時下の日本移民

枢軸国との国交断絶とともに日本大使館や領事館は閉鎖され、日本政府の出

資によって設立された移民会社の現地事務所は活動を停止した。移住者を守ってくれるはずの大使館や移民会社の職員は、同胞の移民を残して交換船で帰国してしまった。しかし蓄財を果たして帰国するつもりであった大半の日本移民にとり、志半ばでの帰国は不可能であった。

　公共の場での枢軸国の言語使用禁止や枢軸国出身者の移動に対する制限、資産の凍結（解除は1951年）、市街地の日本人集団地域からの立ち退きなど、日本移民を取り囲む環境は息苦しいものとなった[(33)]。日本語を使用したり、あるいは日本人数人が会話を交わしたりしただけで、スパイ容疑を受けて官憲に身柄を拘束される者も多数出現した。ブラジルの日本人には「ニッポンジン」として生きることが、ブラジル社会で次第に困難となった。さらに日本との繋がりが断たれてしまった日本移民にとり、自分たちは日本政府が送出した移民ではなく、「棄民」であったのだという深い挫折感を味わうことになった。

　加えて祖国日本の利益に繋がっていた綿作は、国交断絶によって日本への輸出が断たれてしまった。それに代わる産業として日本移民が注目したのは、薄荷栽培であり、生糸生産であった。当時、主要な生糸生産国であった日本とイタリアからの供給が途絶えた米国にとり、ブラジル産生糸は貴重な供給源となった。ブラジルの生産物は、日本の敵国である米国に輸出された。ブラジルが枢軸国と国交を断絶している以上は、日本移民がブラジルで生業に励むほど、祖国日本に矢を向けることになったのである。こうした状況の中で、日本人が薄荷を栽培したり、養蚕に従事することを自重するよう説いて廻る日本人が出現した。挙句は薄荷栽培農家や養蚕農家が放火される事件が相次いだ。

　枢軸国民として日常生活においても精神的にも追い詰められた状況に置かれていた日本移民は、戦争が終われば、日本に帰国できるし、あるいは日本の新たな海外領土に再移民しようと、終戦を心待ちにした。第二次世界大戦の終結を知るとブラジルの日本人は、祖国勝利の知らせが日本から届くのを待った。しかし、伝えられたのは勝利の報ではなく、祖国の敗戦であった。

6　戦後の日本人社会の騒乱

　領事館も移民会社も閉鎖されていた当時、日本政府は、敗戦の広報を敵国となったブラジルの同胞に伝えるために苦慮した。終戦に関する詔勅と外務大臣

の在外同胞宛メッセージ（いずれも英文）は、日本外務省からジュネーブ万国赤十字本部に仏文の説明書が付されて打電され、さらにアルゼンチン赤十字支部からリオのブラジル赤十字支部を経てサンパウロ市のコレジオ・デ・サンフランシスコ[34]の院長に届いた。イエズス会の院長から日本人社会の有志（元海興支店長、元アルゼンチン公使、産業組合中央会理事長など）に 1945 年 10 月 3 日に手交され、それが翻訳されて、広報の入手までの経過説明文と有志の署名とともに、10 月 4 日付で各移住地の産業組合から日本移民に通達されるという経過を辿った[35]。こうした煩瑣な過程を経た敗戦の広報、しかも望んでいなかった結果を、ブラジルの多くの日本人にとっては真実として受け入れることは難しかった。

　第二次世界大戦を迎えた頃、サンパウロ州とパラナ州、さらにアマゾン流域に広がっていた日本移民とその子弟の数はおよそ 20 万人と推定されている。これら 20 万に及ぶ日本移民を巻き込む一大事件となったのが、サンパウロ州を中心に展開した「勝ち負け抗争」と呼ばれる日本人社会のテロ事件である。この事件の名称は、祖国日本の戦勝を信じる日本人を「勝ち組」（あるいは信念派）と称し、祖国の敗戦を受け止めた日本人を「負け組」（あるいは認識派）と称したことに由来する。この事件をきわめて単純化して記すならば、祖国の戦勝を唱える日本人が、祖国の敗戦を受け止めた日本人を祖国に対する不忠者として殺傷した事件である[36]。この事件は日本人社会内の騒乱に終わらずに、ブラジル社会を巻き込んだ事件に発展し、ブラジル人には「シンドウレンメイ」あるいは「シンドウ」として知られた事件である[37]。

　「勝ち組」による最初のテロ事件は、終戦の翌年、1946 年 3 月 7 日にサンパウロ州の奥地バストス移住地での殺害事件で、その後は同年 7 月を中心に約 30 件以上に及ぶ殺傷騒乱事件がサンパウロ州を中心に発生し、1947 年 1 月 7 日のサンパウロ市内の殺害事件を最後に顕在的な騒乱はとりあえず終焉した[38]。この間の死亡者 23 人（自殺者 1 人とブラジル人 1 人を含む）、傷害を受けた者 86 名で、暗殺、暴行の実行犯は外国人の政治活動を禁止する大統領令（1938 年 4 月 18 日付）に違反したことにより 170 人余が国外追放の対象とされたとされる[39]。

　当然のことながら騒乱は日本人の間だけでは済まなかった。1946 年 7 月末のサンパウロ州奥地のブラジル人を巻き込んでの騒乱は 3 日間続き、ブラジル

の軍隊が出動する騒ぎとなった。この騒動の数日前には、サンパウロ州の執政官（現在の州知事）が「勝ち組」の日本人500人余を州政庁に招いて国際情勢を説明し、日本人の騒乱を鎮静しようとした。こうした「シンドウレンメイ事件」とそれに続く勝ち組の帰国騒動によって、ブラジルの憲法制定会議では日本移民導入の可否をめぐって意見が対立した。

1945年にヴァルガス大統領が下野し、ヅッツラ大統領（Eurico Gaspar Dutra, 1946-51年）のもとで、新憲法発布の準備がなされた。かつて黄禍論をもって「外国移民2%割当て法」の制定を進めたミゲル・コウトの息子ミゲル・コウト・フィーリョ（Miguel Couto Filho, リオデジャネイロ州選出の下院議員）が「年齢及び出身地に関係なく、日本移民の入国の一切を禁止する」という一項を憲法に加える法案を提出した[40]。これに対し、憲法に謳わずとも、普通法で対応できるという反対意見が出された。評決の結果、賛成99、反対99となった。議長の反対票の一票によって日本移民入国禁止法案は否決された。議長は、憲法に特定の民族や人種に関する禁止事項を盛り込むことはブラジルの憲政史に汚点を残すものと判断して反対に投じたのであった。

他方、日本人社会の騒乱は、1954年に迎えるサンパウロ市400年祭に参加協力するために日本人移民社会全体として祭典に参加する体制が整えられると、日本移民社会の顕在的な騒乱は次第に影を潜めていくことになった[41]。

■日系社会の統合

サンパウロ総領事館を通して日本と直接にそれぞれがつながっていた戦前のサンパウロ州各地の日本人社会の構造は、両国の国交断絶によって崩壊していた。戦後のブラジルの日本人社会の再構造化は、全く新しい形の日本人社会を出現させた。

1952年にサンパウロ総領事と日系社会の一部有志によって「サンパウロ市創立400年祭」祭典参加が決定され、翌53年「サンパウロ市創立400年祭典日本人協力会」が発足した。これが戦前も含めてブラジルの日本人社会初の統合機関の誕生へとつながった。日本政府などからの支援と戦後の騒乱が沈静化しつつあった当時のブラジルの日本人の寄付金によって、1954年に実現した祭典であった。これを機に多様な機能を持った包括的な日系社会の機関が結成

され、「ブラジルの日系社会」の統合が可能となった。

　1955 年に日本人協力会は解散するが、その組織をそのままに 1958 年の日本移民 50 年祭を視野に「サンパウロ日本文化協会」が発足した。50 年祭には日本とブラジル両政府の協力が得られたのみならず、すべての日系人の参加協力が得られた。その背景には、戦後各地で日系人が「日本人会」を再結成しつつ

コラム8

日本人会と日本語学校

　1920 年代に日本からの移民送出が国策化されていくなかで形成された日本人のみの集団地「植民地」の自治組織「日本人会」は、まず子弟の教育のための学校の建設に着手した。当時サンパウロの開拓前線にはブラジルの教育機関は十分に整備されていなかった。たとえあったとしても非常に遠く、毎日通学することは不可能であった。また、出稼ぎ期間を延期していずれ帰国するつもりの移民にとって、子弟の日本語教育は最大の関心事となった。そこで、「日本人会」は移住者の子弟の私的な教育機関として、学校を自前で建設した。教員には、とりあえず日本で教員の経験をしたものや読み書きの達者な者がその任に当たった。1927 年から 29 年にかけて各植民地の日本学校に日本の文部省から教員が派遣されるようになると、各日本人植民地はサンパウロの総領事館を窓口に日本と直結するようになった。

　日本学校は子弟の教育機関であると同時に、日本人会の集会の場であり、また同時に「植民地」全体で行われる様々な行事の会場ともなった。つまり、日本学校は移住者の子弟が日本人になる場であると同時に、共同体の政治の場であり、天皇崇拝の儀式が挙行される斎場でもあった。

　「日本人会」は「植民地」の経済活動にも深く関係し、生産物の取引を集団で行うために産業組合も設けている。国策時代には、サンパウロの総領事館が関係する現地の移民関係機関とともに「植民地」の産業組合の設立にも関わるようになった。日本人移住地の産業組合は 1927 年から 31 年にかけて創設された。領事館の指導を受けてブラジルの協同組合法に基づき登録されていたのは 1934 年に 18 組合、登録せずに移住地の任意組合として機能していたものは 35 組合あった（日本移民八十年史編纂委員会編 1991『ブラジル日本移民 80 年史』ブラジル日本文化協会、122 頁）。これらの産業組合のなかで、戦後においても日系農家の中心的組合として機能していたのは、ジャガイモの生産農家によって組織化され、後に南米一の産業協同組合に成長した「コチア組合」（1994 年解散）とその前身をジュケリー組合とする「スール・ブラジル組合」（1994 年解散）である。

（三田千代子）

あったこと、また新たな日系人の組織として「県人会」(後に「県人会連合会」に組み込まれる) も漸次結成されていたことがあった。そして 1968 年の移民 60 年祭後、「サンパウロ日本文化協会」は「ブラジル日本文化協会」と名称を変更し、ブラジル各地の「日本人会」や「文化協会」の統合的な機関となった。

このブラジルの日系社会を取りまとめる役割を担った「ブラジル日本文化協会」の誕生と同時に、日本とブラジルの文化交流を促進することを目的に、400 年祭日本人協力会の解散時にもう一つの日系組織「日伯文化普及会」(1978 年に「日伯文化連盟」に日本語名変更) が誕生した。この組織は日系二世を中心に準備が進められ、56 年に発足した。戦前には想定されることがなかったブラジルに日本文化を紹介する組織が誕生したということである。

さらにブラジルの日系社会の統合の機関が、移民 50 年祭の記念事業として誕生した。戦後のブラジル移民が最盛期にあった 1959 年に、日本からサントスに着いた日本移民の宿泊施設「サントス移民の家」を海協連が開設し、これを現地の日本人社会が管理運営する目的で「日本移民援護協会」が設けられた。その後移住者の保健衛生にも関わるようになり、戦前期に奥地の巡回診療などにより日本移民の保健医療に携わっていた「同仁会」の役割をも果たすようになった。日本からの移民が減少し、移住者の高齢化に伴い、援護協会はブラジルの日本人に対する福祉活動を手掛けるようになった。老人ホームや精神障害者の支援あるいは経済的貧困者の支援などの運営に関わっている。日本で特殊法人が整理される過程で、海協連も組織変更されたことに伴い、1972 年「サンパウロ日伯援護協会」と名称を変更している。

50 年代後半からブラジル全国に広がっている同県出身者を結成した県人会が組織化されていったが、この県人会を活用して「日本都道府県人会連合会」(県連) が 1966 年に海外引揚者給付金の支払いをブラジル移住者にも適用するために設立された。ブラジル各地の有資格者の調査に県人会が協力した。戦後出現した県人会はブラジル全体の日本人を出身県ごとにつなげるブラジルの組織となった。この県連の出現によりブラジルの日本人が出身県を通じて日本と繋がることになったのである。

いずれにしても、戦後初めて、日本移民を統合する機関がブラジル社会内に誕生したのである。あるものはブラジルの日本人を統括する機関の役割を果たし、またあるものはブラジルと日系人を繋ぐ機関となり、さらにあるものはブ

ラジルの日本人と日本とを繋ぐ機関となった。このことにより、戦後のブラジルの日本人は、日本人のみの狭い共同体から出て、全ブラジルの日本人の中の日本人として、あるいはブラジルの中の日本人として、さらには日本と繋がったブラジルの日本人として、より広い視界の中に日本移民とその子弟の二世たちは自身の世界を位置付けられるようになったのである。

　こうして、出稼ぎを目的として日本移民が領事館を経てそれぞれが祖国日本に繋がっていた戦前の日本移民の心象地図は変化し、日本移民は「ブラジルの日本人」として生きることを可能とする構造的な社会環境を創り出したのである。

7　永住の決心と都市移動

　蓄財を果たして故国に帰るつもりであった日本移民にとり、祖国の敗戦によって移民の目的は達成できない夢と終わった。ブラジルでそれなりの経済的基盤ができ、子弟が「ブラジル人」として成長したことにより、ブラジルに骨を埋めなければならない覚悟に迫られたのである。

　祖国の敗戦を機に永住を決心した日本移民は、故郷に眠る祖先に「ブラジル人の先祖」[42] になることを報告するために祖国に一時帰国した。伝統的な日本人の宗教生活は、家制度を基盤にした祖先崇拝と地縁に基づく氏神（産土、鎮守）からなっていた。出稼ぎとしての移民は、こうした故郷との結びつきを一時的に絶って、蓄財を果たすためにブラジルに渡ったのである。家も土地もブラジルには持ってはいけない。ここに、戦前の日本移民がブラジルで日本の宗教活動に熱心ではなかったひとつの理由があった。ところが、ブラジルで「ブラジル人の先祖」となることを覚悟した日本移民には宗教が必要になった。戦後、日系人、特に移民一世の間に日本の諸宗教が受け入れられていった理由をこの永住の決心に求めることができる[43]。

　永住を決心した日本移民は、60年代末に始まるブラジルの好景気に支えられ、70年の大阪万国博覧会を機に日本を訪れ、故郷の親戚に挨拶し、先祖の墓参りをしてブラジルに永住することを報告した。

　1958年の記録によれば、ブラジルで生活する日本人とその子孫である日系人の数は43万人で、市街地の日系人口は約45%（193,200人）とされている。サ

ンパウロ州には全ブラジルの日系人口の約8割（320,000人）が集中していた。当時、サンパウロ州内の市街地に住む日系人は全ブラジルの日系人口の48%（156,570人）で、わずかではあるが、農村部に住む日系人数が上回っていた[44]。同じ年のサンパウロ市内の日系人口は62,327人で、州内の市街地日系人総数のおよそ40%に当たる（この数値はブラジル全体の市街地生活者の日系人のおよそ15%に当たる）[45]。それから30年後の1988年、サンパウロ人文科学研究所の調査によればブラジル日系人口は128万人と推計されている。このうち都市人口は90%を占めている。サンパウロ州に居住する日系人はブラジル日系人口の70%強で、しかも40%がサンパウロ市とその周辺の都市の居住者である[46]。ブラジル全体の人口の都市化と日系人の都市への移動を比較すると、ブラジル人口が農村から都市に60年代に移動していったのに対し、ブラジルの日系人はサンパウロ州を中心に農村から都市への移動を30年代末からすでに行っていた。

　サンパウロ市に日本移民が集まるようになると、日本映画館が開設され、日本食料理店街が出現し、ガルボンブエノ街を中心に日本人で賑わう界隈が出現した。もっとも日本移民のみでなく、50年代から60年代にはブラジル全体で活発な国内移動がみられ、70年代には高度経済成長と国内開発を目指した軍事政権下で都市人口が農村人口を上回った。サンパウロ市には就労と教育の機会を求めてブラジル全国から人が集まり、80年代には人口1,100万を抱える西半球最大の都市が出現した。

　都市移動によって、日系人の職業構造は大きく変化した。1935年に農牧畜水産業に従事していた日本移民の割合はおよそ90%で、工業商業に従事していたのは8%ほどに過ぎなかった[47]。ところが、戦後1958年の調査では、農牧畜水産に従事していた日系人の割合が約52%に減じ、「販売／商業・販売」に分類された職業の従事者は、およそ20%になっていた。さらに1988年の調査ではこれらの割合が大きく変化し、農牧畜水産従事者はわずか12%となり、これとは対照的に、「管理的・事務」職と分類された者はおよそ28%、「サービス」は10%、「販売／商業・販売」は21%と、これら都市生活者とされる就業者は約60%に上った。58年に「専門的・技術的」と分類された職業の従事者はおよそ3%であったが、88年には5倍の16%に拡大している[48]。この30年間に日系人が急速に第三次産業に従事するようになったことを物語ってい

る。

■戦後の日本移民の再開

　戦後の日本からブラジルへの移住交渉は、両国の国交回復とともに再開された。第二次世界大戦中中断されていた2国間の国交は、1952年9月の両国の通商協定の締結によって再開され、日本からの移民送出が可能となった。まず、近親者呼び寄せとして独身男性が51名、53年1月にサントスに到着した。これが、戦後日本移民の最初となった。さらに、ブラジル在住の日本移民によるブラジル政府への働きかけにより、北部、東北、中西部の各地方に日本移民導入の道が開かれ、同年2月と7月に、日本政府の渡航費貸付を受けて家族移民（18家族54人と22家族112人）の入植が開始された。54年に始まった養蚕農家の渡航は1961年まで続いた。1955-67年までコチア産業組合の後継者を育成するために、日本から「コチア青年移民」が送出された。同時期の1956-65年に、日本の建設省（現国土交通省）による技術訓練を受けた「産業開発青年隊」が、ブラジル開発に協力することを目的にサンパウロ州農業拓殖協同組合中央会（コチア産業組合が設立準備、通称「農拓協」）を窓口として送出された[49]。1965年の第10期までに301人の独身青年を送出して業務を終了した。

　こうした民間による移民送出再開と並行して日本政府による海外移住の国策化が図られた。1954年に日本移民の送り出しと受け入れの業務を行う「財団法人日本海外協会連合会（海協連）」が外務省の外郭団体として設立された。さらに、翌55年には、ブラジルに移住地を建設してそこに日本移民を自営開拓移民として入植させる「海外移住振興株式会社（移住振興会社）」が設立された。ブラジルの現地法人会社として、「ジャミック移植民有限会社（JAMIC-Imigração e Colonização Ltda.）」と「ジェミス信用金融株式会社（JEMIS–Assistência Financeiras S.A.）」が設立された。前者は移住地の建設や農業指導を行い、後者は移住者に資金の融資を行う、いわば戦前の「ブラ拓」の再編である。両会社を通じて1959-84年に10カ所の入植地が建設され、総数2,395区画の土地分譲が行われ、日本人及び日系人2,011人、379家族が入植した[50]。

　両国の国交は回復したが、移住協定の批准は直ぐには実現せず、批准書の交換ができたのは1963年のことである。これに先立ち日本政府は、同年移住事

業を一本化するために「海外移住事業団」を発足させ、ここに海協連と移住振興会社を吸収した。日本国内にはすでに労働力を吸収する産業が育っていた。1974年になると、日本政府は特殊法人の整理に着手し、海外移住事業団は、海外技術協力事業団、海外農業開発財団、海外貿易開発協会とともに、新たに発足した「国際協力事業団（Japan International Cooperation Agency-JICA、現在の国際協力機構）」に吸収された。移民業務のみの法人の必要性はすでに後退していたのである。

　ブラジルのジャミックとジェミスは、国際協力事業団の現地法人となった。ところが、日本政府が出資した日本の会社ジャミックとジェミスがブラジルで活動をすることが、軍事政権下（1964-85年）のブラジルで問題となった。日本政府の資金によって設立されたジャミックやジェミスが、ブラジルの土地を購入して日本移民に分譲し、ブラジルの銀行法や金融法とは関係なく、日本移民に独自の金利で融資したり、返済方法を決めたりするのは、ブラジルの法律に違反すると指摘された。1979年、両会社の活動停止と閉鎖がブラジル政府から要求され、1981年、両移住会社は閉鎖された。以後日本からの移住事業はブラジルの日系機関とブラジル政府の関係機関が扱うこととなった。現実に、当時はすでに日本は移民を送出する国ではなくなっていたし、ブラジルも技術協力は必要とはしても、海外からの移民の受け入れはすでに過去のものとなっていた。ブラジルの貧困地帯である北東部地方から工業化の進んだ南東部に流入してくる多数の未熟練労働者の吸収に力を注がなければならない状況であった。こうして、おおよそ53,000人とされる戦後日本移民は、ジャミックとジェミスの閉鎖とともに終焉を迎えたのである。数値上の戦後移民の最盛期は45,596人を送出した1953年から63年までで、戦後移民の86％を占めている。特に最多を送出した年は1959年で、戦後移民の13％、7,041人を送出している。

　従来の移民送出業務に代わって国際協力事業団は、1985年に日系企業の協力を得て「海外開発青年事業」を開始した。日本の若者が、農業、製造業、商業などの広い分野で3年間ブラジル生活を経験する制度である。研修後はブラジルに残るのも日本に帰国するのも自由というものであった。この事業は1995年に終了した。移民でも移住でもなく、海外生活を経験する一つの機会を日本の若者に提供する機会となった。

100 年にわたって日本とブラジルを結んできたかつての「移民」「移住」という日本語はすでに過去のものとなったということである。「人の移動」というような新しい言葉で、新しい概念の国際間の人の移動が捉えられるようになったことを、戦後における日本の移民送出事業の変化のなかから読み解くことができよう。

■国家主義の終焉と多文化主義

　1964 年にクーデターによって政権を掌握した軍部は、反対意見を武力で抑えて「ブラジルの奇跡」（1968-73 年）と呼ばれる高度経済成長を達成したが、その手法は非民主的で人権を抑圧しながら達成されたものであった。確かに経済のみに目を向ければ、ブラジルの国内市場は拡大し、ブラジルの経済成長を背景に「ブラジル・ブーム」と呼ばれる日本企業の進出が盛んに行われさえした [51]。しかしブラジルの経済成長は国民の最終的需要に支えられたものではなかったために、大量に流入する外貨と工業化のための輸入の増大によって対外債務は拡大した。2 度にわたる石油危機によってハイパーインフレーションを招き高度経済成長政策の問題は表面化した。

　深刻な経済不況を前に、21 年にわたった軍事政権は退陣を余儀なくされ、1985 年民政移管が実現した。新たに登場した文民大統領の下でもインフレは収まらなかった。1980 年以来、年平均マイナスの経済成長が続き、インフレが 87 年には 350％ に、88 年には 900％ を超え、昼夜を問わない強盗事件の頻発で治安は悪化し、国民の生活は混乱した [52]。

　こうした社会経済状況の中で住民は将来に不安を覚え、ブラジルを脱出して新しい国に生活の場を求めるようになった。1980 年頃より、中産階級の人びとがポルトガル、カナダ、米国、フランス、スペイン、イタリア、オーストラリア、ニュージーランドへと移住するようになった。移民受け入れ国として長い歴史を有してきたブラジルは、移民送出国に転じたのである。

　1985 年には、ブラジルの出入国者数が一変し、入国者数よりも出国者数が上回った。1987 年の調査では、サンパウロ市でもリオでも 6 割以上が、可能ならばブラジルから脱出したいと希望しており、サンパウロ市民の 3 割はブラジル以外の国に生まれたかったと答えていた [53]。将来に不安を抱いたブラジ

ル人の祖国脱出、ディアスポラが始まった。こうしたブラジルの社会経済状況を背景に就労を目的に来日する日系人が登場し、新しい日本とブラジルの関係が展開することになった。（第10章参照）

　深刻な社会経済問題を抱えたブラジルで、ヴァルガス以来の国家経済の成長や国民文化の追求といった国家主義的視点は後退を迫られることになった。1964年以来停止していた憲法に代わって新憲法が1988年に制定された。軍事独裁政権下で人権が抑圧されてきた反省から、自由、平等、正義が新憲法の標語となった。

　北米やカナダ、オーストラリアといった移民の国で採られるようになった多文化主義政策の影響が、60年代頃にはブラジルでも外国移民を多数導入した地方ですでに観察されるようになっていた。ヴァルガス時代に移住者が特定の地域に集団で生活することを禁止していたブラジルが、民族による特定地域の棲み分けをむしろ好ましい特徴として積極的に利用するようになったのである。戦前から外国移民を多く導入してきた南東部、南部でこうした多民族多文化の状況を活用しようとする傾向が顕著にみられるようになった。パラナ州では1959年からすでに各移民の携えた文化を移民祭のような形で多民族性を表現していた[54]。サンパウロ市では軍政時代の高度経済成長期に歴史的景観や建物の保存を目的に市の再開発計画が打ち出され、その一環として1969年、すでに日本人や日系人相手の商店が集中していた市中心街の地区が整備されて、「東洋街（バイロ・オリエンタル）」と公式に名付けられた。1988年の新憲法では「人種差別の行為は、保釈にも時効にもならない犯罪である」（第5条XLII）と反人種主義を初めて憲法上で謳い、さらに教育における多文化主義の実践を保障するために「ブラジルの歴史の教育では、ブラジル人の形成における異なる文化及び民族の貢献を考慮に入れるものとする」（第242条第1項。傍線筆者）と定められた。ブラジル社会の多様な民族出身の住民はその多様性が無視されて、単純に「ブラジル人」として認識されるのではなく、「先住民（インディージェナ）」、「アフロ・系ブラジル人（アフロ・ブラジレイロ）」、「日系ブラジル人（ニッポ・ブラジレイロ）」、「ドイツ系ブラジル人（テウト・ブラジレイロ）」、「イタロ・系ブラジル人（イタロ・ブラジレイロ）」とそれぞれ区別して認識されることが法によって保障されたのである。2010年には「人種・民族・ジェンダー平等法」を制定して、憲法の理念を実現する手段を具体化した。

　日本人とその子孫は、ヴァルガス時代に求められた「ブラジル人」アイデン

ティティではなく、「日系ブラジル人」として生きることが可能となったのである。

　こうしたブラジルの大きな変化のなかで迎えたのが2008年の日本移民100周年であった。日本の経済力のみならず、日本の諸文化に対する国際的評価、30万人にも及ぶようになったブラジル日系人の日本での就労、雑誌新聞売り場に並ぶ日本のマンガやテレビで流れる日本のアニメーション、ショッピングモールで開催されるコスプレ、昼食に日本料理を楽しむビジネスマン、盆踊りに参加する非日系ブラジル人、さらには日本の寝具が「フトン」として商店の店先を飾るなどなど、サンパウロを中心にした日本ブームの中で、日本移民100周年の記念行事が日本とブラジル両国の協力で、これまでにない大きな規模で盛大に催された。一世紀を経た日本移民の歴史が、ブラジルで華やかに花を開いたのである。今や、サンパウロの町を行き交う日系人の顔には自信と誇りが溢れているように見える。100年前に日本移民が始まった時からブラジルが抱いてきた日本移民に対する偏見や差別から、日系人がとりあえず解放されたのは21世紀を迎えてからのことなのである。

8　おわりに―― 100年という時間とその後

　これまでの考察からブラジル移民の特徴を簡単にまとめておくことにする。
① ブラジルの日本移民は、途中戦争によって中断されながらも、1908年から1981年までの両国の協定に基づいて実に70年間にわたり送出が継続されたのである。
② 日本移民の送出には常に日本とブラジルさらに米国の政策や思惑が影響を与えた。
③ 第二次世界大戦が終わるまでほとんどの日本移民は農業従事者であった。農村地域で日本人は日本人のみの完結した集住地をそれぞれ形成したことによって、ブラジル全体を包括する日本人の組織を形成することはなかった。
④ ブラジルの日本人が都市生活者になるのは、ブラジルに永住を決心した戦後のことで、同時期にブラジルを包括する日本人の組織が出現した。
⑤ 今日、サンパウロ市を中心とするサンパウロ大都市圏に日系人の姿が多く

観察されるのは戦後の都市移動の結果であるが、同時に日本移民が当初導入されたのがサンパウロ州政府の移民政策によるものであったからである。

⑥帰国を意図してのブラジル移民であったが、（ハワイ移民と比較して）早期の蓄財が困難であったこと、日本とブラジルの物理的距離が大きかったこと、家族移民であったこと、日本人のみの村落共同体を形成したことなどが、定住を可能とし、最終的には永住につながり、ブラジルは海外最多の日系人人口を抱える国となった。

　本章では考察の一つの視点としてブラジル史における人種主義と外国移民との関連について日本移民を例にして論じた。この視点から、日本移民とブラジルの移民政策についてまとめておきたい。海外最多の日系人口がブラジルで育まれてきたことからブラジルには日本人に対する偏見がなかったとはいえない。むしろ、ヨーロッパ移民を導入してブラジル住民を白人化しようとする国造りの理念をもって始まったブラジルであったが故に、ナショナリズムが高揚した時代にはブラジル社会に同化しない問題を抱えた外国移民として日本移民は非難を受けた。また敗戦後の日本人間の騒乱を経験した故にブラジルの連邦議会では、憲法に日本移民入国禁止の条文を入れようとする提案さえあった。

　従ってブラジルでは、日系人が社会上昇を果たせば果たすほど、ヨーロッパ文化の影響を受けたブラジルエリートの排日的姿勢に遭遇することになった。こうした日本人に対するブラジル社会の姿勢に変化がみられるようになったのは、軍事政権末期の80年代のことである。

　日本の経済的繁栄と日本文化が世界的に注目されるようになるのと並行して高等教育を受けたブラジルの日系人の社会上昇がみられるようになった。日本移民100周年記念行事が行われた頃、この二つが重なり、日系人（日本移民の子孫）であることが肯定的に解釈されるようになった。当時の日系人に対するブラジル社会の尊敬の眼差しに言及して、50歳代の日系女性二世に「日本人の子孫であることが誇らしいでしょう」と声をかけると、ブラジルの最難関校の大学院を修了した彼女は「やっとね」と応答した。このやり取りを70歳代の日系二世男性が耳にして、「彼女の年代でもそうなのだ」と意外感を表した。この二人の二世はブラジル社会で日本移民の子孫である「日系人」として生き

てきた中で、ある種の息苦しさを感じる経験をしてきたと想像できる。

　本章では日本移民の子孫日系人をとまとめて扱い、世代の違いには言及してこなかった。すでに日系六世が育っている現在、日系人といえども身体的特徴は多様である。ある街頭インタビューでその身体的特徴から非日系ブラジル人と判断して、日系人や日本文化について質問すると、母方の祖母が移民一世であることが判った。日系二世世代からその配偶者に非日系ブラジル人が登場する割合が高くなる[55]。日系人か非日系人かの区別は身体的特徴ではすでに困難になっている。自身のアイデンティティを「日系ブラジル人」とするのか、あるいは「ブラジル人」とするのか、はたまた「（ブラジルの）日本人」とするのかをそれぞれが自由に選択する時代を迎えている。身体的特徴ゆえに非日系人が日系人を「ジャポネス」と認識しても、そこにはかつてのような侮蔑的、差別的意味は有していない。街頭インタビューの例のように、外見では非日系でありながら、日本移民の子孫であることを積極的に口にしているのである。

　最後に、21世紀を迎える頃より日系二、三世が自身の先祖である日本移民についてブラジルの歴史の中で語り出したことについて触れておきたい。

　移民100年を迎えようとしていた2000年に、戦後の「勝ち負け抗争」を題材にしたルポルタージュがブラジルで発表され、ブラジルの最優秀取材賞を受賞した。その後の2011年には、このルポルタージュが映画化された。それまで戦後の日本人間の騒乱については口を噤んでブラジルでなんとか平穏な生活を築いてきた高齢の日系人女性は、今更なぜという戸惑いを感じたと語ってくれた。これに対し、日系二・三世のジャーナリストや映像作家、研究者が即座に反応を示し、2002年以降ブラジル史における日本人に対する偏見や差別についてそれぞれの立場から語り始めた。88年憲法によって人種差別を犯罪とし、ブラジルの多民族多文化性が保障されたことにより、日系人は「ブラジル人」として、ブラジル社会における日本移民の差別の歴史を近代ブラジル史の一頁として描き始めたのである。

[注]
(1)　なお、1940年まで（戦前移民）のブラジル移民の出身県等については表2参照。
(2)　本章では日系人とは日本国籍を有して海外に定住している日本人及びその子孫として

海外に在住する人を意味する。ただし、前者を除いて、後者のみを日系人として使用している場合もある。

(3)　http://www.judesas.or.jp.aboutnikkei/index.html 2017 年 6 月 29 日閲覧。

(4)　例えば、ブラジル移民最多のイタリア移民は 13％、かつての宗主国ポルトガルからの移民は 40％、スペイン移民は 50％、トルコ移民も 50％、ドイツ移民は 25％とある（移民八十年史編纂委員会編、103 頁参照）。

(5)　Carneiro, p.24.

(6)　*Ibid.*

(7)　1889 年に共和制が樹立され、1891 年には最初の共和国憲法が公布されている。

(8)　1822-1889 年の帝政時代の地方行政区分ではサンパウロ県（provincia）、1889 年以降の共和国時代にはサンパウロ州（estado）となる。

(9)　三田. 2009. p.32 参照。

(10)　Dantas, p.198.

(11)　Carneiro, op.cit., p.29.

(12)　サンパウロ州のサントス港には同年 6 月 18 日に入港。

(13)　条件を満たすための労働力となる親類を家族員にして渡航する場合があった。構成家族と呼ばれる。

(14)　三田. 1999. 165-184 頁参照。

(15)　1910 年のサンパウロ州の入移民数は 40,000 人程であったが、1913 年には 120,000 人近くを数えるまでに回復した（Neiva, 1976, 1945, p.122.）

(16)　三田. 2009. 前掲書、39 頁および 54-55 頁参照。

(17)　同上 42 頁参照。

(18)　この法案提出の背景には、米国で自国の黒人 200,000 人をマトグロッソ州に移住させ、自動車産業のためにゴムの木の栽培に従事させるという計画が立てられたというニュースがあったとされる。黒人の入国を共和国樹立以来禁止しているブラジルにとって、このニュースは広くブラジルの新聞で報道された（*O Estado de São Paulo*, 29 de julho de 1922）。

(19)　Carneiro, op. cit., p.31.

(20)　Rodorigues, p.87.

(21)　*O Estado de São Paulo*, 29 de octubro de 1924.

(22)　Tsuchida, pp.218-219.

(23)　サンパウロ州内に自然発生的に形成され村落共同体「植民地」の多くは、第二次大戦後日本移民が近郊の市街地や都市に移動したために、その多くは消滅し、跡地は農牧業に利用されるようになっている。これに対しブラ拓が建設した計画的移住地は、サンパウロ州内に 3 カ所、パラナ州に 1 カ所を数え、現在においてもそれぞれはブラジルの行政区「市」として存続している。詳細は三田前掲書、61-92 頁参照。

(24)　「植民地」には「文化植民地」「富士植民地」「昭和植民地」など、日本語名がつけられた。

(25)　ただし、パラナ州ではコーヒー栽培は継続された。

(26)　1936 年には日本移民は、サンパウロ州の綿花生産量の半分を栽培するまでになった（『在伯邦人の綿作とその金融』在サンパウロ帝国総領事館、1936 年、101 頁参照）。

(27)　しかし、すでに移民送出の契約を結んでいたこともあり、1935-37 年には割当てを超える日本移民を送出していた。割当て制限を下回るのは 38 年以降のことである。

(28)　農村の集団地の住民の割合を、ブラジル人は最低 30％、同一国籍の外国人は最高 25％で構成されることを義務付けた。

(29)　このキャンペーンに応じて日本学校の運営はブラジル国籍を有する二世に任されるようになった。

(30)　1939 年には日本から医師を派遣して「日本病院」を落成させ、日本移民の医療健康にも日本政府が支援している。

(31)　Mita, pp.104-107.

(32)　ブラジルの日本への宣戦布告は 1945 年 6 月。

(33)　孤立していく当時の日本移民の心情を半田知雄（629-640 頁）や楡木久一日記（三田 2009、110-113 頁参照）に見ることができる。

(34)　日本移民子弟の教育のために開校されたイエズス会の教育機関。1945 年 9 月当時、日本の権益代表国スウェーデンが権益事務を停止していたため、日本人部のあった学院に届けられた。

(35)　移民八十年史編纂委員会前掲書、163-166 頁。

(36)　この事件は多様な解釈がされ、事件そのものが未整理のまま 21 世紀を迎えた。現在ブラジルの歴史学を中心とする研究機関でブラジルの歴史の一ページとして研究が進められている。関連文献に関しては、三田前掲書、139-140 頁を参照されたい。

(37)　当時の日本人の代表的な秘密結社「臣道聯盟」の名称から用いられた。

(38)　しかし、日本人間の騒乱が終息したのではなく、その後、日本総領事暗殺未遂事件や帰国運動など多様な事件が 1955 年頃まで発生している。

(39)　これらの数値は資料により異なっている。ここでは、移民八十年史編纂委員会前掲書、171 頁の数値を参照。国外追放とされた者は、サンパウロ州海岸沖のアンシェッタ島に拘留されたが、追放の処分が実行されることなく、1958 年 8 月、可罰性の消滅宣言を受けて解放された。

(40)　https://pt.wikipedia.org/wiki/Miguel_Couto_Filho. 2017 年 8 月 12 日閲覧

(41)　以後、日本移民はこの事件を口にすることを避け、21 世紀を迎えるまで歴史の闇として葬ってきた。戦後の日本人社会の再構造化のリーダーシップをとったのは都市に住んでいた負け組のメンバーが中心であった。

(42)　斉藤は永住を決心した移民を「ご先祖になった日本人」と呼んだ（斉藤 3-5 頁）。

(43)　戦後活発な伝道が展開されるようになった日本の宗教に「勝ち組」の人びとが帰依することで、「勝ち組」が抱えていた心情的問題を解決することができたといわれている。1991 年の資料によれば、ブラジルで布教を開始した日本の宗教 30 教団／宗派のうち、1952 年以後に布教を開始した教団／宗派は 22 を数える（三田前掲書、256 頁）。

(44)　ブラジル日本移民百年史編纂・刊行委員会編、2012、202 頁。

(45)　同書、200 頁。

(46)　同書、248-249 頁。

(47)　外務省領事移住部編、154 頁。

(48)　ブラジル日本移民百年史編纂・刊行委員会前掲書、249 頁。

(49)　コチア産業組合は 1994 年に解散。

(50)　移民八十年史編纂委員会前掲書、236 頁。

(51)　日本企業のブラジル進出は 1972 年に 43 件、73 年に 80 件、74 年に 52 件と急増している（三田、1977、11 頁）。

(52)　三田、1990、50-51 頁。

(53)　*Veja*, p.40.

(54)　小嶋　茂、2017 年、80-81 頁。

(55)　1988 年に行われた調査では、日系の混血者は二世で 6％であるが、三世では 42％となっている（ブラジル日本移民百年史編纂・刊行委員会編、25 頁）。

[参考文献]

移民八十年史編纂委員会編．1991．『ブラジル日本移民 80 年史』ブラジル日本文化協会．

外務省領事移住部編．1971．『我が国の海外発展——移住百年の歩み（資料編）』外務省領事移住部．

小嶋　茂．2017．「コラム　パラナ民族芸能祭と移民」田村梨花・三田千代子・拝野寿美子・渡会環編著『ブラジルの人と社会』上智大学出版，80-81 頁．

斉藤広志．1984．『ブラジルと日本人』サイマル出版．

ブラジル日本移民百年史編纂・刊行委員会編．2012．『ブラジル日本移民百年史　第 1 巻』トッパン・プレス印刷出版．

半田知雄．1970．『移民の生活の歴史——ブラジル日系人が歩んだ道』サンパウロ人文科学研究所．

丸山浩明編著．2013．『ブラジル』世界地誌シリーズ 6，朝倉書店．

三田千代子．2009．『「出稼ぎ」からから「デカセギ」へ——ブラジル移民 100 年にみる人と文化のダイナミズム』不二出版．

三田千代子．1999．「ブラジルとヨーロッパの思想——悲観論からナショナル・アイデンティティの形成へ」蝋山道夫、中村雅治編著『新しいヨーロッパ像を求めて』同文館出版．

三田千代子．1977．『ブラジル日系人の対日イメージ——コミュニケーションとイメージの変化』上智大学イベロアメリカ研究所．

三田千代子．1990．「日本とブラジルを結ぶ日系人移住者の 80 年」『外交時報』12 月号，50-51 頁．

Carneiro, J. Fernado. 1950. *Imigração e colonização no Brasil*, Rio de Janeiro, Publicação Avulsa No.2.

Dantas, José. 1989. *História do Brasil*, São Paulo: Moderna.

Mita, Chiyoko. 1999. *Bastos-Uma comunidade étnica japonesa no Brasil*, São Paulo,

Humanitas/FFLCH/USP.

Neiva, Arthur Hehl. 1976. *O problema imigratório brasileiro*, São Paulo: Pioneira, ©1945.

O Estado de São Paulo, 29 de julho de 1922.

O Estado de São Paulo, 29 de octubre de 1924.

Rodorigues, José Honório. 1961. *Brasil e África–Outro horizonte*, Rio de Janeiro: Civilização Brasileira.

Tsuchida, Nobuya. 1978. *The Japanese in Brazil, 1908-1941*, Los Angeles: Univ. of California.

Veja, 16 de março de 1988.

■ 次へのステップ ■ ・・

　現在でもヒトの移動は続いている。国境を越えるヒトの移動には、送出先と送出会社の状況のみでなく、第3の国の状況や国際的状況にも影響を受けるということを理解してみると、多様な視点からの物事の理解の訓練に繋がるかと思われる。

1. 70年余にわたったブラジル向け日本移民の送出要因と受け入れ要因を時間軸を考慮して整理してみる。

2. 日本移民がブラジルで第二次世界大戦の終焉とともに遭遇した混乱とそれが終息した過程をまとめることで、当時の「国家」や「国民」のあり方を考えてみる。

3. ブラジルの日本移民をハワイや中南米に渡った日本移民と比較して、類似点や相違点を整理することで、ブラジル移民の特徴をまとめてみる。

二世の進学と社会上昇

　ヴァルガス大統領のナショナリズムによって日系子弟たちはブラジルの教育を受けて「ブラジル人」として成長していた。ブラジルに永住を決心した日本移民は、子弟がブラジル社会で上昇するために、高等教育の機会を目指して市街地、特にサンパウロ市に移動した。

　日系人の高等教育機関への進学率は高く、1978年のサンパウロ大学（USP）の入学生の15％を日系人が占めていた（移民八十年史編纂委員会編、1991.『ブラジル日本移民八十年史』ブラジル日本文化協会、390頁）。

　サンパウロ州の人口に占める日系人口の割合は1％であるから、サンパウロ大学で日系人の占める割合は非常に高いことになる。こうした状況を反映して、「日本人を一人殺してサンパウロ大学に入ろう」という垂れ幕が70年代でもサンパウロ大学の構内に掲げられたことがある。このブラジルを代表するエリート校の出来事を、軍事政権下ということもあり、当時の日系人を含み多くのサンパウロの人々はよくあるサンパウロの冗談だとして深刻には取り合わなかった。こうした中で社会上昇を目指して日系人はエリートへの階段を昇っていったのである。

　大学教育を受けた二世は、法曹界、医学会、建築界、政界、教育界など、多様な分野に進出し活躍をするようになった。日系初の政治家が1948年にサンパウロ市議として誕生するが、70年代に入ると地方選挙で複数の日系候補が躍進するようになった。1972年の地方選挙では市長、副市長、市会議員、さらにサンパウロ州及びパラナ州議会にも二世議員が登場した。54年に二世初の連邦議員が初当選した後、70年代に入ると、サンパウロ州及びパラナ州から連邦議員が選出され、日系人の国務大臣も誕生した。日本移民100年祭を迎えた頃、日系人初の連邦司法高等裁判所判事や空軍大将、陸軍中将が誕生している。サンパウロ州内の公立大学で日系学生が占める割合が高いばかりでなく、今や教員に占める日系人の割合も高い。サンパウロ大学の場合、2013年の資料によれば、学生数92,064人に対し教員数は5,860人を擁している。このうち日系人の教員は324人（5.52％）で、日系学生同様に日系教員の占める割合は高く、州人口に占める日系人の割合の5倍である（http://ww5.usp.br/usp-em-numeros 2013. 12. 19 閲覧日）。現在ではすべての学部に日系教員がみられるが、とりわけ工学部20％（65人）、医学部16％（52人）、歯学部7％（23人）、経済学経営学部18人（5.5％）と、社会科学系や理数系、なかでも実学の分野での割合が高い（Harada, Kiyoshi(coordenador), 2013, *O nikkei no Brasil*. 3a.ed., São Paulo: Cadaris Comunicação, pp.380-386 から算出）。　　　　　　　　（三田千代子）

第6章

中南米への移民

石川友紀

1　はじめに

　「中南米への移民」は対象地域が広すぎるので、本章ではまず中南米（ラテンアメリカ）への日本人移民の概説の項で全体を俯瞰する。つぎに中南米を代表させ、中米のメキシコへの日本人移民の事例、ついで南米のペルーへの日本人移民の事例を取り上げる。

　日本における移民研究において、これまで中南米への日本人移民の研究は十分でなく、未開拓の分野であったと言えよう。本章の目的の一つは明治維新以後の近代史、それにつづく現代史としての日本の出移民史に視点をおく。すなわち、海外へ移民を送り出した日本側の立場、出移民の観点から考えてみたい。

　二つ目は中南米とラテンアメリカを同義語とみなし、論を進める。自然地理学的にみれば、メキシコのテワンテペック地峡以西から以北にかけては北米大陸、その以東から以南にかけては中米となり、パナマ地峡以東から以南を南米大陸と称する。人文地理学的にみれば、民族としてのアングロサクソン系のアメリカ合衆国、カナダの北米に対して、ラテン系のメキシコ以南の諸国とカリブ海地域の島嶼国を含めて中南米とする。

　三つ目の研究課題としては、つぎのような趣旨により中南米（ラテンアメリカ）の日本人移民の研究を推進したい。これまでアメリカ合衆国やカナダへの日本

人移民・日系人の研究が進んでいるのに対し、中南米諸国に対してはこの種の研究としてブラジルの研究は多いが、その他の諸国・地域についての研究は至って少ない。

　本章ではこの基礎研究の一環として、第二次世界大戦前の中南米への日本人移民の歴史と実態を、統計資料と図表を使って解説する。研究法としては歴史地理学的な視点から解明を試みる。

　総論としての中南米への日本人移民の概説では、ラテンアメリカにおける第二次世界大戦前50年間の年次別渡航国別日本人移民数を取り上げる。ついで、明治・大正・昭和期の日本人移民の国別海外在留者数を図表を使って解説する。まとめとして、昭和戦前期1940年時点の日本人移民の国別男女別海外在留者数から、ラテンアメリカ11カ国の実数と順位をみる。

　各論としての中米メキシコへの日本人移民の事例では、その略史と実態の一部を記した。1940年時点の出身府県別男女別に日本人移民数から、1位は福岡県で、2位以下は熊本・広島・山口・和歌山・沖縄・静岡諸県の順であることが判明した。南米ペルーへの日本人移民の事例では、その略史につづき、前記同様の移民数から、1位は沖縄県が過半数を占め、2位以下は熊本・福岡・広島・福島・山口諸県の順であることが判明した。

2　中南米への日本人移民の概説

■中南米への日本人移民

　最初に、基礎的資料として中南米への日本人移民の年次別送出状況、すなわち、世界における分布をみてみる。

　表-1はラテンアメリカにおける年次別渡航国別日本人移民数である。その期間は1892年（明治25）から1941年（昭和16）までの50年間である。この日本人移民数は外務省が「海外旅券下付表」より算出して、移民数として採用しているものである。同表の渡航国をみると、ラテンアメリカ（中南米）はその他を含めて13カ国あり、50年間に移民総数（計の合計）が244,946人となっている。以下、日本人移民がラテンアメリカのいずれの国へ多く渡航したかをみてみよう。

表-1：ラテンアメリカにおける年次別渡航国別日本人移民数（1892 ～ 1941 年）

（単位：人）

渡航国	メキシコ	ペルー	チリ	キューバ	アルゼンチン	ブラジル	パナマ	ボリビア	コロンビア	ウルグアイ	パラグアイ	ベネズエラ	その他	計
1892年(明治25)	39													39
1893年(〃 26)	35													35
1894年(〃 27)	6													6
1995年(〃 28)	3													3
1896年(〃 29)	15													15
1897年(〃 30)	21													21
1898年(〃 31)														0
1899年(〃 32)	1	790												791
1900年(〃 33)	1													1
1901年(〃 34)	95													95
1902年(〃 35)	83													83
1903年(〃 36)	281	1,303	126											1,710
1904年(〃 37)	1,261													1,261
1905年(〃 38)	346													346
1906年(〃 39)	5,068	1,257												6,325
1907年(〃 40)	3,822	85		4	1									3,912
1908年(〃 41)		2,880				799								3,679
1909年(〃 42)	2	1,138			1	4								1,145
1910年(〃 43)	5	483			2	911								1,401
1911年(〃 44)	28	456	8		2									494
1912年(〃 45)	16	714	1		16	2,859								3,606
1913年(大正 2)	47	1,126	27		103	6,947								8,250
1914年(〃 3)	35	1,132	9		41	3,526								4,743
1915年(〃 4)	19	1,348	8		33	39	2							1,449
1916年(〃 5)	22	1,429	15	76	135	35	4	1						1,717
1917年(〃 6)	53	1,948	20	13	127	3,883	1	5						6,050
1918年(〃 7)	128	1,736	18	4	134	5,956	12	3						7,991
1919年(〃 8)	64	1,507	21	3	174	2,732	25	3						4,529
1920年(〃 9)	53	836	16	8	42	970	15	5						1,945
1921年(〃 10)	69	717	21	71	53	970	30	2	3					1,936
1922年(〃 11)	77	202	8		52	986	21	1	2					1,349
1923年(〃 12)	68	333	6		66	796	6	2						1,277
1924年(〃 13)	76	651	4		58	3,689	24							4,502
1925年(〃 14)	160	922	12	127	121	4,908	24	1						6,275
1926年(〃 15)	336	1,250	25	117	182	8,599	18	1						10,528
1927年(昭和 2)	319	1,271	18	45	262	9,625	16	5						11,561
1928年(〃 3)	353	1,410	13	37	387	12,002	9	5						14,216
1929年(〃 4)	249	1,585	22	29	430	15,597	24	21	59					18,016
1930年(〃 5)	434	831	40	37	489	13,741	39	26	42	2	1			15,682
1931年(〃 6)	283	299	20	6	362	5,565	63	11	2	1		5		6,617
1932年(〃 7)	149	369	8	1	239	15,092	7	15		2				15,882
1933年(〃 8)	85	481	7	5	135	23,299	11	6		2				24,031
1934年(〃 9)	80	473	9	9	112	22,960	3	12	2			3	4	23,667
1935年(〃 10)	53	814	13	5	201	5,745	14	16	105			2		6,968
1936年(〃 11)	62	593	17	9	349	5,357	32	32	2		188	5		6,646
1937年(〃 12)	65	166	11	5	307	4,675	27	12	1	4	150	2	3	5,428
1938年(〃 13)	38	177	2	1	288	2,563	12	14			103			3,198
1939年(〃 14)	67	223	5	2	187	1,314	12	23			146			1,979
1940年(〃 15)	67	111	5	1	183	1,564	5	18	2		38		1	1,995
1941年(〃 16)	28	24	3	1	124	1,277		9	2		83			1,551
合計	14,667	33,070	538	616	5,398	188,985	456	249	222	11	709	17	8	244,946

注：資料の出所：国際協力事業団（1994）『海外移住統計』平成 6 年 10 月，pp.126 ～ 127.（石川友紀作成）

日本人移民数の1位はブラジルの188,985人であり、これは全体（244,946人）の77.2%をも占める。移民数の2位はペルーの33,070人で全体の13.5%、3位はメキシコの14,667人で6.0%、4位はアルゼンチンの5,398人で2.2%、5位はパラグアイの709人で0.3%、6位はキューバの616人で0.3%を占める。以下、移民数が600人未満となるが、7位はチリの538人（全体の0.2%）、8位はパナマの456人（0.2%）、9位はボリビアの249人（0.1%）、10位はコロンビアの222人（0.1%）である。つづいて、移民数はわずかながらベネズエラの17人、ウルグアイの11人、その他の8人であった。

　以上の結果をみると、第二次世界大戦時においてラテンアメリカへの日本人移民数は、ブラジル、ペルー、メキシコの上位3カ国で全体の96.7%をも占めることが判明した。

■世界における日本人移民の分布

　表-2は1909年（明治42）、1919年（大正8）、1929年（昭和4）と10年間隔で、世界における日本人移民の州別国別海外在留者数をまとめたものである。図-1は表-2のうち1909年時点の世界における日本人移民の分布図である。同図で

図-1：世界における日本人移民の分布（1909年）

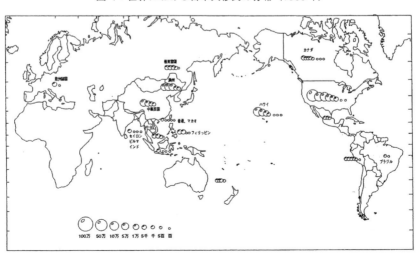

（石川友紀作成）

表-2：世界における日本人移民の州別国別海外在留者数（1909・1919・1929年）

（単位：人）

州	国	海外在留者数		
		1909年（明治42）	1919年（大正8）	1929年（昭和4）
アジア	ソ連邦極東地方	3,600	8,295	1,966
	満州	31,427	76,534	108,532
	中華民国	16,607	59,109	55,708
	英領ホンコン・ポ領マカオ	856	1,777	1,622
	シャム（タイ）	184	282	259
	仏領インドシナ	―	―	302
	サラワク、ボルネオ、マレー	2,611	8,297	8,728
	イラン	―	―	3
	セイロン、ビルマ、英領インド	792	1,531	1,285
	オランダ領東インド	780	4,114	5,581
	フィリピン群島・米領グァム	2,156	9,798	15,772
	計	59,013	169,737	199,758
大洋州	豪州・ニュージーランド・大洋州諸島	3,960	6,280	3,524
北アメリカ	アメリカ合衆国本土	76,709	125,195	140,945
	ハワイ	65,760	114,283	134,042
	英領カナダ	8,850	16,650	22,664
	計	151,319	256,128	297,651
アフリカ	エジプト	―	26	80
	南ア連邦	―	21	15
	英領東アフリカ	―	―	21
	計	0	47	116
南アメリカ	メキシコ	2,465	2,198	4,857
	キューバ	―	―	788
	パナマ	―	126	216
	ベネズエラ	―	―	11
	コロンビア	―	―	50
	ペルー	4,560	5,910	18,401
	ボリビア	―	851	463
	チリ	145	389	713
	ブラジル	605	31,349	103,166
	アルゼンチン	27	1,580	3,888
	パラグアイ	―	―	5
	ウルグアイ	―	―	20
	計	7,802	42,403	132,578
欧州	欧州諸国	1,091	1,377	3,314
A	総致	223,185	475,972	636,941
B	関東州	55,487	56,028	106,477
C	南洋委任統治地域	―	1,791	16,021
	総数（A＋B＋C）	278,672	533,791	759,439

注：1）資料の出所：国際協力事業団移住部門『海外移住統計』（昭和52年8月）
　　2）原典：外務省調査部『海外各地在留本邦人人口表』（昭和12年7月）（石川友紀作成）

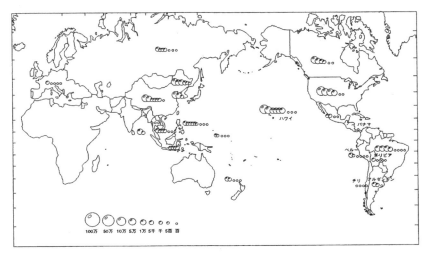

（石川友紀作成）

は明治時代から日本は近接するアジア州を始め、ハワイやアメリカ合衆国本土・カナダの北米大陸や、ペルー・ブラジル・メキシコなどの中南米諸国へ、多数の移民を送り出していたことが読み取れる。

　つぎに、表-2 の内容を国ごとに分析考察してみよう。本項では中米も含まれている南アメリカ州諸国についてのみ、その海外在留者数を時系列にそって検討してみる。

　明治末期、1909 年現在中南米における日本人移民の海外在留者数の 1 位はペルーの 4,560 人、2 位はメキシコの 2,465 人、3 位はブラジルの 605 人、4 位はチリの 145 人、5 位はアルゼンチンの 27 人であり、当時この 5 カ国で合計 7,802 人と 10,000 人にも満たない数値を示していた。

　その 10 年後の大正期、1919 年現在中南米における日本人移民の海外在留者数の 1 位はブラジルの 31,349 人、2 位はペルーの 5,910 人、3 位はメキシコの 2,198 人、4 位はアルゼンチンの 1,580 人、5 位はボリビアの 126 人であり、この時点 7 カ国で合計 42,403 人となり、10 年前の 5.4 倍に増加していた。図-2 はこの 1919 年の中南米地域を含む世界における日本人移民の分布図であり、その広がりが読み取れる。

　大正期の統計から 10 年後の昭和初期、1929 年現在、中南米における日本人

図-3：世界における日本人移民の分布（1929 年）

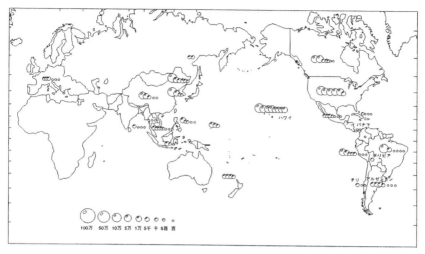

（石川友紀作成）

移民の海外在留者数の 1 位はブラジルの 103,166 人、2 位はペルーの 18,401 人、3 位はメキシコの 4,857 人、4 位はアルゼンチンの 3,888 人である。以下在留者数が 800 人未満となり、5 位はキューバの 788 人、6 位はチリの 713 人、7 位はボリビアの 463 人、8 位はパナマの 216 人、9 位はコロンビアの 50 人、10 位はウルグアイの 20 人、11 位はベネズエラの 11 人、12 位はパラグアイの 5 人であった。

　以上の結果を見ると、1929 年時点で中南米における日本人移民の海外在留者数は 12 カ国にも拡大し、合計 132,578 人となり、10 年間で 90,175 人も増加していた。この増加比率は 10 年間で 3.1 倍にも達していた。全体として日本人の海外在留者数は年次を経るにつれ、各国とも増加の傾向にあったが、この昭和期に突出したのがブラジルの 103,000 余人で、これは全体の 77.8％を占めるほど増加したのであった。図-3 は前二者と同様、昭和初期 1929 年の中南米地域を含む世界における日本人移民の分布図である。

■ 1940 年の世界における日本人移民の分布

　表-3 は 1940 年（昭和 15）現在の日本人移民の州別国（地域）別男女別海外在

表-3：日本人移民の州別国（地域）別男女別海外在留者数（1940年）

州	国（地域）	海外在留者数		
		男（人）	女（人）	総数（人）
アジア	極東露領	773	38	811
	中華民国	163,382	120,639	284,021
	ホンコン	394	265	659
	タイ	399	167	566
	仏領インドシナ	76	—	76
	英領マレー	4,161	2,400	6,561
	英領ボルネオおよび英国保護サラワク	1,069	773	1,842
	英領インド、ビルマ・錫蘭	1,746	454	2,200
	オランダ領東インド	3,956	2,033	5,989
	フィリピン群島	12,100	7,133	19,233
	豪州および大洋州諸島	2,150	305	2,455
	その他	74	36	110
	計	190,280	134,243	324,523
北アメリカ	アメリカ合衆国本土	54,775	39,956	94,731
	ハワイ	48,291	43,806	92,097
	英領カナダ	11,356	8,687	20,043
	計	114,422	92,449	206,871
中央および南アメリカ	メキシコ	2,941	2,001	4,942
	キューバ	459	193	652
	パナマ	?	?	?
	コロンビア	167	119	286
	ペルー	11,817	8,239	20,056
	ボリビア	343	183	526
	チリ	411	182	593
	ブラジル	103,514	89,642	193,156
	アルゼンチン	3,977	1,861	5,838
	パラグアイ	355	318	673
	その他	80	45	125
	計	124,064	102,783	226,847
ヨーロッパ	イギリス	383	172	555
	フランス	156	79	235
	ドイツ	196	50	246
	イタリア	84	43	127
	その他	173	93	266
	計	992	437	1,429
アフリカ		111	61	172
全世界（総数）		429,869	329,973	759,842

注：1）出所：外務省調査局（1943）『昭和十五年海外在留本邦人調査結果表』pp.560～570.
　　2）満州・関東州・南洋委任統治地域・朝鮮・台湾・樺太などは日本領土内であり除く。
　　3）パナマは国名としてあがっているが不詳のためか数値なし。（石川友紀作成）

図-4：世界における日本人移民の分布（1940年）

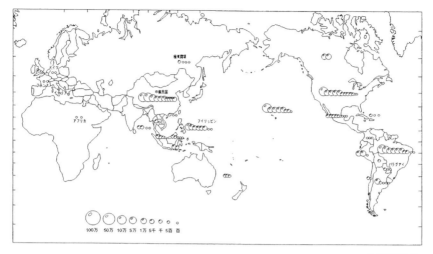

（石川友紀作成）

留者数である。この海外在留者数の総数を国（地域）別にみたのが図-4の世界における1940年の日本人移民の分布図である。

　表-3の下欄の全世界（総数）をみると、日本人移民は男性が429,869人、女性が329,973人で、合計759,842人である。男女の比率は男性が56.6%に対し、女性が43.4%であった。男性が女性より約100,000人も多いのは男性中心の出稼ぎ型移民であったと言えよう。以下中南米の海外在留者総数226,847人（全世界の29.9%）を国別にみてみよう。

　中央および南アメリカ州における国別日本人移民の海外在留者数の総数の1位はブラジルの193,156人であり。これは南米全体（226,847人）の85.1%を占め、圧倒的に多かった。同在留者数の2位はペルーの20,056人、3位はアルゼンチンの5,838人、4位はメキシコの4,942人である。以下700人未満となり、5位はパラグアイの673人、6位はキューバの652人、7位はチリの593人、8位はボリビアの526人、9位はコロンビアの286人である。以上のほかにその他が125人で、パナマが未調査のためか在留者数が不明であった。

　以上の結果をみると、昭和戦前期1940年時点では、中南米における日本人移民は11カ国以上に分布していることが判明した。

3 中米メキシコへの日本人移民の事例

■1897年榎本殖民とその後の契約移民

　中米メキシコへの日本人移民の送出は、中南米では比較的早く、1897年（明治30）著名な政治家榎本武揚が墨国移住組合を結成し、34人を日本人移民として新植民地の建設を目的に送り出したのが最初である。しかし、この榎本殖民一行はメキシコ南部のグアテマラに近いチアパス州エスキントラ付近に入植したが、土地の選定を誤ったとも言われ、また、営農の経験不足、習慣の相違、経営の資金難、移民責任者の熱意の喪失など、悪条件が重なり失敗したと伝えられる。それでも、リーダーの照井亮次郎の子孫を主体とする榎本殖民の末裔が、現在でも同地域に定住していると言われている。

　榎本殖民に遅れること4年、1901年（明治34）11月熊本移民合資会社により第1回のメキシコ契約移民82人がエスペランサス炭坑などへの炭鉱労働者として日本から送り出された。その後、東洋移民合資会社、大陸殖民合資会社もメキシコへの契約移民を取り扱い、この3移民会社により、1901年から1907年（明治40）までの7年間にメキシコへの日本人移民は8,706人にも達していた。この明治期の契約移民は広大なメキシコにおいて、エスペランサスやフエンテの炭鉱、ボレオの鉱山、ブラックマウンテンの金鉱山、セントラル鉄道、コーヒ・麻・サトウキビ耕地などで働いた。

　このメキシコへの日本人移民の増加に対して、決定的な打撃が加えられたのが、1907年3月のアメリカ合衆国政府によるカナダやハワイと並んで、メキシコからアメリカへの転航（転住）禁止令の公布であった。加えて、日本の外務省もメキシコへの移民の渡航を漸次制限せざるをえなくなった。しかし、転航禁止令後もメキシコ在住移民で、アメリカ本土へ渡航を企てるものが少なくなかった。さらに、カナダ移住を目的国としてアメリカ合衆国を通過中にそのまま逃亡する者もあり、アメリカ政府は転航禁止令の実効をあげるよう、日本政府に対してメキシコ移民の取り締まりを要望した。そのため、日本の外務省は1907年9月に定着率のきわめて低い鉄道工夫について渡航を禁止し、炭鉱夫についても、移民取扱人の許可申請にあたっては厳重に調査し、実際に必要

な人員に限り許可する方針をとった。

　日本からメキシコへの集団としての契約移民は、1907年をもってほぼ終わったとみられる。その時点でメキシコには2,000人から3,000人台の日本人移民が在住していたと伝えられる。地続きのアメリカ合衆国へは転航禁止令以前に、少なからずの日本人移民がメキシコに渡航してきていたのである。

■メキシコ革命と日本人移民の定住

　メキシコの日本人移民は1910年から1917年までつづいたメキシコの革命騒動に巻き込まれていった。その革命の混乱のなか、日本人はしだいに出稼ぎから定住へと変わっていった。その傾向は1920年代から30年代かけて強くなり、メキシコ北部のバハカリフォルニア、ソノラ、シナロア、そして南部のベ

表-4：メキシコにおける出身道府県別男女別日本人移民在留者数（1940年）

番号	道府県	在留者数（人）			番号	道府県	在留者数（人）			番号	道府県	在留者数（人）		
		男	女	計			男	女	計			男	女	計
1	北海道	10	7	17	23	愛知県	69	47	116	45	宮崎県	2	0	2
2	青森県	0	0	0	24	三重県	52	36	88	46	鹿児島県	88	34	122
3	岩手県	34	12	46	25	滋賀県	33	23	56	47	沖縄県	159	78	237
4	宮城県	90	76	166	26	京都府	19	16	35	48	樺太	2	1	3
5	秋田県	2	0	2	27	大阪府	9	6	15	49	不詳	174	219	393
6	山形県	2	0	2	28	兵庫県	24	10	34	50	総数	2,941	2,001	4,942
7	福島県	73	33	106	29	奈良県	3	1	4					
8	茨城県	43	10	53	30	和歌山県	165	83	248					
9	栃木県	14	8	22	31	鳥取県	30	12	42					
10	群馬県	6	3	9	32	島根県	7	3	10					
11	埼玉県	4	2	6	33	岡山県	48	31	79					
12	千葉県	9	4	13	34	広島県	232	164	396					
13	東京府	63	44	107	35	山口県	146	109	255					
14	神奈川県	25	22	47	36	徳島県	1	2	3					
15	新潟県	45	29	74	37	香川県	14	11	25					
16	富山県	41	23	64	38	愛媛県	14	13	27					
17	石川県	15	12	27	39	高知県	21	8	29					
18	福井県	8	7	15	40	福岡県	451	325	776					
19	山梨県	48	25	73	41	佐賀県	26	19	45					
20	長野県	100	74	174	42	長崎県	20	27	47					
21	岐阜県	27	16	43	43	熊本県	330	223	553					
22	静岡県	129	84	213	44	大分県	14	9	23					

注：資料の出所：外務省調査局（1943）「昭和十五年海外在留邦人調査結果表」第9表本籍地別内地人、p.566（石川友紀作成）

ラクルスやチアパスの各州とメキシコシティに、日本人移民の定住社会が生まれた。1920年代後半から各コミュニティに日本人会も結成され、1939年（昭和14）の時点で日本人家庭の90%以上が、その会員になったと言われる。

1941年（昭和16）12月太平洋戦争の勃発後、1942年メキシコは日米開戦に際し対日宣戦布告をし、連合国側についた。同年メキシコ政府はバハカリフォルニア州に住む日本人全員にメキシコシティやグアダラハラへ移るよう命令が下された。メヒカリ、エンセナダ、ノガルスなどの日本人移民は、退却の際、時間的余裕がなく、その財産をメキシコ人に託した者もわずかにみられたが、一般には財産の処分ができない状態のままの移動であった。かれらは住み慣れた家を離れ、とまどいながら日本人会的組織のメキシコ市共栄会の援助で家屋や仕事をみつけた。

外務省の移民統計によると、1938年（昭和13）12月現在、メキシコ在留の日本人総数は4,635人であった。その地域的分布は首都メキシコシティおよび中部地方に約50%、北西部の3州および低加州（バハカリフォルニア）に約50%が居住している。日本人移民の職業は農業・園芸・畜産業者が最も多く、ついで物品販売業者、その他は漁業、製塩業、銀行員、会社員、食料品製造業者、理髪店や浴場経営者などもみられる。

表-4は昭和戦前期1940年（昭和15）現在のメキシコにおける出身道府県別男女別日本人移民在留者数である。在留者数の総数をみると、日本人全体としてメキシコにおける日本人移民は男性が2,941人女性が2,001人で、計4,942人である。男性が女性より940人多く、その男女の比率は男性が59.5%、女性が40.5%でほぼ6対4であった。

同表の在留者数を道府県別にみると、1位は福岡県の776人であり、これは全体（4,942人）の15.7%を占める。在留者数の2位は熊本県の553人で全体の11.2%、3位は広島県の396人で8.0%、4位は山口県の255人で5.2%、5位は和歌山県の248人で5.0%、6位は沖縄県の237人で4.8%、7位は静岡県の213人で4.3%を占め、ここまでがメキシコ移民のベスト7であった。

以下、在留者数が200人未満となり、8位に長野県の174人、9位は宮城県の166人、10位は鹿児島県の122人、11位は愛知県の116人、12位は東京府の107人、13位は福島県の106人と100人台がつづき、不詳の393人と樺太の3人を除くと、47道府県中青森県が0人のため、計46道府県からメキシコ

在住の移民がみられる。

4　南米ペルーへの日本人移民の事例

■ 1899 年サクラ丸の契約移民

　ペルーは南米において日本から最初に契約移民を送り出した国である。日本からペルーへの集団としての第 1 回契約移民 790 人は 1899 年（明治 32）2 月 28 日に日本郵船の佐倉丸（2,953 トン）で横浜港を出航し、同年 4 月 3 日にカヤオ港に到着した。この日本初の契約移民は田中貞吉とペルーの耕地主との交渉が実を結び、1898 年（明治 31）に契約移民を許可するペルー大統領令が公布され、森岡商会（移民取扱人森岡真）が募集した移民であった。契約条件としてはサトウキビ耕地での 4 年間の契約労働で、渡航費は雇主負担。賃金は一日 10 時間労働で 1 カ月 2 ポンド 10 シリング（約 25 円）であった。

　当時のペルーにおける賃金は北米大陸等に比較して低かったが、日本に比べるとはるかに高かった。そのため、ハワイ・アメリカ合衆国本土・カナダが日本人移民を制限するようになると、この南米大陸が移民の新天地として登場するようになった。日本から南半球ペルーへの移民は距離的に遠く、船賃が高くつくなど多くの短所も持っていたが、いったん契約移民の道が開かれると、数多くの移民が送り出されるようになった。

　ペルーに到着した初期の日本人移民は、全員が男性のみの移民であり、契約先の耕地に近い港で下船するため、カヤオ港を離れた。そして海岸地帯のプランテーションが行われていたカサブランカ、サンタバルバラ、サンニコラスなど 12 の耕地に配耕された。ペルーではこのプランテーションのことを「アシエンダ」と称し大農場のことを指し、この大土地所有者はイギリス・ドイツ・イタリア系などの白人であり、ペルーの海岸地帯の農地を独占し、その多くは不在地主であった。その後、ペルーの砂糖産業の不況により、経営者はプランテーションの一部を契約により小作させたが、これを小作農「ヤナコン」と称し、日本人移民も一部この小作を行った。

　表-5 はペルーにおける第二次世界大戦前 1904 年から 1940 年までの年次別男女別日本人移民在留者数である。在留者数の計をみると、ペルーへの日本人

移民は初回渡航 5 年後の 1904 年（明治 37）には、1,486 人である。その 5 年後 1909 年（明治 42）には在留者数は 4,560 人と増加を示す。大正期に入り、1914 年（大正 3）の 5,381 人以後は 5,000 人台を維持し、1921 年（大正 10）には 10,864 人と 10,000 人を突破した。以後は 9,000 人台から 10,000 人台を維持していく。

昭和期に入り、在留者数は 1930 年（昭和 5）に 20,535 人と 20,000 人を突破した。以後 20,000 人から 21,000 人台となり、同表の最高は 1936 年（昭和 11）の

表-5：ペルーにおける年次別男女別日本人移民在留者数（1904 ～ 1940 年）

年次	在留者数（人）		
	男	女	計
1904（明治 37）年			1,486
1909（ 〃 42）			4,560
1914（大正 3）			5,381
1919（ 〃 8）			5,910
1920（ 〃 9）			5,910
21（ 〃 10）			10,864
22（ 〃 11）			9,675
23（ 〃 12）			9,440
24（ 〃 13）			9,864
25（ 〃 14）			10,969
26（昭和 1）			11,786
27（ 〃 2）			15,207
28（ 〃 3）	11,435	5,544	16,979
29（ 〃 4）			18,401
1930（ 〃 5）	13,200	7,335	20,535
31（ 〃 6）			20,650
32（ 〃 7）			21,141
33（ 〃 8）			21,281
34（ 〃 9）	13,915	17,212	21,127
35（ 〃 10）	13,467	8,083	21,550
36（ 〃 11）	14,280	8,290	22,570
37（ 〃 12）	13,845	8,305	22,150
38（ 〃 13）	13,261	8,242	21,503
39（ 〃 14）			
1940（ 〃 15）	11,817	8,239	20,056

注：1）資料の出所：外務省調査部（1937）『海外各地在留本邦人人口表』（昭和 11 年 10 月 1 日現在）．p.116. 拓務大臣官房文書（調査）課『拓務統計』（昭和 6 ～ 13 年）．外務省通商局『海外各地在留本邦人職業別表』（大正 3 年 6 月末日現在）．同『海外各地在留本邦人職業別人口表』（昭和 3 年 10 月 1 日現在調）第 1 表．同（1931）『昭和五年在外本邦人国勢調査職業別人口表』，p.43. 外務省調査部（1936）『海外各地在留本邦内地人職業別人口表』（昭和 10 年 10 月 1 日現在）．外務省調査局（1943）『昭和十五年海外在留本邦人調査結果表』，P. I.

2）調査月日は 1924 年までは各年 6 月末日，1925 年以降は各年 10 月 1 日現在である．

3）1937 年の在留者数は男 13,766 人，女 8,307 人，合計 22,073 人との説もあり（『拓務統計』昭和 12 年）．

22,570 人であった。

　表-6 は昭和戦前期 1940 年（昭和 15）現在のペルーにおける出身道府県別男女別日本人移民在留者数である。在留者数の総数をみると、日本全体としてペルーにおける日本人移民は男性が 11,817 人、女性が 8,239 人で、計 20,056 人である。男性が女性より 3,578 人多く、男女の比率は男性が 58.9%、女性が 41.1% で、ほぼ 6 対 4 であった。

　同表の在留者数を道府県別にみると、1 位は沖縄県の 10,717 人であり、これは全体（20,056 人）の 53.4% をも占める。在留者数の 2 位は熊本県の 2,019 人で

表-6：ペルーにおける出身道府県別男女別日本人移民在留者数（1940 年）

道府県	在留者数（人）			左計の構成比（%）	道府県	在留者数（人）			左計の構成比（%）
	男	女	計			男	女	計	
北海道	16	12	28	0.1	大阪府	10	5	15	0.1
青森県	4	2	6	0.0	兵庫県	18	9	27	0.1
岩手県	8	9	17	0.1	奈良県	2	1	3	0.0
宮城県	195	124	319	1.6	和歌山県	102	79	181	0.9
秋田県	5	2	7	0.0	鳥取県	19	20	39	0.2
山形県	102	79	181	0.9	島根県	25	20	45	0.2
福島県	570	366	936	4.7	岡山県	97	60	157	0.8
茨城県	35	16	51	0.3	広島県	578	370	948	4.7
栃木県	14	5	19	0.1	山口県	425	266	691	3.4
群馬県	3	1	4	0.0	徳島県	1	1	2	0.0
埼玉県	5	4	9	0.0	香川県	68	46	114	0.6
千葉県	36	18	54	0.3	愛媛県	156	95	251	1.3
東京府	64	56	120	0.6	高知県	8	3	11	0.1
神奈川県	24	12	36	0.2	福岡県	604	470	1,074	5.4
新潟県	69	37	106	0.5	佐賀県	82	51	133	0.7
富山県	18	5	23	0.1	長崎県	20	11	31	0.2
石川県	8	1	9	0.0	熊本県	1,149	870	2,019	10.1
福井県	33	29	62	0.3	大分県	69	32	101	0.5
山梨県	256	124	380	1.9	宮崎県	9	6	15	0.1
長野県	28	22	50	0.2	鹿児島県	244	149	393	2.0
岐阜県	35	26	61	0.3	沖縄県	6,214	4,503	10,717	53.4
静岡県	143	89	232	1.2	樺太	—	—	—	
愛知県	38	26	64	0.3	朝鮮・台湾	—	—	—	
三重県	42	17	59	0.3	不詳	51	30	81	0.4
滋賀県	104	54	158	0.8	総数	11,817	8,239	20,056	100.1
京都府	11	6	17	0.1					

注：資料の出所：外務省調査局（1943）『昭和十五年海外在留本邦人調査結果表』第 9 表本籍地別内地人，pp.566 ～ 567.（石川友紀作成）

図-5：ペルーにおける県別日本人移民在留者数（1930年）

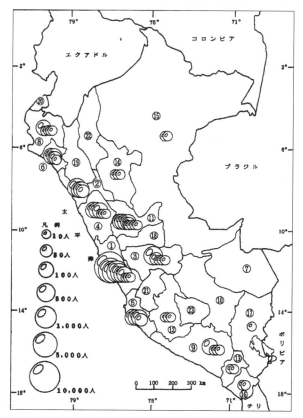

注：番号は表7の県名の番号と一致する。

全体の 10.1%、3 位は福岡県の 1,074 人で 5.4%、4 位は広島県の 948 人で 4.7%、5 位は福島県の 936 人で 4.7%、6 位は山口県の 691 人で 3.4% を占め、ここまでがペルー移民のベスト 6 であった。

　以下、在留者数が 400 人未満となり、7 位は鹿児島県の 393 人、8 位は山梨県の 380 人、9 位は宮城県の 319 人、10 位は愛媛県の 251 人、11 位は静岡県の 232 人とつづき、以下 200 人未満となり、全国 47 府県からペルーへの移民がみられた。

　この結果をみると、ペルーにおける日本人移在留者の過半数は沖縄県出身者が占め、以下、熊本・福岡県の九州地方がつづき、ついで、広島・福島・山

表-7：ペルーにおける県別日本人移民在留者数及び構成比（1930・1955・1977年）

番号	県名（現地語名）		1930年（昭和5）実数（人）	1930年（昭和5）構成比（%）	1955年（昭和30）実数（人）	1955年（昭和30）構成比（%）	1977年（昭和52）実数（人）	1977年（昭和52）構成比（%）
①	リマ	(Lima)	17,725	87.0	22,255	89.7	52,686	75.8
	リマ市	(Lima)	8,204	40.2	19,249	77.6		
	カヤオ市	(Callao)	1,990	9.8				
	その他のリマ県		7,531	36.9	3,006	12.1		
②	リベルター	(Libertad)	749	3.7	659	2.6	3,158	4.5
③	フニン	(Junin)	575	2.8	697	2.8	2,648	3.8
④	アンカシュ	(Ancash)	329	1.6	153	0.6	1,554	2.2
⑤	イカ	(Ica)	341	1.7	484	2.0	1,575	2.3
⑥	ランバイエケ	(Lambayeque)	259	1.3	251	1.0	2,179	3.1
⑦	マドレデディオス	(Madre de Dios)			76	0.3	1,172	1.7
⑧	ピウラ	(Piura)	137	0.7			214	0.3
⑨	アレキパ	(Arequipa)	123	0.6	45	0.2	391	0.6
⑩	クスコ	(Cuzco)					194	0.3
⑪	ワヌコ	(Huanuco)	48	0.2	105	0.4	1,192	1.7
⑫	アヤクチョ	(Ayacucho)	21	0.1			230	0.3
⑬	モケグワ	(Moquegua)	11	0.1			104	0.1
⑭	サンマルティン	(San Martin)	30	0.1			281	0.4
⑮	ロレト	(Loreto)	19	0.1			919	1.3
⑯	タクナ	(Tacna)	12	0.1			194	0.3
⑰	プノ	(Puno)	6	0.0			138	0.2
⑱	パスコ	(Pasco)					403	0.6
⑲	カハマルカ	(Cajamarca)					110	0.2
⑳	ツンベス	(Tumbes)					84	0.1
㉑	ワンカベリカ	(Huan Cavelica)					71	0.1
㉒	アマゾナス	(Amazonas)						
㉓	アプリマク	(Apurimac)						
	不　明				89	0.4		
	総　数		20,385	100.0	24,814	100.0	69,497	100.0

注：資料の出所：1930年は伊藤力・呉屋勇編著（1974）『在ペルー邦人75年の歩み』ペルー新報社, pp.67〜68, p.93, 附表 p.244, 1955年は斎藤広志（1963）「ペルー在住日系人の人口と家族」『ラテンアメリカ研究』No.2, p.17, 1977年は在ペルー大使館資料「在ペルー在留邦人（日系人を含む）地域別分布状況」による.（石川友紀作成）

口・鹿児島・山梨・宮城諸県の順となっている。

　表-7は1930年（昭和5）・1955年（昭和30）・1977年（昭和52）現在のペルーにおける県（デパルタメント）別日本人移民在留者数及び構成比である。同表中1930年時点の日本人移民在留者数を図化したものが図5で、いわゆる、ペルーにおける日本人移民の分布図である。これをみると、日本の面積（378,000 km²）

の3.4倍のペルーの国土（1,285,000 km²）のなかの太平洋沿岸の「コスタ」と称する海岸地域を中心に、日本人移民が広く分布していることが読み取れる。

　表-7の1930年現在のペルーにおける県別日本人移民の在留者数（実数）をみると、1位はリマ県の17,725人であり、これは全体（20,385人）の87.0%をも占め、圧倒的に多かった。在留者数の2位はリベルター県の749人で全体の3.7%、3位はフニン県の575人で2.8%、4位はイカ県の341人で1.7%、5位はアンカシュ県の329人で1.6%、6位はランバイエケ県の259人で1.3%、7位はピララ県の137人で0.7%、8位はアレキパ県の123人で0.6%である。

　以下、在留者数は50人未満となり、ワヌコ県の48人、サンマルティン県の30人とつづき、全23県中15県で日本人移民がみられた。なお、日本人移民在留者数1位のリマ県の内訳をみると、リマ市が8,204人で全体の40.2%、カヤオ市が1,990人で9.8%、その他のリマ県が7,531人で36.9%を占めていた。

■沖縄とペルーへの移民

　ここで、日本からペルーへの日本人移民中全国一を占める沖縄県出身移民について、その歴史に若干触れておこう。

　ペルーへの沖縄県出身移民は、全国より7年遅れて、1908年（明治39）に36人（男性のみ）で開始する。初回移民はペルーの西部リマ県の海岸地域にある棉花耕地への契約移民であった。以後はリマ市南部のカニエテ耕地等へのサトウキビや棉花栽培などの契約移民が多くなる。契約期限が過ぎると、沖縄県移民は職業を農業から商業やサービス業へと転換し、リマ市やカヤオ市など都市とその周辺に定着するようになった。

　その後も、ペルーへの移民は契約移民、のちに自由移民として多数送り出された。かれらは男子単独か夫婦による出稼ぎ移民であり、短期間にできる限り多く金を儲けて帰国することを目的としていた。そのため、地方の耕地（アシエンダ）では賃金が稼げず、リマ市を中心とした首都圏へ進出し、飲食店や雑貨店などの商業を営んだり、理髪店を構える移民が多くなった。しかし、このような日本人移民の都市への集中が地元住民の反感を買い、排日運動にまで発展した場合もしばしばみられた。

　沖縄県からペルーへの移民数をみると、第二次世界大戦前には400人台から

800 人台、全国比においても 40%台から 70%台を占める年次が多かった。戦後、県からペルーへの移民は日本本土より早く 1948 年（昭和 23）の 1 人から開始された。以後、ペルーへの移民は二世など近親呼び寄せの形態がほとんどで、年次による変動が激しく、多いときには 80 人台から 90 人台、少ないときには 10 人から 1 桁台であった。沖縄県の移民統計によると。戦後ペルーへの移民数は合計 733 人であった。

5 おわりに

以上、中南米への日本人移民に関し、中南米への日本人移民の概説、中米メキシコへの日本人移民の事例、南米ペルーへの日本人移民の事例について、基礎的な実証性を重視した歴史地理学的な記述を試みた。しかし、シンポジウム「日本人と海外移住」のテーマの分担としての「中南米の移民」としては第二次世界大戦前の日本人移民の歴史と実態をわずかに触れたに過ぎなかった。その結果、明らかになった主な点は以下のとおりである。

外務省が「海外旅券下付表」より算出した中南米 13 カ国の第二次世界大戦前 50 年間（1892 ～ 1941 年）の移民総数は 244,946 人であった。この日本人移民数を国別にみると、1 位はブラジル、2 位はペルー、3 位はメキシコ、4 位はアルゼンチンであり、ここまでがベスト 4 で全体の 98.9% をも占めた。

昭和戦前期 1940 年（昭和 15）時点の日本人移民の州別国（地域）別男女別海外在留者数をみると、中南米の日本人移民数は 22 万 6,847 人で、全世界（759,842 人）の 30% を占めた。その内訳は男性が 124,064 人、女性が 102,783 人で、男女の比率は男性が 54.7%、女性が 45.3% であった。男性が女性より 21,281 人多く、男性中心の出稼ぎ型移民であったと言えよう。

また、同統計によると、中南米の国別日本人移民数は 1 位がブラジル、2 位がペルー、3 位がアルゼンチン、4 位がメキシコで、ここまでがベスト 4 で全体の 98.7% をも占めた。

最後に移民研究を長年つづけてきた者として、中南米への移民に限らず、忘れ去られようとしているかつて世界に羽ばたいた日本人移民について、一世移民を中心とした移民の記録を、アーカイブとして保存し保管しておくべきものと考える。今後、日本人の移民研究について中南米に限らず、「移民学」と称

してもよい学術研究面での若い世代の研究者の輩出を期待したい。

［参考文献］
石田 雄．1973.『メヒコと日本人』，東京大学出版会.
石川友紀．1982.「ペルーにおける沖縄県出身契約移民の空間移動と職業の変遷」，琉球大学
　　法文学部編『琉球大学法文学部紀要』，史学・地理学篇，第 25 号，123-166.
石川友紀・米盛徳市共著．1984.「ペルーにおける沖縄県出身自由移民の都市集中と職業構
　　成の変遷」，同上編『同上紀要』同上篇，第 27・28 合併号，17-138.
石川友紀．1991.「ペルー日系人社会の歴史と実態」，『地理』第 36 巻第 2 号，35-43，古今
　　書院.
石川友紀．1997.『日本移民の地理学的研究』，榕樹書林.
石川友紀．2016.「メキシコへの沖縄県出身移民の歴史と実態」，『南島文化』第 38 号，
　　29-45，沖縄国際大学南島文化研究所.
沖縄県文化観光スポーツ部交流推進課編．2012.『国際交流関連業務概要』，平成 24 年 3 月，
　　沖縄県.
キクムラ＝ヤノ，アケミ編．2002.『アメリカ大陸日系人百科事典』小原雅代訳，明石書店.
国本伊代・中川文雄編著．1997.『ラテンアメリカ研究への招待』，新評論.

■■ **次へのステップ** ■■ ……………………………………………………………………

1. 日本人移民は中南米にどのように広がっていったのだろうか、まとめて
　みよう。

2. メキシコへの移民とペルーへの移民の出身県が異なっているのは、なぜ
　か考えてみよう。

3. 中南米の主要な移民受入国 4 カ国と日本との関係を調べてみよう。

日本のペルー人

　現在、50,000人近いペルー人が日本で生活している。その多くは、1990年の「出入国管理及び難民認定法」の改正により、三世までの日系人とその配偶者などに就労制限のないビザが発給されたことから、非熟練労働者として日本での生活を開始した、いわゆるデカセギの人たちである。当時のペルーは、経済的混乱を極め、テロも横行しており、多数の日系ペルー人が緊急避難的に日本をめざした。

　デカセギ・ペルー人、ブラジル人は、日本での高賃金の魅力から、それまでの職業や社会的地位とは無関係に、東海地方や北関東の工場で自動車・家電の製造などに従事していた。数年後にまとまった資金を得て帰国し、起業を試みる者も見られたが、バブル崩壊後の日本の景気後退にともない、デカセギ生活は次第に長期化していった。ペルーから家族を呼び寄せたり、日本で新たな家族を作ったりしながら、各地にペルー人の小さなネットワークも生まれていった。他方、時間給による非正規雇用・単純労働の現場では、日本語の必要性も乏しく、ペルー人特有の生活習慣や不法就労者・偽日系人などの問題もあり、日本社会との軋轢も少なくなかった。それでも、職場の日本人からの信頼を得、地域の行事でペルーの踊りや料理を披露するといった努力を重ねてゆくペルー人も現れ、徐々に日本社会との関係が芽生えていった。また、子供達の就学を機に、日本で彼等の将来を拓くための道を摸索する家族も少なからず見られるようになっていった。

　リーマンショックや日本政府による帰国支援策、日本国籍取得者の増加などの影響もあり、在日ペルー人数は2008年の59,723人をピークに減少傾向に転じたが、ブラジル人ほど極端なものとはならなかった。近年、少子高齢化による人口減少・労働者不足が議論され、日系四世に日本就労の道を開くための新たなビザ発給が具体的に計画される中、日本のペルー人数はほぼ平衡状態になってきており、ブラジル人の場合には既に微増傾向がうかがえるまでになっている。

　2016年末の在日ペルー人47,740人については、7,571人の愛知を筆頭に、神奈川、群馬、静岡、埼玉、栃木、三重の7県に3,000人を超える集住が見られ、北関東から東海地方への重心の移動や、神奈川・埼玉、近畿地方などへの拡散傾向も観察されるが、その就労形態、居住地域については、デカセギ初期から極端に大きな変化は見られない。もっとも、大泉や保見団地といった目に見える形での大規模な集住形態を現在でも見せているブラジル人とは対照的に、日本のペルー人は、必ずしも日本社会に積極的に適応してきたとまでは言えないものの、永住傾向も強く、時とともに極めて見えづらい存在となってきている。

　近年、デカセギ世代の高齢化への対応が摸索される一方で、ペルー的な家庭環境と日本の学校・社会の間に成長してきたペルー系第二世代の社会参加が広がりをみせ、ダイバシティーの重要性が認められる中で、その活躍が期待されている。

（柳田利夫）

第7章

満洲移民の生活世界
——集団引揚げ、中国残留を中心に

蘭　信三

1　はじめに

　「戦争と移民」は移民研究の重要なテーマのひとつである（島田 2004）。国境を越えて移動する移民にとって、戦争は時として祖国と母国を引き裂くような困難をもたらすからだ。とりわけ、海外への移植民政策が海外膨張主義[1] と結びついていた戦前の日本人移植民にとって、それはある種の宿命のようなものであった。たとえば、祖国と母国が戦った第二次世界大戦中の日系アメリカ人の強制収容はその代表的な例であろう（竹沢 1994/2017）。また、勢力圏以外のアジアへの移民もアジア・太平洋戦争における日本軍の戦線拡大で戦争協力を強いられ、敗戦後は強制送還されて家族は引き裂かれ別々の人生を生きることを強いられた（大野 1991, 津田 2009）。さらに、勢力圏や植民地への移植民は、内地への総引揚げを強いられるという、より根底からの影響を受ける結果となった（若槻 1991/1995）。

　終戦直前に地上戦が戦われた「満洲国[2]」へと移住していた満洲移民（開拓民ともいう）たちは、戦争と国家の狭間でもっとも翻弄された人びとであった。満洲移民の語りを早い時期から聞き取った山田昭次によれば、その語りは1945 年 8 月のソ連軍侵攻後の「逃避行」から始まると言うほどであった（山田 1978）。というのも、その逃避行から半年ほどの間に開拓地にいた満洲移民たちの 36％もが亡くなるという悲劇に見舞われた。そしてそれだけでなく、生

き残った人びとのほとんどが内地に引揚げた後も、13,000 人を超える女性と子どもたちが戦後 30 年以上にわたって中国に「残留[3]」することを強いられたからである。

　本章は、このように戦争に大きく翻弄された満洲移民たちの生活世界と、その前提となった移民事業の歴史的背景を中心に概観していきたい。

2　帝国崩壊──引揚げか中国残留か

■ 1945 年 8 月 9 日以降の日々

　1945 年 8 月 8 日深夜、1,600,000 人ものソ連軍が突如満洲に侵攻してきた。その多くがソ満国境という辺境の入植地（開拓地）に暮らしていた農業移民（開拓民）たちにとってそれは衝撃的な出来事となった。満洲国の各県公署から発された「避難命令」[4]を受け、開拓団の大半は開拓地を脱出し、ハルビンや「新京」（現長春）などの大都市へと向けて避難していった。ソ連軍や中国の「匪賊[5]」や暴徒から逃れるため、夜間に幹線から離れて山中をさまよう行軍は、多くの犠牲者を出す「死の逃避行」となった（蘭 1994）。

　そもそも、関東軍や満洲国を後ろ盾とし、入植地の強制買収や強制立ち退きなどの強権的な入植の経緯[6]などによって、日本人開拓民は在地の中国人農村や朝鮮人集落から孤立しがちだった。そのうえ終戦間近に行われていた農作物の供出や勤労奉仕に対して中国人農民の反感はたかまっており、彼らの包囲網のなか、開拓民たちは植民地的支配への中国人農民の敵意の矢面に立たされていた。しかも、逃避行の直前に開拓団のリーダーで、家族の柱であった約50,000 人の男たちは関東軍[7]に「根こそぎ動員」[8]されていた。

　男たちの不在、開拓地周辺の敵意、ソ連軍の侵攻、翌々日（8 月 17 日）の満洲国崩壊、といった植民地的状況で迎える敗戦のなかで、開拓地に残された人たちは日本による満洲国支配のしっぺ返しを一身に背負わされていた。暴徒化した農民や武装した「匪賊」たちの「襲撃」のなか、女性と子どもを中心とする開拓民たちは逃げまどい、大都市に向かう逃避行のなかで難民化していった（蘭 1994）。

■敗戦から引揚げまでの難民期

　残留婦人などへの聞き取りや開拓民が記した手記を見ると、その一カ月にお
よぶ逃避行が70年前に起こったこととはとても信じ難いような、まさに「生
き地獄」であったことがわかる。たとえば、家財をはじめ奪われるものはすべ
て掠奪され、強姦され、殺されるという惨状のなか（藤原 1949/2002）、進退窮ま
って「集団自決」を決行した開拓団や[9]、開拓団員の生存のために女性をソ連
軍などに「提供」した開拓団も少なくなかった[10]（猪股 2015, 同 2018）。さらに
は、逃避行のなかで足手まといとなった子どもや老人や病人を置き去りにした
り、自ら手をかけて殺したり、川に放り込んだりして[11]、自らが生きんがた
めに逃げまどった。無政府状態とも思える無秩序のなかでの逃避行は、まさに
生きるか死ぬかという「死と生が隣り合わせ」の日々だった（蘭 1994）。

　戦乱と混乱の1カ月が過ぎ9月後半には治安がある程度回復した。難民化し
た満洲移民たちの多くは各地の収容所に収容され、初期は日本人居留民会[12]
による支援に助けられ苦況をしのいだ。しかし、居留民会もソ連軍による暴行
や掠奪等から自分たちを守るのが精一杯となっていった。

　収容所に避難した満洲移民たちは、体力のあるものたちは日雇いや雑業など
で糧を得るか、ソ連軍の駐屯地近くでのゴミ拾い等によって生き延びていた。
しかし、迫りくる寒さと食糧難と伝染病（発疹チフス）の蔓延によって、再び
「死と生が隣り合わせ」の状況に陥っていき、収容所のなかは「死が日常化」
した状況へと化していった。ちなみに、応召された50,000人の男性を除く全
開拓団関係者220,000人のうちの約76,000人（36％）にのぼる人たちがこの半
年あまりの間に亡くなっていった（蘭 1994）。

　たとえば、避難民が多くたどりついた三江省方正県元伊漢通開拓団の空き
部屋につくられた収容所の状況を見ればその惨状がわかろう。すなわち、翌
5月までに収容された総人員8,640人のうち、ソ連兵に拉致されたもの460人
（5.32％）、自ら脱走したもの1,200人（13.89％）、自決・病死したもの2,360人
（27.31％）、「満妻」[13]になったもの2,300人（26.62％）、ハルビンに移動したもの
1,200人（13.89％）、現地に残ったもの1,120人（12.96％）であったという（満洲開
拓史復刊委員会 1966/1980 488）。

　わずか8カ月の間に27％が病気や自決で亡くなり、中国人農民の妻になっ

たもの（当時はこれを「満妻」と呼んだ）が約27％にものぼり、ソ連兵に拉致された5.32％を加えると、じつに60％近くが大変な状況に置かれていたのである。このような絶体絶命の状況のなか、病気になった人、助ける人が誰もいない弱者たちは、死を待つか、あるいは自決するか、「満妻」になるなど誰かを頼って生きるしかなかったのである（蘭1994, 安部1970）。

■集団引揚げか、中国残留か

　1946年5月、初夏の始まりとともに満洲からの集団引揚げが始まった。上記のような経緯で中国人家庭に身を寄せていた日本人女性たち（「満妻」）の少なくない人たちもこの時に引揚げたと思われる。この集団引揚げは、46年6月から始まる東北をめぐる国民党と共産党の内戦下、それを有利に戦うために国民党とアメリカ軍の協力の下に行われたものであった。当初日本人の現地定着を望んだ日本政府も、満洲における日本人の状況は悲惨であることがわかると、方針を転換しGHQに外地在留邦人の帰国を陳情していた。そもそも米国は、ヨーロッパにおけるドイツ人の「追放」（引揚げ）をモデルとし、1943年の段階から日本人の引揚げについて検討していた[14]。そして、終戦後の1945年10月からの上海会議で国民党とその送還方針や具体的な実施計画をすり合わせ、再開された国共内戦の作戦と人道的な見地から日本人の引揚げを実現させたという（佐藤2013）。

　この集団引揚事業は、前期集団引揚げと後期集団引揚げの二期に分かれて遂行された。前期は1946年5月〜48年12月で、この期間に満洲の日本人は大半が帰国した。だが、この前期引揚げは国共内戦が終結し、東西冷戦が始まり、引揚げを担ったアメリカ軍の中国からの撤退等によって中断された。

　後期引揚げは、中国側の呼びかけにより赤十字など双方の民間団体によって1953年3月に再開が話し合われ、7月から実施された。だがこれも日中関係の悪化で1958年に中断された。この期は、留用されていた技術者・医療関係者の引揚げを中心とするとともに、前期に引揚げられずに残った人びとのなかで帰れる人たちが帰国した。

　だが、この最後のチャンスに帰国を諦めた女性たちがいた。中国人家庭に入り、中国人夫との間に子どもが生まれ、祖国をとるか子どもをとるかという究

極の選択を強いられ、帰国を断念した女性たちであった。この後、1972年に日中間の国交が正常化するまでの永い間、中国への残留を強いられた女性たちこそが「中国残留婦人」であった。なお、現地の中国人に託されたり、両親や近親者と生き別れて拾われたり、奪われたり、売られたりして残された子どもたちを「中国残留日本人孤児」という（蘭2009）。後期引揚げの中断の結果、約13,000人を超える残留婦人と残留孤児とが中国への残留を強いられたのである[15]。

3　満洲移民事業の展開

■農村経済更生運動と満洲移民事業

　そもそも、満洲への農業移民の発端は、1932年3月1日の満洲国の「建国[16]」にあった。建国によって、それ以前の1920年代から日中間の火種となっていた土地商組権問題[17]が解決され、日本人農民の入植が可能となったからだ。むろん、これによって満洲移民事業がすぐに展開されたわけではないが、満洲への入植にあたっての最大の難問が解消し、その下地が整ったわけである。

　満洲国の建国当初、反満抗日勢力の反抗に悩む治安当局（関東軍）が、反満抗日ゲリラの潜む北東部満洲に日本人農民を入植させ、当該地域の治安と日本的秩序を確保したいという屯田兵的な企画を持っており、それがこの事業の根幹となった。そしてこの関東軍の案と、加藤完治[18]の満洲移民論とが出会うことでそれは政策化されていった。

　だが、経済合理的に考えれば、日本人の満洲への農業移民は不可能だと考えられていた。生活水準が低くコスト面で競争力があり、かつ在来農法に長けている中国人農民や、農業生産技術に長ける朝鮮人農民と比較し、競争力で見劣りのする日本人農民を入植させるのは政策として合理性に欠けており、政権中枢でも反対意見が強かった。そのため、初期5年間は500名規模の試験移民という位置づけでのスタートだった。当時ブラジルには20,000人の移民が送出されていたことと比較すると、その政策面での位置づけの違いは一目瞭然であった（蘭1994）。

だが、二・二六事件（1936年）で事態
は大きく変わった。「満洲移民は可能か
不可能か」という議論から「満洲移民は
必要だ」という議論へと転換した。しか
も1934年にブラジルで移民制限法[19]が
施行されてブラジル移民送出が難しくな
ったことが追い風となり、農村の過剰人
口の受け皿として満洲が大きくクローズ
アップされていったことを見落としては
ならない。

　折からの世界大恐慌（1929年）で日本
農村は大不況に襲われ（1930年～）、おま
けに冷害が数度にわたって東北地方を襲
っていた。負債にあえぐ農村の立て直し
対策として、農林省は1932年より農村

写真-1：初期の試験移民の募集ポスター
（出典：満洲開拓史復刊委員会　1966/1980）

経済更生運動を実施していた。同年に始まった満洲移民事業は新設の拓務省が
担当しており、当初は別々に実施されていた。だが、二・二六事件によって
その壁が取り除かれ、満洲移民事業と農村経済更生運動とが合体化されていっ
た。

　農村経済更生運動は、農業経営や農家生活の合理化や節約などの経済合理的
な工夫や努力によって農村の建て直しをねらっていたが、農村の苦境はなかな
か打開されなかった。二・二六事件以後に軍部ファシズムが台頭し、満洲移民
事業は国策化され、いよいよ両者が結びついたわけである。有力省庁の農林省
と結びついた満洲移民事業は本格移民へと大きく展開していった。1939年に
は満洲開拓の基本政策である「満洲開拓政策基本要綱」が策定され、それに先
立つ1937年には満洲拓殖公社という移民送出機関が整備されるなどその送出
体制が整えられ、満洲移民事業は本格化していった。

■満洲移民事業の概要

　満洲移民事業は、試験移民期（1932-36年）、本格移民期（37-41年）、崩壊期

写真-2：満蒙開拓青少年義勇軍募集（1938年）
（出典：満洲移住協会（1938/1998年）

（42-45 年）という三期に区分されるが、それらはそれぞれ満洲国の建国、二・二六事件、そして太平洋戦争の開戦を契機としていた。だが、皮肉にも移民事業を下支えする相対的過剰人口問題は日中戦争の拡大によって解消され、戦時景気のなかでむしろ農村の「労働力不足が浮上」していた。基幹労働者である 20 代 30 代男性の徴兵、女性の労働力としての動員、総力戦体制下での経済統制のなかで、労働力不足が深刻化していく。

1941 年 12 月 8 日の真珠湾攻撃を端緒とする太平洋戦争によって事態は泥沼化していき、満洲への農業移民の送出も次第に困難となっていく。1937 年には七大国策として「二十ケ年百万戸送出計画」（5 百万人計画）が打ち出されたわけだが、それは労働力不足に悩む農村の現実と大きく乖離していた。戦線の拡大にともなって、内地の労働力不足を埋めるため植民地労働者の募集、朝鮮人や中国人の徴用、「強制連行」へとエスカレートしていったのは周知のことである。そのようななか満洲への農業移民の送出は次第に難しくなっていき、後述するようにその後半期は満蒙開拓青少年義勇軍によってほぼその半分が補塡されていった。

■満洲移民事業に付与された特性

ここで、満洲移民事業に付与されたその特性を見てみよう。先述したように、北米移民や南米移民は主として西日本から送出された農業労働者としての移民だったが、帝国の勢力圏への移民は植民地統治機関の官僚や重化学工業の

テクノクラート、都市の中小商工業者としての植民者がその中核にあった。満洲移民事業は長野県や山形県など東日本から主に送出された、勢力圏では数少ない農業移民であり、この点が大きな特徴であった。

　そもそも満洲移民には、ロシアのコサック兵や明治初期の北海道への屯田兵のような国防を担うという役割が本来的に期待されていた。満洲移民事業は満洲国建国をうけて、関東軍によって企画され、二・二六事件によって国策化されたことを見ても了解されよう。反満抗日ゲリラ地区への大量の入植に象徴されるように[20]、満洲国の治安維持、対ソ連への防衛、軍隊を支える兵站基地的な役割が主に担わされていた。他方で、急増する都市人口の食糧基地として都市周辺へ入植させられた開拓団や総力戦下の食糧増産の要請のもと主に南満の豊かな平野部への大規模な入植があったことも無視できないことだが（小都2008）。

■投影される満洲移民

　このように満洲移民は、在地の中国人農民や朝鮮人農民から見れば、日本の軍事支配や土地侵略を体現する植民者であった。だが当の日本人移民たちにとっては、農業移民として満洲に渡るに際しては、様々な動機があったし、「夢」が投影されていた。

　筆者は、1985年から3年間にわたり、熊本の戦後開拓地に再入植した人たちに満洲へ移民した動機について調べたことがある。その入植動機は多様で、たとえば、経済的に苦しかったから、内地の人間関係から逃れるため、役場・県庁等に進められたから、徴兵検査に不合格だったので社会的な名誉を回復するため、結婚や家族について等々というものだった。他方で、独立・自立したかった、広い土地で農業がしたかった、満洲に憧れて、お国の役に立ちたかった、等々もあった（蘭1994）。

　そこから、満洲移民は人びとの様々な思いや社会の動きが投影されているものと判断されよう。たとえば、満洲事変後（1931年）の社会に拡がる「満洲熱」によって、農村恐慌下で閉塞している日常からの逃避があった。それだけでなく、将来への夢や野望や希望であったり、青少年層が主であったが、「理想国家・満洲国」というプロパガンダによる理想としての満洲移民であったり、国

策としてのそれでもあった。これらは、何よりも、国策移民としての側面が大きかった。国策であるからこそ、「お国のために」と満洲に移住したわけだし、理想と希望をそこに見いだした。同時に、相対的過剰人口の排出先でもあり、ブラジル移民で表象された「蒼氓の民 (21)」としての棄民的な側面も共通していたことは言うまでもない。

　移民事業の前期は、大陸雄飛の夢を抱く主体的な希望者を中心に移民団が構成されたが、37 年の日中戦争の勃発、41 年の太平洋戦争への突入とともに、労働力不足／人手不足が厳しくなった。移民希望者を待っていては「二十ケ年百万戸計画」はもちろんのこと、年次計画も達成不能だった。そこで、当局は、総力戦体制が社会にゆきわたる状況を巧みに利用して、年次計画に沿って人数の「割り当て」という方式をとった。政府は各府県に目標値を設定させて割り当て、府県は各市町村に割り当て、市町村は各地区に割り当て、地区では有力者を中心にして送出候補者をあぶり出していった。戦時体制の下に当時再編されつつあった農村共同体の共同体規制を使っての、まさに「強制としての満洲移民」、あるいは「動員としての満洲移民」だった。それに、総力戦体制下の経済統制によって失業し転業を強いられた転業者たちも満洲移民へと送出された。たとえば、東京転業開拓団は東京の有名な商店街の中小商店主たちの転業によって組織された開拓団だった。

　大人の満洲移民たちはこのようにして人員が確保されていった。しかし、総力戦体制のなか次第に移民希望者も送出候補者も払底してしまい、その確保が至難となっていく。そしてその矛先は少年たちへと向かった。それが満蒙開拓青少年義勇軍という制度であった。満洲移民は約 270,000 人が送出されたが、その 2 割強の約 57,000 人が満蒙開拓青少年義勇軍であった。総力戦末期には、成年の兵隊の絶対数が不足し志願した少年兵によって補充されていくが、満蒙開拓も同様であった。当初、満蒙開拓団は徴兵を免除されると言われており、徴兵逃れとしての側面もないことはなかったが、1945 年 8 月には「根こそぎ動員」で開拓地のほとんどの成人男性が招集された。そして結果として彼らの多くが「シベリア抑留」という苦難を経験することになる、歴史のアイロニーといえよう。

写真-3：長野県飯田市を行進する満蒙開拓青少年義勇軍原中隊（1942
年5月撮影）」
（提供：飯田市歴史研究所）

■モデルとしての分村移民・分郷移民

　満洲移民は、当時の内地の小さな村程度の300戸でひとつの開拓団が組織さ
れることを標準とされていた。当初、全国から応募された人びとによって開拓
団が組織されていたが、次第に地縁的結びつきを重視した同県、同郡、同村出
身者から組織される開拓団へと移行していった。満洲へもっとも多数の農業移
民を送出した長野県が、第5次開拓団（1936年）で県単独の開拓団を組織する
と、以降は府県単位のそれが主流となった。また、1938年より分村移民が推
奨されていった。長野県大日向村が村単独の開拓団を組織して送出すると、こ
のタイプのモデルとされ、舞台化されるなどの戦時高揚のプロパガンダの一環
に仕立て上げられていった。なお、郡から送出する開拓団を分郷開拓団とさ
れ、二つのタイプが理想とされていった。

　先に述べた「割り当て」は、分村移民や分郷移民の際に大いに効果を発揮し
た。それは、母村の経済更生運動の一環として分村移民や分郷移民が企画され
ると、送出移民数が農村経済更生運動による補助金と結びついていた。このた
め、分村移民・分郷移民という地縁の結びつきによる開拓団（分村）の組織化

が、「割り当て」の強化となり、満洲移民は「強制」されていった。この分村移民方式は、「母村」と「分村」の連携による団員の定着と補充に効果的で、内地の母村にも満洲の分村にも「合理的」なシステムと宣伝奨励されており、まさに満洲移民送出のモデルとなっていった。

　ここで忘れてならないのは、総力戦下の国策によって展開されていた満洲移民も、ハワイ移民からブラジル移民まで通底していた相対的過剰人口問題との関係が色濃かったことだ。それに、満洲の治安維持と、大恐慌から昭和恐慌によって深刻な失業問題とそれに影響された内地社会の社会不安の解消でもあった。

　このように見ると、満洲移民事業は、「満洲国建国」によって企画された当時と、総力戦の本格化した時と、崩壊期とでは、その性格が異なっていたことがわかる。すなわち、試験移民期は屯田兵的な防衛や治安維持の側面と大陸雄飛的な側面が色濃く、本格期には資格条件が緩和されて「満洲熱」にあおられた幅広い階層の人びとの希望に満ちた植民と総力戦体制下での動員的な側面が混ざり合い、そして崩壊期には人手不足で移民希望者が激減したため、「強制」として、「動員」としての側面が色濃くなったことだ。

4　満洲での開拓生活

■開拓地での生活

　満洲への日本人農業移民は、上述のように様々の動機と背景をもちながらも、その文脈から、基本的には「帝国主義の尖兵」としての入植となっていた。何よりも、その入植地の6割もが既耕地への入植であり、しかもその土地は関東軍（後には満洲国当局）による安値での強制的な買収によるものであり、そこで耕していた中国人農民は辺鄙な土地へと追い払われていった。当初の加藤完治案では未耕地への入植が唱われていたが、結果としては多くが既耕地への入植となった。日本政府は、満洲移住への補助金を各戸当たり1000円、そして配分された土地は10町歩から20町歩であった。8割の団員は農家の二、三男の若い男性で、内地から娶った新妻との夫婦単位の核家族、年雇いの中国人苦力をひとり雇いながらも、全部の農地を耕すだけの労働力はなく、結局は

写真4：満洲大日向分村開拓団の個人住宅（熊谷元一1943年撮影）

（提供：長野県阿智村）

中国人農民に小作に出すというパターンが一般的であった。

　他方、中年の夫婦に青年期の子どもを多く持つ大家族の場合は、自分たちで耕作することができた。だがそれでも、短期間の農繁期にはたくさんの苦力を雇っての農家経営で、人件費の負担は相当なものであった。地主化とともに、雇用の人件費負担が満洲移民のおおきな特徴であった。

■開拓生活の困難

　内地農村の役場と農協を兼ねたような役割を果たす開拓団本部を中心に、開拓団は、食料や生活物資はすべて配給されており、食うに困ることはなかったが、そこはパラダイスではなかった。満洲奥地の開拓地での生活は、寒さへの適応や、水の違い、住居の違いなど、生活環境の違い（落差）への適応に大変苦労した。先述したように、若い夫婦家族は、労働力も農家経営の経験もなく、内地農村と条件が大きく異なる満洲での農業経験もまったくないという状況で、農業経営での黒字は望むべくもなかった。開拓団によって違いはあったが、多くが付近の山の山林伐採、農産品加工品の販売、出稼ぎ等で生活費を補っていたという（今井2005）。もちろん、内地の当時の農家も、農業だけで生活が成り立つ農家は少なく、ほとんどは農業、農産加工品、手間稼ぎ、出稼ぎ等

の組み合わせで生活を工面していた。内地で理想とされた大規模な自作農を満洲に求めたが、それは絵に描いた餅だった。営農と社会的経験に長けた団幹部を中心に、開拓団本部が直接経営する農地を小作に出し、農産品加工品で「成功」した開拓団だがあった [22]。だが、多くは農産加工品の販路も出稼ぎ先も確保できず、開拓団の「成功」は難しかった。

環境の変化で病気にかかったり、事故にあったりと、開拓地での生活は生やさしいものではなかった。極寒の冬、長く閉ざされた環境になすすべもなく、新たな環境に馴染めずに「屯墾病」という鬱病のような病気にかかって退団する人びとも少なくなかった。中国人農民や朝鮮人農民の犠牲の上に成り立った開拓団だが、入植した人びとからも多くの犠牲を出していた。零細で困窮していた内地の生活よりましだと思って移住してきた人びとには、満洲の開拓地での生活は厳しいものだった。自作農が理想とされたが、労働力不足、満洲に適した農業技術の不足、農業経営の未熟さ、労賃の圧迫等々から、結局は多くが自作農を諦め、次第に中国人農民や朝鮮人農民に土地を貸して地主化していった。

開拓地での生活の根底には「治安への不安」があった。開拓団は武器を所持しており、団幹部としての指導員のなかには農事指導員とともに軍事指導員がいたのも大きな特徴だった。満洲国全体を見れば、「反満抗日勢力」は次第にシベリアや関内へと撤退していき、治安はかなりの程度確保されていった。治安が確保され、同時に移民の大量化のために、試験移民期には軍事訓練を受けた在郷軍人が移民候補資格としてあげられていたが、本格移民期には普通の農民が満洲移民として送出されるようになった。

■近代家族の誕生、植民地での近代化

先述したように、満洲移民は未婚の二・三男の入植が主だったので、「開拓花嫁」の招致は重要な課題だった。多くは出身地に一時帰国してその近くで見合い結婚をして呼び寄せた。一方で、開拓団の未婚男性との結婚候補の養成を目指して「開拓女塾」も開設され、多くがその花嫁となった（杉山 1996）。満洲への移住を夢見て「開拓女塾」に自発的に応募するひともいたが、目的も理解せずに満洲へと送り出され、結婚を強いられた場合もあった。

ともあれ、開拓地では舅も姑もない夫婦だけの家族という「近代家族」が誕生した。伝統や古いしきたりから離れ、夫婦と幼い子どもによる核家族の生活が営まれ、それは戦後の日本の夫婦家族を先取りしていた。

　開拓団に欠かせない農業指導員や会計指導員や医師や看護婦などは内地からの移住者（雇用者）が大半であったが、開拓団内で自前の後継者を育成することもなされた。ゆとりのある家族の場合、国民学校を卒業した子どもを農学校や看護学校等に送り出し、資格をとらせて、開拓団の指導員や看護師や保健師に育てあげていた。彼ら／彼女らは、内地にいればそのような資格が得にくかったような階層だったが、専門的な資格を満洲で獲得し、専門職として働くチャンスを得た。彼ら／彼女らは植民地的特権を活かしての近代的な資格を獲得し、団経営や地域生活に欠かせない人材として開拓地の運営に必要な人材となっていったわけである。

■階級関係と民族関係

　繰り返し述べているように、満洲移民は自作農主義を理想としたが、結果として地主的経営へと転じた。初期の加藤完治案では、自作農として中国人農民や朝鮮人農民との「農民同士の友好的関係」を構築することが期待されていた。だが、多くの場合が日本人地主と中国人小作農民・朝鮮人小作農民・苦力という関係にあった。中国人農民や朝鮮人農民に寄生した日本人地主という、民族関係と地主小作という階級関係の二重が重複していたのである。元満洲移民にインタビューすると、「われわれは中国人農民とも朝鮮人農民とも関係がよかった」と述べる場合が少なくない。だが、それは、この入植がそもそも土地侵略であり、かつこのような地主小作という階級関係と民族的な支配被支配関係の上に成り立つものであったという現状認識が弱かったことの反映とも言えよう。

■開拓生活の「成否」の分かれ目

　北米や南米のプランテーションに農業労働力として移民した人びとに比べると、満洲移民たちは初めから自分の広大な既耕地を持ちながらの開拓生活であ

り、それは比べようもないだろう。だが、厳しい寒さや土壌の違い、農業技術の違いなどの環境の変化に適応する困難は同じものがあった。

　しかし、入植から時間がたつと、地元への定着度が高まり、農業経験も蓄積され、開拓民のなかでも階層の分化が進み、小作として出しながらも自立できる農家経営を行える人びとや開拓団が登場してくる。それは、多くは開拓団指導者の「力量」、土地の肥沃さ、都市への近接性などの立地によっていたようだ。

　たとえば、急速に発展する首都の新京（現長春）近郊に入植した開拓団などは、蔬菜園芸の指導者が入植し、大消費地を控えていたために農業経営は数年で軌道に乗ったという。他方で、一般の開拓地では、農業収入よりも木材資源への依存や、農産加工品の工夫や販売に依っていた。このように、早期に入植したり、恵まれた条件の開拓地であったりした場合には、それなりに軌道に乗っていたようだが、そうでない多くの開拓団での農業経営は困難に直面していた（今井 2005）。

　その根本には、開拓地周辺の在地農村との関係構築が成立していたかどうかもあった。開拓団は生活物資も農業資材も満洲拓殖公社を通じて購入し、農産物販売もそこを通じてなされていた。その結果、開拓地では現金が不要で、在地の人びととの関係性は希薄だった。生産も生活も開拓団内でほぼ完結し、学校も日本人の国民学校があり中国人の通う学校（学堂）とは別々だった。すなわち、開拓地は日本人コロニーと化していた。唯一、農業労働者の雇用、地主小作が開拓団と地元の在地農民との間で構築された関係があったが、それは非対称的な関係性であった。その結果、差別的で植民者としての特権にあぐらをかいた人びとはじり貧となるが、一方で在地社会との関係や雇用した在地農民との関係に配慮し、「対等で真摯な関係」を構築していった人びとは、在地社会の理解と支持を少しずつ得ていったという。

■植民地都市生活者との比較

　満洲では、大連などの古くからの植民地都市で生活していた日本人たちは、ほとんどが南満洲鉄道株式会社（満鉄）などの大企業のホワイトカラー層と中小商工業者で、近代的な植民地都市での恵まれた生活、植民者としての特権を

享受していたという。しかし、奥地農村での農業移民たちは生活環境の劣悪ななかで、広い土地は持てたけれど、それを有効利用できずに苦闘した日々であった。満洲の日本人都市生活者は植民地の近代的生活を謳歌したのに反し、開拓団の生活は大土地所有という特典だけで、しかもそれも十分生かすことができないものだった。

5　集団引揚者の戦後、中国残留者の戦後

　このような経緯で、満洲移民は日本内地から満洲に移住し、開拓地で暮らし、植民地的状況で敗戦を迎え、大きな被害を強いられたわけである。戦争が終わってもすぐに平和が訪れるわけではなかった。「男たちの戦いが終わると女たちの闘いが始まる」と言われるように、植民地的状況のツケ、敗戦前後の極限状況のしわ寄せは国を離れて移動した植民たち、とりわけ女性と子どもに押し付けられたのだ。そして、生き残った人たちのほとんどは内地に引揚げ、13,000人余の女性と子どもたちが中国残留者として残され、それぞれの人生を生きたのである。

■集団引揚者の戦後経験

　集団引揚者は命からがら祖国に引揚げ、いったんは母村に戻った。恵まれた人びとは郷里に定着し分家したりするが、多くは再び母村を出て戦後1946年から始まった戦後緊急開拓政策にもとづいて国内入植地に入ったり、炭鉱で糊口をしのいだ。国内開拓地では文字通りの開拓生活を始めたが、そこへの定着率は50％にも満たなかった。国内開拓地は山里離れた国有山野や飛行場などであり、農業経営は難しかった。満洲での経験を生かし先進的な酪農などを営んで成功する若干の開拓地もあったが、多くは引揚直後の困窮期にはそこで凌いでも、高度成長期に労働力不足となると都市に移動していった。

　満洲からの集団引揚者たちは、「人生で一番苦しかったのは満洲から引揚げた後の国内での生活だった」と言う。満洲から内地に引揚げるまでは「生きて帰れるか」どうかが心配だったが、引揚げ後の郷里や戦後入植地での日々は生活苦にあえぐだけでなく、周囲に満洲体験が理解されず引揚者への白眼視や差

別がとてもつらかったという。「せっかく生きて帰ってきたのに、祖国は冷たかった」、引揚げの際の悲劇を話しても、「植民地で散々いい思いをしておきながら、何をいまさら泣き言を言うのか」など、体験を理解されないことによる精神的な苦痛であった。したがって、内地の郷土での生活よりも、体験を理解しあえる同じ開拓団同士による不便な山のなかでの開拓生活を望んだ場合も少なくなかった。1954年にブラジルが移民受け入れを再開すると、戦後移民として再びブラジルへと移住した人もいた（蘭2013）。

■中国残留者の戦後経験

「生きるため」に緊急避難として中国人家庭の世話になった女性たちの少なくない人たちは1946年夏に引揚げていったが、その機会を逃し1953年から再開される後期引揚げでも帰国できなかった人たちは中国残留日本人として生きることになった。もっとも、年長の子どもたちは日本人という意識は残るが、年少の子どもたちは中国人として育っていった。残留婦人たちの事情はより複雑だった。当初は「緊急避難としての結婚」であっても、子どもが生まれると、家族の生活のために必死で生きるしかなかった。その過程で次第に中国社会に適応していき日常では問題はほとんどなかったが、子どもたちの進学や就職など人生の節目での差別を感じていた。しかも、50年代から続く政治運動の度に批判され、とりわけ1966年から76年の文化大革命期には「敵性外国人」として苦境に立たされた。一部の農村部では文化大革命の影響は強くないところもあったが、都市部を中心に文化大革命の嵐は吹き荒れ、残留している日本人とその家族は厳しく指弾され、残留日本人、とりわけ残留婦人の望郷の念は強まっていったという。

残留婦人たちの中国での残留生活は、「不安と孤独」に満ちたものであった。「敵国人」として「偽満洲」の地で「一人きり」で生き抜く不安を拭うために、村の人たちに信用されようと努力する必要があったし、「ずっとひとりぼっち」という深い孤独感があった。心のなかの祖国と目の前の子どもの成長によって支えられ、中国農村社会での貧農の生活に「適応」していった。しかし、不安と孤独感は拭えず、ノスタルジアとしての故郷の山川、祖国日本が回想されたという。

もちろん、すべての残留婦人が同様であったとは言えない。それは、彼女らが住んだ地域によって、働いた職場によって、結婚した夫によって、あるいは夫の家族・親族によってどのように受け入れられていったかで、中国での生活（孤独や差別）は異なるからだ。極端に言えば、家族や地域や職場に受け入れられたひとと、差別されたり、文化大革命期に迫害を受けトラウマとなったりしたひとにわかれる。これらの経験によって、想起される記憶は異なってくる。つまり、地域社会、そのひとの生きられた状況によって日本人であるということが異なる意味を持っていたわけである（蘭 1994）。

6　おわりに

　1972 年 9 月 29 日、日中の国交が正常化した。これで、日中に隔てられていた集団引揚者と中国残留者は再び出会うことになる。国交正常化によって中国残留日本人の帰国が可能となり、その一部の帰国が始まったからである。帰国を願っていた残留婦人と年長の残留孤児たちは身元もわかっており、日中双方の家族事情がゆるす人たちは 70 年代に早々に帰国しだした。しかし、身元が不明な残留孤児たち、家族の事情が許さない人たちの帰国は遅れた。とりわけ残留孤児たちは身元がわからず、その肉親捜しを促進するために 81 年から残留孤児たちの「訪日調査」が始まり、帰国が大きく促進された。そして、中国の改革開放政策（1978 年）、海外出国の自由化（1985 年）が出国を促進し（プッシュ要因）、日本社会のバブル経済と労働力不足のなか（プル要因）、多くの残留日本人の家族や関係者の中国からの帰国を促し定住化することになる。いわゆる中国帰国者であり、約 100,000 ～ 150,000 人と推計される新たな人の流れ（還流）が生じたわけである（蘭 2016）。

　このように、戦前の 1932 年に満洲国建国に伴って始まった満洲移民は、敗戦によって集団引揚者と中国残留者とに引き裂かれ、そして 1972 年の国交正常化後に再び出会い、中国帰国者という多数の「帰国」者を迎えるにいたったのである。この満洲移民、集団引揚者、中国残留者、中国帰国者という 70 年にわたる移民の歴史は、戦前戦後の日本人の海外移植民の歴史のなかでも戦争と戦後冷戦体制に規定された、もっともユニークなものであったと言えよう。

[注]

(1) 　海外膨張主義とは帝国主義的な膨張主義を指す。日本の移植民政策において、台湾・朝鮮などの植民地や満洲などの勢力圏への植民はまさに膨張主義の文脈にあった。他方、勢力圏以外の北米移民や南米移民は国際労働力移動の文脈にあった。だが、20世紀前半の海外移植民政策においては、「一等国民」らしく振る舞うことを移民教育の柱としており（大熊 2012）、日本帝国の拡大とともに海外移民も帝国臣民としての意識（時には遠隔地ナショナリズム）を強く持っていくようになった。たとえばブラジルでは、日本人移民も settler colonialism を分有しており、満洲事変以降は「ブラジルの満洲化」が恐れられて排日感情が高まるなど、海外膨張主義の文脈にあると見なされていた。そのため、戦後の海外移住政策ではその点が反省され、平和主義にもとづき、受け入れ国にとって役に立つような自作農や技術者の永住目的の移住が目指された（蘭 2013）。

(2) 　「満洲国」とは中国東北地方に1932年3月1日に「建国」され、1945年8月18日に瓦解した短命の「国家」であった。清朝最後の皇帝溥儀を皇帝に担ぎ、満洲族による民族自決の国家という名目で「建国」を正当化し、満洲族、蒙古族、漢族、朝鮮族、大和民族の五族協和を理念とした。1931年の満洲事変をへて、実質的には関東軍によって「建国」されており、日本帝国の傀儡国家と批判され、国際連盟では満洲国は承認されなかった。だが他方で満洲国を承認した国家は日本以外で17カ国にのぼり、国際関係は一筋縄ではいかないことを示している（山室 1993/2014）。

(3) 　「残留」は主体的な選択を意味する日本語であるが、実態はそれが「強いられた」選択であったというニュアンスを示すために、「残留」と括弧をつけている（蘭 2007）。

(4) 　ソ連軍侵攻を受け、各県公署は奥地農村の開拓団に対して避難命令を指示している。この命令以降、開拓団の多くは大都市に向けて避難をはじめ、大きな被害を出した。一部の開拓団は開拓地付近に避難し、ごく少数が開拓地にそのまま残ったと言われている。

(5) 　「匪賊」とは中国の武装集団化した人びとを指して称された。満洲国建国期以前の満洲社会は武装化した集団が少なくなく、それらを「匪賊」と称していた。一方で、関東軍や日本の治安当局は共産党系の抗日勢力を指して「共産匪」と呼んでいた（塚瀬 1998）。

(6) 　第一次弥栄開拓団は1932年10月の入植日の前日に反満抗日武装勢力に衝撃されて、入植を阻まれ、5カ月後の33年2月11日に入植した。このように、初期には日本人武装移民の入植に対する中国側の抵抗・反発は強かったと言われる（蘭 1994）。

(7) 　国陸軍の部隊である。積極的大陸政策の推進者として独立的な行動をとった。1931年の満洲事変、翌32年の満洲国建国の立役者となり、満洲国政府に対しても「内面指導」によって大きな政治的影響力を持っていた（島田 1965/2005）。

(8) 　根こそぎ動員とは、終戦直前の1945年7月10日に関東軍が約200,000人の兵力補充を行ったことを指す。当時在満日本人男子は350,000人いたが、そのなかから満洲国の行政警護主要産業に従事する150,000人を除く人たちがほぼ「根こそぎ」に徴兵された（防衛庁防衛研修所戦史室編 1974）。

(9) 　集団自決を行った開拓団は少なくないが、熊本の来民開拓団が有名である（部落解放同盟熊本県連合会嘉本支部・旧満州来民開拓団遺族会 1988）。

(10)　敗戦前後の満洲開拓団は、在地の農民や「匪賊」に襲撃されたり、逃避行の際に様々な略奪にあったりと大きな被害を被った。その窮地を切り抜けるため、開拓団が治安の確保や安全な通行との引き換えに女性を「提供」したことはよく知られている。そして、このような集団自決か女性の「提供」かという択一は、当時の窮状からそれは仕方なかった、と説明されてきた。しかし近年この点は、ジェンダーの視点から問い直されている（猪股 2018 山本めゆ 2017）。

(11)　逃避行における惨状に関しては藤原（1949/2005）に詳しいが、NHK スペシャル『忘れられた女たち――終わらない昭和』（1989 年 8 月 29 日放送）の証言が生々しく、平和で景気に沸き立つバブル期を生きる人たちに衝撃を与えた（中島・NHK 1990）。

(12)　日本帝国が無条件降伏し、満洲国も崩壊したのち、在満洲日本人を代表するのは日本人居留民会となった。日本人居留民会は「難民救済員会」を組織して大都市に避難してきた開拓民を救済した。翌 5 月に満洲からの引揚げが開始されると、中華民国政府と共に引揚げに関する事務を担当するなど大きな役割を果たした（高碕 1953）。日本人会と略称されることもあった（蘭 1994）。

(13)　「満妻」とは中国人の妻になった女性を指して当時用いられた呼称である。当時は満洲　在地の人びとをさして満洲人と呼んでいたためであるが、それは単なる呼称ではなく蔑称でもあった。敗戦によって民族の力関係が逆転し、それまで蔑視していた中国下層男性に日本人女性が僅かな金で買われて結婚していったことに対する、日本人男性の屈辱と絶望と、民族を裏切って安全を手に入れた日本人女性への羨望と激しい怒りとが混ざりあった呼称だった（蘭 2007）。

(14)　アジアにおける引揚げはヨーロッパでの戦後の人の移動をモデルとしている。アメリカはヨーロッパで各地に住むドイツ人の追放に関する 1943 年以降の英と東欧の亡命政府との会議を参考にして、アジアでの引揚げ政策を検討し、45 年 10 月以降の中華民国政府との上海会議で具体的な案を策定していったという。（川喜田敦子「ヨーロッパとアジアの戦後人口移動をめぐる構想――日独比較の有効性と妥当性をめぐって」、2017 年 9 月 9 日研究会での口頭発表による。）

(15)　1959 年に「戦時死亡宣告」を受けた人びとは 13,600 人以上であったが、終戦前後に誕生して登録されていない残留孤児たちもあり、行方が把握されていない不明者もあり、それをはるかに超える人びとが残留したと推計されている。なお、1972 年の日中の国交正常化後に日本に永住帰国した中国残留日本人は 2018 年 1 月 31 日現在 6,721 人で、中国に残った孤児は 200 名を超えており、総計で約 7,000 人である。

(16)　「満洲国の建国」は注（2）で説明しているように、国際連盟によっては認められず、それは日本帝国の「傀儡国家」と見なされていた。そのような歴史的な経緯を示すために「建国」に括弧を付した。

(17)　土地商租権問題とは、満洲における日本人の土地取得に関る権利問題。それまで土地賃貸しかできなかったのが 1915 年の日華条約で法的に認められ、「満蒙特殊権益」の中核と見なされていた。だが、これは五四運動のなかで争点となり批准されず、満洲事変にいたるまで在満朝鮮人を巻き込んで、日中間で激しいせめぎあいが展開された。

(18)　加藤完治は、1932 年からの満洲移民送出事業に大きな役割を果たした農本主義者。関

東軍の満蒙開拓移民論を推進した東宮大尉と共に、その移民事業の発足、展開を支えたイデオローグであり、内原訓練所の所長として、満洲移民の精神的柱でもあった。

(19)　1930年以降のブラジルでのナショナリズムの高まりと、満洲事変による日本の満洲領有化に対して「ブラジルの満洲化」を恐れたブラジル政府によって制定された日本人移民制限法。

(20)　第一次弥栄開拓団、第二次瑞穂村開拓団の入植予定地の依蘭における土竜山事件が象徴的な出来事であった。依蘭は松花江の要所で、反満抗日のリーダーであった謝文東の拠点でもあったが、この地区に日本人入植地を大量に確保することへの反発から入植地が謝文東らによって襲撃されたのである。このように、初期の武装化した移民団はゲリラの多い地区へと入植させられた（満洲開拓史復刊委員会 1966/1980）。

(21)　石川達三『蒼氓の民』は、1930年代のブラジル移民を描いた小説で、第一回芥川賞（1935年）を受賞した。それは神戸からブラジルまでの移民船での様子から農場（配耕地）での生活までのブラジル移民の実態を生々しく描き出し、「蒼氓」という言葉がブラジル移民の悲惨さを象徴する言葉ともなった（石川 1935/1951）。

(22)　ほとんどの満洲開拓団は気候・風土・土壌の違いから開拓地での営農に苦労したが、一部の開拓団は開拓経営に「成功」していた。「成功」した開拓団は、開拓地の利点を生かして、畑作、稲作、農産加工、畜産、蔬菜づくりなどを複合的に組み合わせた営農で成功した。それらは模範開拓団として表彰されたし、関東軍に戦闘機を献納するなどの実績をあげた開拓団もあった（満洲開拓史復刊委員会 1966/1980）。

【参考文献】

浅野慎一・佟 岩. 2016.『中国残留日本人孤児の研究』, 日本評論社.

安部公房. 1970.『けものたちは故郷を目指す』, 新潮社.

蘭 信三. 1994.『「満州移民」の歴史社会学』, 行路社.

──編. 2000.『「中国帰国者」の生活世界』, 行路社.

──. 2007.「中国「残留」日本人の記憶の語り」山本有造編『満洲　記憶と歴史』, 京都大学学術出版会.

──編. 2008.『日本帝国をめぐる人口移動の国際社会学』, 不二出版.

──編. 2009.『中国残留日本人という経験──日本と「満洲」を問い続けて』, 勉誠出版.

──. 2013.「戦後日本をめぐる人の移動の特質──沖縄と本土の比較から」安田常雄編『戦後日本社会の特質 ④ 社会の境界を生きる人びと──戦後日本の縁』, 岩波書店.

────. 2016.「多様化する中国帰国者──ポストコロニアリズムとグローバリズムの交錯点」『コスモポリス』, 第10号.

石川達三. 1935/1951.『蒼氓』, 新潮社.

今井良一. 2005.「戦時下における「満州」分村開拓団の経営および生活実態──長野県泰阜分村第八次大八浪開拓団を事例として」『村落社会研究』, 12巻1号.

猪股祐介. 2015.「ホモソーシャルな戦争の記憶を越えて──「満洲移民女性」に対する戦時

性暴力を事例として」『軍事史学』，第 51 巻 2 号．

猪股祐介．2018.「語り出した性暴力被害者——満洲引揚者の犠牲者言説を読み解く」上野千
　　鶴子・蘭信三・平井和子編『戦争と性暴力の比較史に向けて』，岩波書店．

呉 万虹．2004.『中国残留日本人の研究』，日本図書出版センター．

大熊智之．2012.「戦前期の北大関係者と移植民教育——移植民学校への関与を中心に」『北
　　海道大学文書館年報』，7 号．

大野 俊．1991.『ハポン——フィリピン日系人の長い戦後』，第三書館．

岡部牧夫．2002.『海を渡った日本人』，山川出版会．

小都晶子．2006.「日本人移民政策と「満洲国」政府の制度的対応」『アジア経済』，47 巻 4
　　号．

——．2008.「満洲における「開発」と農業移民——第二次松花江「開発」と広島総合開拓団」
　　蘭編著『日本帝国をめぐる人口移動の国際社会学』，不二出版．

加藤聖文．2017.『満蒙開拓団——虚妄の「日満一体」』，岩波書店．

厚生省援護局編．1977.『引揚げと援護　三十年の歩み』，厚生省．

厚生省援護局編．1987.『中国残留孤児』，ぎょうせい．

佐藤 量．2013.「戦後中国における日本人の引揚げと遣送」『立命館言語文化研究』，25 巻 1
　　号．

島田俊彦．1965/2005.『関東軍　在満陸軍の独走』，中央公論．

島田法子．2004.『戦争と移民の社会史 ハワイ日系アメリカ人の太平洋戦争』，現代資料出版．

白取道博．2008.『満蒙開拓青少年義勇軍史研究』，北海道大学出版会．

杉山 春．1996.『満州女塾』，新潮社．

高碕達之助．1953.『満洲の終焉』，実業之日本社．

竹沢泰子．1994/2017.『日系アメリカ人のエスニシティ 強制収容と補償運動による変遷』，
　　東京大学出版会．

中国帰国者支援・交流センター（編）．2005 ～ 2008.『二つの国の狭間で 中国残留邦人聞き
　　書き集 第 1 集～ 5 集』，同センター．

趙 彦民．2016.『「満洲移民」の歴史と記憶——開拓団内のライフヒストリーからみるその多
　　声性』，明石書店．

張 嵐．2011.『「中国残留孤児」の社会学——日本と中国を生きる三世代のライフストーリ
　　ー』，青弓社．

塚瀬 進．1998.『満洲国——「民族協和」の実像』，吉川弘文館．

津田睦美．2009.『マブイの往来——ニューカレドニア・日本　引き裂かれた家族と戦争の記
　　憶』，人文書院．

中島多鶴・NHK 編．1990.『NHK スペシャル 忘れられた女たち——中国残留婦人の昭和』，
　　日本放送協会．

部落解放同盟熊本県連合会嘉本支部・旧満州来民開拓団遺族会．1988.『赤き黄土　地平から
　　の告発　来民開拓団』，同．

藤原てい．1949/2002.『流れる星は生きている』，中央公論社．

防衛庁防衛研修所戦史室編．1974.『戦史叢書 関東軍〈二〉』，朝雲新聞社．

満洲移住協会．1938/1998．『復刻版　拓け満蒙　第2巻』（原版第2巻第3号），不二出版．

満洲開拓史復刊委員会編．1966/1980．『満洲開拓史』，全国拓友協議会．

満蒙開拓を語りつぐ会編．2003 〜 2012．『下伊那のなかの満洲　聞き書き報告集1 〜 10』，
　　飯田市歴史研究所．

《満洲泰阜分村七〇年の歴史と記憶》編集委員会編．2007．『満洲泰阜分村　七〇年の歴史と
　　記憶』，不二出版．

南　誠．2016．『中国帰国者をめぐる包摂と排除の歴史社会学』，明石書店．

山田昭次編．1978．『近代民衆の記録6　満洲移民』，新人物往来社．

山本慈昭．1981．『再会——中国残留孤児の歳月』，日本放送協会．

山本めゆ．2017．NHK・ET特集「告白—満蒙開拓の女たちを見て—性暴力から「満蒙開拓
　　移民」の記憶を問い直す」『ふぇみん』，3169．

山本有造編．2007．『満洲　記憶と歴史』，京都大学学術出版会．

山室信一．1993/2004『増補版 キメラ——満洲国の肖像』，中央公論社．

柳沢　遊．1999．『日本人の植民地経験　大連日本人商工業者の歴史』，青木書店．

読売新聞大阪社会部編．1986．『満蒙開拓団』，角川書店．

読売新聞大阪社会部編．1982．『中国孤児』，読売出版社．

若槻泰雄．1991/1995．『戦後引揚げの記録』，時事通信社．

■■■ 次へのステップ ■■■ ....

1.　満洲開拓団は日本各地から送出された。自分の出身地からどれくらいの
　　開拓団が送出され、どのよう運命をたどったか調べてみよう。

2.　日本の移民史研究において長らく海外移民と勢力圏への植民は区別され
　　てきた。しかし、「ブラジル移民から満洲移民へ」という移植民の流れが
　　物語るようにそれは強く関連していた。その関連性を調べてみよう。

3.　中国残留日本人の帰国と、1990年代以降ブラジルからの日系ブラジル
　　人の出稼ぎ・定住過程とを比較してみよう。

第8章

東南アジアへの移民
——日本優位から対等な関係へ

早瀬晋三

1　はじめに

　明治以降、1941 年の戦争の勃発までに東南アジアに「移住」した日本人は 75,955 人で、同時期に世界各地に「移住」した日本人の 9.8％にあたる。そのうち 69.9％の 53,115 人がフィリピン（ただし少数のグアム行きを含む）に「移住」している。ほかの地域別「移住」者数は、つぎの通りである：フランス領インドシナ 602 人、シャム（1939 年タイに改称）505 人、イギリス領マレー・シンガポール 11,809 人、オランダ領東インド 7,095 人、イギリス領北ボルネオ・サラワク 2,829 人。ビルマ（1989 年ミャンマーに改称）は、イギリス領インドに含まれた（国際協力事業団 1988, 108-09）。自由貿易を推進していたイギリス、アメリカ、オランダの植民地に多く、保護貿易主義をとっていたフランスの植民地には少ない。

　なお、「移住」にカギカッコをつけたのには意味がある。現在、移民といえば、永住を目的として海外に移住する人びとを連想する。しかし、1896 年（明治 29）施行の移民保護法では、労働を目的として海外に渡航する者と定義された。東南アジアへは、はじめ出稼ぎ的傾向が強く、大半の者が、ここで定義された海外出稼ぎ労働者であった。

　東南アジアへの「移民」は、ほかの国・地域と比べ、いくつかの特徴がある。まず、日本人「移民」や日本製商品を受け入れた東南アジア社会が、海域

に属していたことである。日本からの視点で、日本人や日本製商品が優秀であったから現地に受け入れられたと語られることがあるが、流動性が激しく、かつて少人口社会であった海域東南アジア世界では、ヒトやモノの移動が日常的で、「よそ者」は新たな知識や技術などをもたらし、舶来品は生活を豊かにしてくれる歓迎すべき存在だった。つぎに、タイを除き欧米の植民支配下にあり、戦争中に日本軍が占領した地域であったことである。植民支配・占領下では支配・占領された側の視点で残された資料が乏しく、残された資料にもとづけば支配・占領を正当化して語る危険性がある。これら二つのことを念頭におかなければ、東南アジアでの「移民」の実態は理解できない。

2　出稼ぎ労働者・「からゆきさん」から経済進出へ

　16世紀にスペイン人がマニラを訪れ、カトリック布教と植民地支配の根拠地をおいたとき、マニラにはすでに中国人や日本人居住者がいた。また、ルソン島北端の河口・流域には、日本人と中国人が連合した倭寇の基地があった。当時東南アジアでは、鄭和の南海遠征（1405-33年）などを契機として「商業の時代」（1480-1650年）が到来しており、遅れて西ヨーロッパ諸国や日本が参入したことで、さらに交易が活発になった。日本人は、1636年の第4回「鎖国令」が発布されるまでの約30年間に合計356通が発行された朱印状を携えた朱印船によって、タイ、フィリピン、カンボジア、ベトナムなどに渡航し、その数延べ100,000人以上と推定されている。その結果、最盛期にマニラに3,000人、アユタヤに1,500人など7カ所に日本人町が形成されたほか、20カ所以上に日本人が居住していた。その後、日本人渡航者がいなくなるため衰退したが、1708年に宣教目的で屋久島に侵入したイタリア人シドッチは和服帯刀姿で上陸し、マニラの日本人社会の名残が存続していたことを伝えた。また、タイの貿易船が1612年から日本を訪れた記録があり、1621年に来日したアユタヤの使節は、江戸城で徳川秀忠に拝謁した。「鎖国」後、東南アジアとの貿易は、「唐船」として長崎に来航するか、中国船に船荷を積みかえてつづいた。

　早くも旅芸人など明治維新以前から再開されていた日本人の海外渡航は、第一次世界大戦が終了する1918年まで増えつづけた。その後、戦後の反動恐慌

で減少し、それを脱した 1923 年から増加に転じた。この第一次世界大戦を境にして、職業も異なってきた。それまでのおもな職業は、娼婦「からゆきさん」、道路工夫、農夫、大工、木挽・杣職、漁民、商人で、日本人渡航者の大半は、欧米支配下の植民地で、奴隷制廃止にともなう労働不足のために大量に発生した中国人やインド人などのアジア系移民と同じものだった。これらの者は、植民地のインフラストラクチャーの整備や、プランテーション農業、鉱山開発などの労働に従事し、貨幣経済の浸透に貢献し、近代植民地社会を形成する補助的役割をした。

　これらの男性労働者にともなって、中国人売春婦「阿姑」が発生し、「阿姑」を補うかたちで「からゆきさん」が東南アジア各地でみられるようになった。1916 年の各領事館の調査は表-1 の通りで、東南アジア、中国東北地方を中心に津々浦々に分布していた。イギリス領の香港では 1932 年まで、シンガポールでは 1930 年まで公娼制度が施行されていた（ワレン 2015）。

表-1：「からゆきさん」人口（1916年　調査領事館別）

領事館	醜業婦	準醜業婦	外娼
シンガポール領事館 　海峡植民地 　マレー半島連邦州ほか	 546 1,057		
マニラ領事館	282	50	59
バタビア領事館	406	607	79
バンコク領事館	26		
ホンコン領事館 　イギリス領ホンコン 　ポルトガル領マカオ 　フランス領ハノイ	 156 6 113	 40	 37 8 80
カルカッタ総領事館 　インド本土 　ビルマ	 67 222		
ボンベイ領事館	102	11	
シドニー総領事館	51		
チチハル領事館	321	58	
ハルビン総領事館	794		
ウラジオストク総領事館	750	60	226
合計	4,899	826	489
総計			6,214

第一次世界大戦でヨーロッパがおもな戦場となって、日本は特需を迎え、日本製商品がヨーロッパ製にかわって東南アジア市場に進出しただけでなく、フィリピン南部ミンダナオ島のダバオのアバカ（商品名、マニラ麻）栽培などの開発に余剰資金を投資した。英領マラヤでは、ゴム園、鉄鉱山、水産業などに日本企業が進出し、ゴム園に投資した「からゆきさん」もいた。また、シンガポールが中継基地となって、日本製雑貨などが東南アジア各地やインド方面に輸出された。1914 年には『南洋日日新聞』がシンガポールで創刊され、イギリスが築いた世界的情報網を利用して、日本語で世界、南洋、それぞれの国や地域の情報を伝えた。

　日本製商品ははじめ安かろう、悪かろうで、粗悪品が出回り評判はよくなかったが、植民地では家内工業・軽工業が未発達で、粗悪品でも現金収入の少ない庶民に受け入れられた。また、利益率が高いために好んで取り扱う中国商人らがいたりして、なかなか品質が向上しなかった。日本製商品は、品質がいいから売れたわけではなかった。インドネシアでは、明治期末からトコ・ジュパンとよばれた日本人雑貨商が各地で店舗を構えた。1899 年の「オランダ領東インド統治法」の改正で、ヨーロッパ人と同等の法的地位を得た日本人は、「温和な商業移民」として現地の民衆社会に溶け込み、親しみをもたれた。商工省などの嘱託でフィリピンの日本人商業活動をもっともよく知っていたと思われる渡辺薫は、華僑を意識して日本人の欠点として「日本人は概して淡白過ぎる」「小成に安じ易い」「刺身を肴に独酌」「融和性に乏しい」「成功を急ぐ」の 5 つをあげ、長所として「日本人であるが故に」「顧客の心を捕へる事が上手だ」「比人店員を採用する」「取扱製品が日本製である」「緊張味を以て活動する」「教育程度が高く頭がよい」の 6 つをあげている（渡辺 1936：108-14）。

　フィリピンのダバオは、満洲国を文字ってダバオ国とよばれたように、戦前 20,000 人の日本人がマニラ麻産業を中心に生活する日本人町を形成した。1903-04 年にフィリピンに渡航した日本人 5,000 人余は、ルソン島北部山岳地帯夏の首都バギオに至るベンゲット（ケノン）道路建設工事などに一介の肉体労働者として雇われたが、工事終了後の評判がよくなかったことなどから失業し、その一部がダバオに渡り、麻挽き労働に従事した。だが、第一次世界大戦を境に、日本人経営の麻耕地面積が広がり、1930 年には現在の東京 23 区（62,198 ha）を超える 75,070 ha を事実上所有するようになった（早瀬 2012）。

1903 年 10 月マニラに上陸し、ベンゲット道路工事に従事した後、1905 年 8 月ダバオに渡った只隈與三郎は各地を転々として麻挽き労働に従事した後、商業に転じ、1914 年にバト拓殖株式会社を興した。ほぼ同じ経歴をたどった吉田圓藏は先住民バゴボ人と結婚し「首長」となった。いっぽう、榎本栄七はベンゲット道路工事の後、「マニラ市に約八ヶ月在住し、後ベンゲット道路の修理工事請負及バギオ兵舎建築請負等をなし、その後アンタモリ金山にて大工として働き、バギオ近くの官立農事試験場の建築並に牧場の舎屋建築請負をなし、更にバギオに於て約二ヶ年間バーを経営する等、青年時代に凡ゆる世の辛酸を嘗め」た後、1918 年にダバオに渡り、麻栽培業に従事した（蒲原 1938: 1436-37, 1457-58, 1461-62）。

　だが、これらの成功物語の蔭には数多の「失敗」があり、語ることを憚られることが歴史の藻屑となって忘れ去られていくことになる。ダバオの日本人の半数を占めたといわれる沖縄県出身者は、台湾や南洋群島などと同じように日本本土出身の日本人と区別され「別の日本人」としてみなされ、地元の人びとに親近感をもたれることがあった。日本人「移民」のなかには現地で家庭をもつ者がいたが、「奴隷」など下層の女性と結婚したことは戦前の「人物紹介」で書かれることもなく、戦後の引き揚げ後に現地に残してきた「妻子」について語られることもあまりない。また、アジア・太平洋海域では、アホウドリを撲殺してヨーロッパ向け主力輸出商品のひとつであった羽毛を採取したが、自慢して語ることではなかったためあまり知られていない（平岡 2012）。このように語られないことに思いを馳せることによって、日本人の位置づけも、より実態をともなったものになってくる。

　では、なぜ日本人がアメリカの植民地であるフィリピンで、マニラ麻産業に従事することになったのだろうか。ダバオの日本人居住者が 10,000 人を超えたといわれる第一次世界大戦中までに、日本人にとってマニラ麻はなじみのあるものになっていた。日本は明治維新後、輸出産業として、帽子用真田業が発達した。早くも 1871 年（明治4）に着手し、1874 年に輸出をはじめた。おもな原料は、麦稈、経木にマニラ麻が加わった。麻真田は 1908 年にはじめて欧米に輸出し、1910 年代前半に急速に伸びた。フィリピンから輸入したマニラ麻は、日本の農村や漁村の女性、子ども、老人や都市の貧困層の副業として繋がれ、麻玉になった。その麻玉の糸を何本かよりあわせて、13 巻などの管に巻

きつけ、機械で編んでいった。その糸の素材や形状、管の数、織り方をかえることで、様々な真田ができ、20歳前後の女工が数台ずつ機械を操作した。日本という近代国家にとって、原料をすべて輸入に頼り、もっぱら輸出用に加工する産業のはじまりであり、その後の貿易立国の端緒となった。また、現金収入が少ない当時の家庭にあって、成人男性以上に稼ぐ者が出現し、家父長制の強い時代、社会にあって、新しい時代の考え方、家庭のあり方などを一般家庭に持ちこんだ産業でもあった。一家の「主人」が「女子ども老人」が稼いでいる産業の原料であるアバカを、自分たちで生産することを考えても不思議ではない。ダバオのマニラ麻は、移民を志した当時の日本人にとって遠い存在ではなかった（早瀬 近刊）。

　戦前期の日本と東南アジアの関係は、ヒトもモノも日本からの一方通行であった。そのようななかで、ベトナムでは日本の近代化や日露戦争の勝利などに影響されて、反植民地闘争にたいする日本の援助に期待し、青少年を日本に留学させるドンズー（東遊）運動が起こった。約200人が日本で学んだが、1907年日仏協約が調印され、日本政府はベトナム留学生を追放した。フランス植民地政府は、日本のインドシナへの進出を警戒して関税障壁を設けるなど日本の影響力を排除した（白石 2012）。また、タイでは、政尾藤吉が1898年に総務顧問補佐、1901年に司法顧問となって、お雇い外国人としてタイの司法の近代化に貢献したほか、安井てつが近代女子教育、外山亀太郎らが東北タイの養蚕業の開発のために派遣された。

3　移民取り扱い会社を介する呼び寄せ渡航

　1936年10月現在ダバオ領事館調査で、各出身府県別人口をみると、多い順に、沖縄県6,755人（48.5％）、福島県1,365人（9.8％）、熊本県1,157人（8.3％）、広島県835人（6.0％）、福岡県613人（4.4％）、山口県463人（3.3％）、長野県311人（2.2％）、鹿児島県299人（2.1％）となる（蒲原 1938: 750-753）。沖縄県、福島県出身者が多いのは、初期のダバオで活躍した沖縄県出身の太田興業株式会社の重役の大城孝蔵と福島県出身の医師の橋本音治の功績が大きい。満洲移民のような国策移民でも、南米各地へのような集団での契約移民でもないダバオに渡航したのは、具体的な成功話とともに移民取り扱い会社の代理人の活動

が活発だったからである。渡航手続きを移民取り扱い会社に任せて、渡航許可から1カ月足らずで出帆し、家族、親戚、知人のいるアバカ耕地に入っていった。

　東南アジアの日本人社会の中心に、まず日本総領事館・領事館があり、その下に日本人会、日本商業会議所、日本人小学校などがあった。そして、県人会を通した日本とのつながりがあった。『比律賓年鑑（昭和十六年度版）』をみると、つぎの県人会に関連する団体があったことがわかる：「愛知県マニラ貿易斡旋所」「熊本県海外協会マニラ支部」「マニラ沖縄県人会」「防長海外協会マニラ支部」「長崎県海外協会マニラ支部」「福島県人会」「福岡県海外協会マニラ支部」「福島県海外協会」「ダバオ信州人会」「ダバオ三州人会」「ダバオ佐賀県人会」「広島県拓務協会」「岡山県海外協会支部」「熊本県海外協会支部」（大谷 1940: 381-516）。

4　定住者の増加と教育問題

　東南アジア在住日本人人口の男女比は、「からゆきさん」の増加する 1900 年以降、女性の割合が高く、たとえばマニラおよびその周辺では廃娼運動が高まる 1918 年ころまで 25% 前後またはそれ以上を保っていた。いっぽう、ダバオでは 1919 年まで 5% にも満たなかった女性人口比率が、その後急激に上昇し、1928 年には 20% に迫り、1935 年以降は 30% を超えるようになった。商業関係でも家族の人口比率が増加し、1940 年にはフィリピン全土で日本人家族人口が 14,891 人となり、本業者（就業人口）13,840 人を上まわった。日本人渡航者は、たんなる海外出稼ぎ労働者から、定住を目的とした家族連れの移住者に変わっていった（早瀬 2012, 74-75）。

　定住傾向が強くなると、現地で生まれた子弟のための教育の問題がでてきた。東南アジアで最初に日本人小学校が創設されたのは、1912 年にシンガポールにおいてであった。その後、1917 年にマニラ、1925 年にインドネシアのスラバヤ、1926 年にバンコクにでき、フィリピンにはダバオの 13 校のほかバギオ、セブ、イロイロ、ビコール、インドネシアにはバタビアなど 5 校が開校した。

　それらの学校教育で問題となったのが、いわゆる「南洋ぼけ」であった。日

本人として日本文化の理解は必須で、東南アジア現地で生活するためには現地文化の理解も重要であったが、結局、日本の国定教科書をはじめとする教材を中心に「忠孝」などの日本の価値観を核として、現地文化を周辺に付着しているものとして教育された。しかし、日本人家庭で、子守、炊事、洗濯、車の運転などの使用人による影響も無視できず、日本人小学校や寄宿舎での教育が重視された。小島勝が、戦後バギオ日本人小学校に通った16名にアンケート調査したところ、家庭で厳しくしつけられたものは「親孝行」「神様への敬い」「義理・人情」「天皇陛下への忠誠」の順で、学校では「天皇陛下への忠誠」「日本語の習得」「日本的行儀作法」の順であった（小島 1999, 227-236）。

この学校教育から、現地化することなく日本精神を堅持した状態を保持することが優先されたことが想像できる。フィリピンの日本人小学校には、混血二世も比較的多く、マニラで700名中63名（9.0%）、セブ43名中13名（30.2%）、イロイロ63名中24名（38.1%）、ダバオの11校中もっとも混血二世の比率が少ないダリアオン228名中14名（6.1%）、もっとも多いディゴス104名中42名（40.4%）であったが、混血二世も日本人生徒として教育された（同上：238）。

日本人社会ではテニスなどのスポーツがさかんで、日本初のプロテニス選手の沢松和子の祖父守順は戦前手広くフィリピン各地に販売店をもつ大阪貿易株式会社（小売部大阪バザー）の社長で、一家でテニスを楽しんでいた。1970年代後半に4大大会で活躍した和子の姪の奈生子も、1990年代前半にプロ選手として活躍した。また、1979年の世界選手権で銅メダルを受賞したフィギュアスケートの渡部絵美の祖父勝頼も、戦前マニラ日本人会評議員や福島県人会幹事をつとめるなど日比貿易商として活躍した。

5　評価されない戦争協力

1941年12月8日に英米に宣戦布告した2日後の10日、日本の大本営政府連絡会議は、1937年の「支那事変を含め大東亜戦争と呼称す」と決定した。イギリスとアメリカの植民支配下にあったマラヤやフィリピンは開戦とほぼ同時に、日本の攻撃を受けた。日本は、その1年以上前にすでに東南アジアへ軍を進めていた。日本の同盟国であるドイツが1940年6月にパリを占領したことから、同年9月陸海路両面から北部フランス領インドシナ（北部ベトナム）に

進駐し、傀儡化したフランス植民地政府と共同統治をはじめた。さらに資源獲得のため、1941年7月28日に南部にも進駐をはじめた。ヨーロッパでは、すでに1939年9月に第二次世界大戦がはじまっていた。英米に宣戦布告すると、インドシナに待機していた日本軍は一斉に南方各地に侵攻を開始し、マラヤのコタバルには真珠湾攻撃より1時間5分早い12月8日午前2時15分（日本時間）に上陸した。アメリカ領フィリピン各地にも開戦後すぐに攻撃を開始し、1942年1月2日にマニラを占領した。マレー半島を自転車などで南下した日本軍は、同年2月15日にシンガポールを占領した。石油など資源豊富なオランダ領東インドは、はじめ交渉に期待したがうまくいかず、1942年1月11日に戦闘がはじまり、3月1日にジャワ島に上陸して、9日にオランダ軍を降伏させた。その前日の8日には、ビルマ（現ミャンマー）の主都ラングーン（現ヤンゴン）を占領した。独立国タイとは、同盟を結んだ。

　東南アジア各国・地域を占領した日本軍は、軍政を敷いた。フィリピンは陸軍第14軍、ジャワ島は第16軍、マラヤとスマトラ島は第25軍、ビルマは第15軍がそれぞれ担当し、オランダ領ボルネオやセレベス島（現スラウェシ島）以東の島々は海軍が担当した。軍政といっても、そのトップが軍人であっただけで、実際に行政を司ったのは日本の官庁から派遣された官僚などであった。また、海軍担当地域は民政とされたが、実際には陸軍とかわらない「軍政」が行われた。

　戦争勃発以前から東南アジア各国・地域に在留していた日本人の多くは、軍に積極的に協力した。徴兵を免除されていたことで、国民としての義務を果たしていないと後ろめたさを感じていた者もいた。戦前から、総領事館・領事館を中心とする諜報活動に、各地の日本人会、支店網をもつ商店などは協力していた。だが、本土から来た日本人は、現地の事情に明るく住民とのコミュニケーションがとれる在留邦人を有効に活用することはしなかった。海外に出た者を劣っているとみて、「棄民」とみなす者もいたからである。

　戦前から、漁業関係者なども東南アジア海域に進出していた。東沙諸島（プラタス島）には1907年に進出し、海鳥糞・リン鉱の開発をしたが、清国と領土問題になり、1909年に日本の資産を清国が買収する条件で、清国の領有を認めた。しかし、その後も沖縄の漁民などが漢方薬になる海人草（マクリ）を採りに行き、それは戦後も続いた。南沙諸島（スプラトリー諸島）は、1887年に

フランス領インドシナ連邦を発足させ植民地化をすすめたフランスと、リン鉱などを求めて進出した日本との争いになった。1920年代に日本の民間企業がリン鉱を採掘した後、放置していたところを、1933年にフランスが領有を宣言し、それに抗議した日本が1939年に武力で領有した。漁民のなかには、漁の仕方や鰹節の作り方などを現地に伝えた者もいた。植民地政府は、これら在留邦人や漁民を「スパイ」とみなして警戒し、注視していた。

　占領地域に派遣されたのは軍人や官僚だけではなかった。1937年8月から出版社や新聞社が作家を中国戦線に送り、戦争文学がブームになった。1939年7月15日から施行された「国民徴用令」は1941年10月から文学者にも適用され、50余名が報道班員として従軍し「文化工作」にあたった。なかには、現地の作家と交流する者もいた（木村 1996, 2010）。「戦争は石油に始まり石油に終わった」ともいわれるように、東南アジアに戦線を拡大した大きな理由のひとつが資源の獲得で、なかでもアメリカの経済制裁で困難になった石油の確保

表-2：アジア各地における終戦時日本軍の兵数

	兵数（人）		構成比（％）	
	陸軍	海軍	陸軍	海軍
千島・樺太	88,000	3,000	3.0	0.8
朝鮮北部	94,000	8,400	3.2	2.2
朝鮮南部	200,200	33,300	6.8	8.7
台湾	128,100	62,400	4.3	16.3
満州	664,000	1,500	22.4	0.4
中国（含む香港）	1,055,700	69,200	35.6	18.1
ビルマ（含むインド）	70,400	1,100	2.4	0.3
タイ	106,000	1,500	3.6	0.4
仏領インドシナ	90,400	7,800	3.1	2.0
マレーシア・シンガポール	84,800	49,900	2.9	13.1
蘭領インドシナ（東インド）	235,800	55,500	8.0	14.5
フィリピン	97,300	29,900	3.3	7.8
太平洋諸島	48,600	58,300	1.6	15.3
以上　　　　　　　　　計	2,963,300	381,800	100.0	100.0

注：旧厚生省援護局調べ。1945年8月15日時点の兵数
資料：「東京新聞」2010年8月8日、大図解シリーズ「終戦の日を考える」

が、日本にとっての「生命線」になった。そのため南方に徴用された石油技術者は 7,000 にのぼった。石油関連だけでなく、鉱山開発や農作物栽培などに徴用された多くの技術者・研究者がいた。なかには、日本よりはるかに進んだ欧米の科学技術や機械類を獲得できる絶好の機会であると期待する者がいた。だが、敗戦後、それらの科学技術を「盗んだ」として戦犯に問われることを恐れて資料を破棄し、口をつぐんだために、その実態はよくわかっていない（石井 2008）。敗戦時の東南アジアには、軍人・軍属のほか約 100,000 人の民間人がいたとされる。これら東南アジアで戦争体験をした日本人については、フィリピン戦線関係だけで 1,300 点を超える「戦記もの」から多少わかるが、現地社会に与えた影響については充分にわかっていない（早瀬 2009：7-42）。

6　日系人の引き続く過去

　戦後、引揚者の親睦団体として、フィリピン関係ではダバオ会、マニラ会があり、ダバオ会は 1972 年に沖縄摩文仁の丘に「ダバオ之塔」（飯島 2013）、福島支部はダバオに「福島の塔」、沖縄支部は「沖縄の塔」などを建立した。いっぽう、マニラ会は 1975 年に「フィリピン在留邦人戦没者慰霊之碑並びに子守地蔵尊像」を、愛知県蒲生郡の三ヶ根山の「比島観音」を取り巻く慰霊碑のひとつとして建立した。三ヶ根山には東京裁判の判決に従い死刑を執行された 7 名の軍人・政治家を祀った殉国七士廟がある。

　慰霊碑建立を境に、会の活動は二世中心に移り、日本人小学校同窓会などを中心に現地に残った混血二世などの支援活動が活発になった。日本の敗戦後、フィリピンに残った日系人の大多数は父親が日本人、母親がフィリピン人の混血で、2015 年 3 月時点で 3,545 名（多数の故人を含む）いたとされ、日本国籍を求めた。フィリピン各地に現在 10 を超える日系人会があり、1992 年には全国組織の「フィリピン日系人会連合会」が設立された。また、日本側では民間団体「フィリピン残留日本人法律支援センター」を引き継ぐかたちで、2003 年NPO 法人「フィリピン日系人リーガルサポートセンター」が設立され、支援した結果 2004 年から 2015 年 11 月はじめまでに 224 件の申し立てのうち、163件が許可されて日本国籍を取得した。日本国籍を求めた背景には、日本の改正出入国管理法が 1990 年に施行され、外国籍の日系二世、三世などが、日本で

長期滞在し、職種に制限なく就労できることがあった（Ohno 2015; 大野 2016; 森谷 2016）。戦後のフィリピンの日系人については、大野俊、森谷裕美子、飯島真里子の研究に詳しい。

　この改正をうけて、中南米から大量の日系人が就労目的に来日したことはよく知られているが、東南アジアからはフィリピンからだけでなく、インドネシアからも来日し、1980年後半前後のバブル景気時代の人手不足を補った。インドネシアには、日本の敗戦後、インドネシア軍に加わって独立戦争（1945-49年）を戦った日本人兵士や民間人が1,000人前後いた。生き残った者は、地元の女性と結婚し、1979年に互助財団「福祉の会」を設立した。現在、北部スマトラを中心に二〜四世まで3,000人ほどがいる（林 2012）。また、スラウェシ島北部には、戦前に漁業に従事していた日本人関係者などが組織した北スラウェシ日系人会があり、茨城県や千葉県の水産加工業界などに労働者を派遣している。インドシナにも800人ほどの日本兵が残留し、独立戦争に参加した。

　1980年後半前後のバブル期には、労働者だけでなく、ベトナム戦争でアメリカ兵相手にエンターテイナー業界が発展したフィリピンやタイから女性（ジャパゆきさんとよばれた）が来日した。フィリピンからはバブル崩壊後も増えつづけ、1998年に在留フィリピン人は100,000を超え、2007年には200,000を超えて、その後横ばいになった。これらフィリピン人女性と日本人男性のあいだに生まれたジャピーノとよばれる子どもたちは、フィリピンに100,000人いるといわれたことがあり、日本人の父親が認知しないために無国籍になる者がいる。成人に達した者のなかには、芸能界や野球、相撲などで活躍する者があらわれている。

7　「実習生」・留学生の増加

　1975年、南北を統一したベトナム、カンボジア、ラオスのインドシナ3国が社会主義体制に移行し、それにともなってボートピープルとよばれるインドシナ難民が1,000,000人以上発生し、日本でも10,000人あまりを受け入れた。また、1962年からの軍事政権下で1988年に民主化運動への弾圧が激しくなるなか、ビルマ（ミャンマー）から逃れて日本に来た人びとがいる。

　近年、日本の研修・技能実習生制度を利用して、東南アジア各国から来日す

る者が増加している。かつて7割以上を占めた中国人は本国の賃金上昇にともない減少し、かわってベトナム人が急増、2016年の国際研修協力機構入国支援技能実習生（入国1年目）はベトナム21,063人で、中国からの17,816人を抜いた。以下、フィリピン3,171人、インドネシア2,477人、タイ1,661人、その他3,584人で、カンボジア、ミャンマーなどからも増加している（国際研修協力機構　http://www.jitco.or.jp/about/statistics.html 2017年7月10日閲覧）。

　また、留学生も増加しており、2016年5月1日現在、中国107,260人、ベトナム61,671人、ネパール21,500人、韓国15,740人、台湾8,947人、インドネシア5,495人、ミャンマー4,816人、タイ3,985人、マレーシア2,945人の順で、フィリピン1,806人、カンボジア846人、シンガポール397人もいる（日本学生支援機構 http://www.jasso.go.jp/about/statistics/intl_student_e/2017/index.html）。

　2017年6月末現在の国籍・地域別在留外国人は、中国711,486人、韓国452,953人、フィリピン251,934人、ベトナム232,562人、ブラジル185,967人、ネパール74,300人、アメリカ54,918人、台湾54,358人、タイ48,952人、ペルー47,861人の順になっている（法務省入国管理局 http://www.moj.go.jp/content/001238032.pdf）。

　これだけまとまった外国人が居住するようになると、それぞれの宗教団体・組織が結成され、キリスト教教会、仏教寺院、モスク（マスジト）などの宗教施設が情報交換の場になっている。フィリピンでは国民の8割超がカトリック教徒で、1980年代から増加したフィリピン人にたいして、日本各地のカトリック教会は英語、さらにフィリピノ語（タガログ語）でのミサを執り行うようになった。東京教区では1990年にカトリック東京国際センターを設立して、フィリピン人など外国籍の信徒の生活をサポートした。香港やシンガポールなど、早くからフィリピン人家政婦などを受け入れた都市では、教会はフィリピン人の情報交換、親交をあたためる場となったが、日本でも多くの信徒が参加する日曜日にリトル・フィリピンが各地の教会前に出現する。だが、そこではかつてほとんどが若い女性で占められていた時代と違い、加齢化が進んで、後発のベトナム人やインドネシア人などの「若さ」とは違う光景が見られるようになった。仏教徒が多いベトナム人だが、神戸市長田区のようなベトナム人集住地区では、ミサに参加するカトリック教徒の半数以上が、ベトナム人で占められる教会もある。また、人口約2.5億人のインドネシアは国民の8割超がイ

スラーム教徒で、世界最大の2億のイスラーム教徒を抱える国家であるが、キリスト教徒も数千万存在し、日本でもいくつかの宗派に分かれている。北スラウェシでは、プロテスタント諸宗派が独自の発展をした「民族教会」の信者が多く、1990年代以降に来日した日系人労働者を中心に信仰されている。

仏教のさかんなタイと日本は古くから交流があり、1904年に名古屋市に日泰寺が建設された。現在、在東京タイ王国大使館のホームページには、「日本にあるタイのお寺」として日泰寺のほか東京都荒川区、八王子市、千葉県成田市の三つが紹介されている（http://www.thaiembassy.jp/rte1/index.php?option=com_content&view=category&id=59&Itemid=241 2017年7月12日閲覧）。リトル・ヤンゴンやリトル・ビルマなどとよばれていたことがあるミャンマー人が多く居住する新宿区中井には、仏教寺院として使われている1室がある（日本ミャンマー交流協会 http://www.ajmmc.org/2010/02/post-13.html 2017年7月12日閲覧）。ベトナム人は、日本の寺院を利用して仏教行事を行っている。

日本におけるモスクの数は、21世紀になって増加し、2005年に30カ所、07年に41カ所、13年に62カ所になった（「イスラムのホームページ」http://www2.dokidoki.ne.jp/islam/benri/benriindex.htm 2017年7月12日閲覧）。インドネシア人のイスラーム教徒は、かれらより早くから来日しているパキスタン人やトルコ人が運営しているこれらのモスクを利用して礼拝を行っている。

これらの宗教施設は、それぞれ来日後に困難に直面したときなどの心の拠り所となっているだけでなく、日本生まれの二世などに宗教行事を通した母国の文化を伝える場になっている。在日外国人の悩みは、日系人にも共通するものがある。

8　おわりに——日本優位から対等な関係へ

日本人と東南アジアの人びととの往来は、戦前・戦中はもっぱら日本から東南アジアへ、1970年代からは日本人ビジネスマン、観光客が東南アジアへ、1980年代からはエンターテイナーや労働者が東南アジアから日本へ、と偏る傾向があった。しかし、近年の出入国統計をみると、双方向に人が流れるようになってきたことがわかる。その差が小さい国は、日本への観光客の増加を意味している。

外務省ホームページに掲載されている参考資料「目で見る ASEAN-ASEAN 経済統計基礎資料」（http://www.mofa.go.jp/mofaj/files/000127169.pdf 2018年3月3日閲覧）によると、2016年のアセアンは、面積で日本の11.9倍、人口で5.0倍の6億人強、GDP（国内総生産 Gross Demestic Product）は51.7％、輸出入貿易額は1.8倍になっている。1人あたりのGDPは10.2％とまだかなり低い水準にあるが、GDPは仮にアセアンが年5％成長し日本がゼロ成長だとすると、十数年後には日本を追い抜くことになる。2010年に日本を抜いて世界第2の経済大国になった中国は、16年には日本の2.3倍になっている。韓国のGDPは日本の28.6％、アセアンの55.2％である。アセアンは、対アメリカドル為替レート、実質GDP成長率、消費者物価指数、失業率もおおむね安定している。

日本の対アセアン貿易（輸出入合計）は全輸出入額の15.0％を占め、中国の21.6％、アメリカの15.8％より少ないが、EU11.9％、中東6.7％、そして韓国5.7％、台湾5.0％、香港2.8％の3カ国・地域の合計13.5％より多い。日本の対外直接投資残高の地域別内訳をみても、アセアンの12.3％は、アメリカ34.6％、EU23.9％につぎ、中国8.0％より多く、韓国2.4％、香港2.1％、台湾1.0％とは桁違いになっている。過去10年間のアセアンの日本への直接投資累計額は15.5％で、アメリカの41.8％、EU24.8％につぎ、台湾4.6％、韓国3.5％、中

表-3：出国日本人数・入国外国人数

国名	2015年出国日本人数	2016年入国外国人数
タイ	1,349,388	926,688
シンガポール	789,179	361,557
ベトナム	671,379	246,484
インドネシア	549,705	275,524
フィリピン	495,662	474,685
マレーシア	483,569	395,443
カンボジア	193,330	13,195
ミャンマー	90,312	22,365
ラオス	43,826	5,234
ブルネイ	4,336	3,028

資料：日本政府観光局 https://www.jnto.go.jp/jpn/statistics/data_info_listing/index.html
2018年3月3日閲覧

国 1.6% の 3 カ国・地域の合計 9.7% より多い。アセアンは、日本にとって近隣諸国・地域でもっとも重要な貿易・投資相手になっていることがわかる。

　このようにヒトもモノも対等な関係のなかでの交流が行われるようになってきている。そのようななかで、日本が東南アジアを戦場としたことや「経済大国」日本がときに傲慢にみえたことが、負の遺産として残っている。これまでの日本と東南アジアとの関係を真摯に見つめ、今後の交流を深めていきたい。

［参考文献］

飯島真里子. 2013. 「沖縄におけるフィリピン引揚者の慰霊——摩文仁の丘「ダバオ之塔」の建立をめぐって」,『移民研究』9: 79-96.

石井正紀. 2008. 『石油技術者たちの太平洋戦争』, 光文社 NF 文庫.

大谷純一. 1940. 『比律賓年鑑（昭和十六年度版）』.

大野 俊. 2016. 「「日系人」から「残留日本人」への転換——フィリピン日系二世の戦後問題と就籍運動を中心に」,『移民研究年報』22: 23-42.

奥島美夏編. 2009. 『日本のインドネシア人社会——国際移動と共生の課題』, 明石書店.

蒲原廣二. 1938. 『ダバオ邦人開拓史』, ダバオ市, 日比新聞社.

木村一信ほか編. 1996, 2010. 『南方徴用作家叢書』, 龍溪書舎（第 1 期ジャワ篇, 第 2 期ビルマ篇）.

国際協力事業団編. 1988. 『海外移住統計』, 国際協力事業団.

小島 勝. 1999. 『日本人学校の研究——異文化間教育史的考察』, 玉川大学出版部.

白石昌也. 2012. 『日本をめざしたベトナムの英雄と皇子——ファン・ボイ・チャウとクオン・デ』, 彩流社.

林 英一. 2012. 『残留日本兵』, 中公新書.

早瀬晋三. 1995. 『フィリピン行き渡航者調査（1901 ～ 39 年）——外務省外交史料館文書「海外渡航者名簿」より』, 文部省科学研究費補助金重点領域研究「総合的地域研究」総括班.

早瀬晋三編. 2009. 『フィリピン関係文献目録——戦前・戦中、「戦記もの」』, 龍溪書舎.

早瀬晋三. 2012. 『フィリピン近現代史のなかの日本人——植民地社会の形成と移民・商品』, 東京大学出版会.

早瀬晋三. 近刊. 「硬質繊維（マニラ麻など）」『世界史叢書第 5 巻　ものがつなぐ世界史』, ミネルヴァ書房.

平岡昭利. 2012. 『アホウドリと「帝国」日本の拡大——南洋の島々への進出から侵略へ』, 明石書店.

森谷裕美子．2016．「フィリピンにおける北部ルソン日系人社会の歴史的経験に関する研究」，『大学研究助成アジア歴史研究報告書 2015 年度』JFE21 世紀財団，235-55.

吉原和男ほか編．2012．『人の移動事典——日本からアジアへ・アジアから日本へ』，丸善出版．

渡辺 薫．1936（初版 1935）．『比律賓在留邦人商業発達史』，南洋協会．

ワレン，ジェームズ・フランシス．2015．『阿姑とからゆきさん——シンガポールの買売春社会　1870-1940 年』，蔡史君・早瀬晋三監訳，藤沢邦子訳，法政大学出版局．

Ohno, Shun, 2015, *Transforming Nikkeijin Identity and Citizenship: Untold Life Histories of Japanese Migrants and Their Descendants in the Philippines, 1903-2013*, Quezon City: Ateneo de Manila University Press.

■ 次へのステップ

1. 東南アジア在住日本人は、第一次世界大戦を境としてどう変わったか調べてみよう。

2. 戦前の東南アジアの日本商人の長所と短所をあげてみよう。

3. 1990 年の日本の出入国管理法の改正は、日本と東南アジアとの関係をどう変えたか調べてみよう。

―― コラム 11 ――

南洋群島への移民

　南洋群島とは、日本が第一次世界大戦に参戦した 1914 年から、第二次世界大戦中に米軍に占領され、日本政府の行政権が停止された 1944 年までおよそ 30 年にわたって統治した地域をさす。マリアナ諸島（米領グアム島を除く）、カロリン諸島、マーシャル諸島から構成され、ミクロネシアの赤道以北の地域に散在し、日本の統治下に置かれるまでスペイン、ドイツの植民地であった。これらの島々にくらす人びとは、チャモロとカロリニアン（日本統治時代の呼称はカナカだが、現在はこれを用いない）に大きく二分されるが、各島嶼（群）ごとに多様な言語、文化、社会を育んできた。日本はベルサイユ講和会議でこの島々の領有を希望したが適わず、国際連盟の委任統治を受任した。そこで南洋庁を設置して施政を行い、国際連盟脱退後も委任統治を継続した。南洋群島は日本の領土とはならず、期待し得る資源も乏しかった。しかし日本の勢力圏として初めての熱帯地域であり、資源豊かな東南アジアに進出するための拠点、移民や企業の熱帯開発のための「実

験場」になりうると期待された。海軍は、太平洋での対米軍事戦略上の要地として調査やインフラ整備を行い、日中戦争、太平洋戦争と段階的に兵站基地化を進めた。

　南洋群島は人口面で日本人（台湾人、朝鮮人、樺太人を含む）が現地住民人口を圧倒したことに特徴があり、それは南洋庁の経済政策が背景にあった。すなわち、製糖業を南洋興発株式会社に独占させて糖業モノカルチュア経済を成立させ、1936年には政府の肝煎りで南洋拓殖株式会社を設立、両社を中心に開発の担い手として移民を大量に受け入れ、両社は東南アジアへの経済進出も進めた。中・小の企業もふえ、パイナップルやタピオカなどの農業、鰹・鮪など漁業や鰹節製造、林業が発展し、多くの移民が押し寄せ、1943年には現地住民が52,197人に対して日本人が96,670人と1.8倍になった。製糖業の中心地サイパン島、テニアン島には南洋群島全日本人人口の約半数が集中し、サイパン島では現地住民人口の8倍の日本人、テニアン島では人口の9割以上が日本人となった。本籍地別人口では沖縄県が飛びぬけて多く、日本人人口の平均約6割を占め、東京府（主に八丈島、小笠原）が約1割弱、福島県と続いた。現地社会では、「一等国民：日本人、二等国民：沖縄人／朝鮮人、三等国民：島民（チャモロ、カロリニアン）」という暗黙の序列が形成された。戦時南洋群島の兵站基地化の過程ではさらに朝鮮半島から朝鮮人が動員され、また第二次世界大戦末期には中国、台湾、インドネシア、太平洋島嶼など日本軍の占領地から労働者もしくは兵士が動員された。戦時軍部が「太平洋の防波堤」たるべしとした南洋群島では、米軍による爆撃、地上戦、飢餓で多くの犠牲者を生み、沖縄戦での犠牲の先がけとなった。

　戦後は原則として現地住民以外は本籍地への帰還となり、帰還者たちの生活再建は財産や家族を戦争で失ったこと、引揚げ先での「厄介者」という厳しい眼差しにもさらされ、「マイナス」からの出発となった。それだけに帰還者たちは、定着先の地域で南洋群島での居住地、仕事、学校などを単位に様々な団体を形成した。なかでも本土の南洋群島協会、沖縄の南洋群島帰還者会は補償要請や仕事の斡旋、親睦、慰霊などを行う最も大きな組織となった。南洋群島帰還者会は現在も活動を続け、毎年サイパン島、テニアン島での慰霊と現地住民との交流の旅を実施し、2017年で48回目となり、近年は子や孫の世代の参加も目立つ。現地住民と家族を形成した日本人は現地残留、日本引揚げ後に再度ミクロネシアに戻るなど、戦後日本とミクロネシアの間で複雑な経験を持った。ミクロネシアに残留した、あるいはミクロネシアから引き揚げた「南洋群島」体験者たちは高齢化が進むが、慰霊と交流を続けながら、自らの体験の記録化、次世代への継承に様々な形で取り組んでいる。

　　　　　　　　　　　　　　　　　　　　　　　　　　　　　（今泉裕美子）

第9章

在日ブラジル人／デカセギ移民
——日系人への帰国支援事業の受給者に着目して

アンジェロ・イシ

1　はじめに

　本章で紹介する「移民」は、本書の中で特異な存在であると言える。日系人を中心とした在日ブラジル系移民は日本側から見れば日系移民史の延長線上に位置付けることが自明のこととされ、英語圏の研究者による著書でも日系移民史の概略から論じ始められる（例えば Roth 2002, Ishi 2003, Tsuda 2003 など。詳しくはイシ 2006 を参照）。一方、ブラジル側からみれば、在日ブラジル人はブラジルから世界に離散した在外ブラジル系ディアスポラの一員として見なされ得る（後述）。日本史の教科書ではマスメディアの報道や研究者の用語法を踏襲して「日系人労働者」、「出稼ぎ日系ブラジル人」、「デカセギ日系移民」、「デカセギ労働者」、「日系移民の子孫」、「日本ブラジル移民史の新たな1ページ」として、様々な定義や表記で登場するだろう。逆に、ブラジル史の教科書なら「在外ブラジル人」、「世界のブラジル人」、「ブラジル系移民」、「経済棄民」という具合に、ブラジルを去って世界に羽ばたいた人々として定義され、位置付けられている。

　したがって、本書のキーワードである「歴史・地理・文化」を考察する場合、これら在日の「日系／ブラジル系」移民は「歴史」的には二面性があり、「地理」的には世界の5大陸を股にかけて拡散しており、「文化」的には無限の可能性を秘めていると言えよう。

1980 ～ 90 年代には多くのブラジル人が米国や西欧諸国に新天地を求めた。時期を同じくして、多くのブラジル人が日本に渡航したが、欧米を目指した者との大きな違いは、そのほとんどが「日系」であったことだ。日本の工場や建設現場で非熟練・非正規労働者として再出発をはかった人々は、1990 年 6 月に改定された日本の出入国管理および難民認定法（以下、入管法）が「日系人」にのみ活動制限のない長期滞在を許可したという理由から、特殊な集団として認知された。ブラジルの日系社会で dekassegui と呼ばれ、後にブラジルの主要メディアやポルトガル語の辞書で decasségui という外来語で広く認知された。筆者はこれを念頭に置いて「出稼ぎ」を「デカセギ」とカタカナ表記し、日本に移住した人々を「在日ブラジル人」、日本を含む各国に移住した人々を「在外ブラジル人」と称する。

　本章の前半では、これら日系を中心とした在日ブラジル系移民の現状を、筆者が 1990 年より日伯両国で継続的に行ってきたインタビュー調査や参与観察を基に考察する。そして後半では、事例研究として、日本政府が 2009 年に打ち出した日系人労働者への「帰国支援事業」を、受給した移民の視点から考察する。数万人単位という人口の大移動を促した「帰国支援事業」に関する民間による未公開の調査データを独占入手し、さらには受給者への聞き取り調査も実施して、支援金の受給者である移民の意識や生活戦略を捉えた研究成果の一部を報告する。

2　在日ブラジル系移民の実態――統計データを手がかりに

　法務省が発表した在留外国人に関する 2016 年末現在の統計によれば、日本に住むブラジル国籍者の数は 180,923 人であり、国籍別では中国、韓国・朝鮮、フィリピン、ベトナムに次いで 5 番目に多い。実は国籍別でフィリピンやベトナム出身者に抜かれたのはここ 2、3 年のことであり、90 年代や 2000 年代を通して、ブラジル国籍者は常に中国および韓国・朝鮮籍に続いて 3 番目に多いエスニック集団、いわゆる「ニューカマー外国人」の代表格として注目され続けた。

　ところで、この統計には日本国籍保有者が含まれていないので、日本で生まれてブラジルに戻り、日本のパスポートで日本に入国した日系一世や、ブ

ラジルで生まれたが来日後に帰化した人々は含まれていない。彼ら彼女らは、制度上はいわば不可視な存在である。これらの人々を含めれば、日本におけるブラジル系コミュニティは 200,000 人を超えると推計してよかろう。

　在日ブラジル人の主たる特徴の一つは、その大多数が合法的に日本で滞在し、活動に制限のない在留資格を有しているということである。

表-1：日本に在住するブラジル国籍者数の推移

1989	1991	1996	2005	2007	2010	2016
14,528	119,333	201,795	302,080	316,967	230,552	180,923

出所：法務省統計

　表-1 が示すとおり、ブラジル人のデカセギ目的での来日がブーム化したのは、1990 年の入管法改定以降である。これは、この改定により、外国籍であっても「日系人」であることを証明すれば、日系三世は「定住者」、日系二世は「日本人の配偶者等」という資格が取得できた。これらはいうまでもなく「就労ビザ」ではなかったが、「就労も可能な」在留資格であった。よって世界最大の日系移民人口を有し、長引くインフレと経済危機に苦しんでいたブラジルから、多くの「日系人」が就労目的で来日するという流れが加速化した。そして彼ら彼女らは日本各地の企業城下町を中心に、製造業あるいは人手不足に苦しむ他の産業で、いわゆる 3K 労働者、非熟練労働者として従事することになった。このようなブームを加速させたのが日本—ブラジル間のトランスナショナルな「人材派遣システム」であったことも忘れてはならない。また、「日系人」と一括りにされても、その内訳は実に多様であったことに注目を促したい。ブラジルの「日系コミュニティ」とほとんど関わりを持たなかった者もいれば、「非日系」だが日系人の配偶者として合法的に来日した人もいる。

　デカセギ先発者の場合は、単身赴任で来日した男性が多かったが、その後は家族の呼び寄せ（そして日本での結婚）が進行し、最新（2016 年末現在）のデータでは、男女比はほぼ均等である（男性 98,581 人、女性 82,342 人）。

　国内でブラジル人が最も集住しているのは東海地方である。都道府県別では愛知県が最も多く、市町村別では静岡県浜松市が多い。また人口比率（総

人口に対するブラジル人住民の多さ）でいえば、群馬県大泉町が有名である。ここに、他の代表的なエスニック集団との決定的な違いがある。中国、韓国・朝鮮籍やフィリピン出身者の場合、首都圏で就労・生活する人々が少なくないが、ブラジル人はマスメディアの主要企業が本社を構える東京からは「見えにくい」、「気付かれにくい」地域に集住している。東海地域のローカルテレビ局や地方紙などで頻繁に取り上げられることはあっても、全国メディアの報道で満足に紹介される例は少ない。

3　在日ブラジル人小史

　筆者は 2010 年、ブラジル政府主催で開催された「在日ブラジル人 20 周年記念セミナー」で 、「在日ブラジル人コミュニティの歴史・現状・未来」という主題で、在日ブラジル人一世の視点から「総括」を求められた。そこでブラジル人の日本への流入・在留を四つの期間に区分した：①「U−ターン」から「出稼ぎ」へ（1990 年以前）、②「出稼ぎ」から「デカセギ」へ（1990 年代）、③「デカセギ者」から「移住者」（在日ブラジル人）へ（2000 年代）、そして④「移住者（在日ブラジル人）」から「世界における伯僑（在外ブラジル人）」へ（2010 年代）である。

　20 世紀末のブラジルは極度の不況に陥っていた。80 年代以降には多くのブラジル人が米国に新天地を求め、西欧諸国にも多くのブラジル人が渡航した。同時期に話題になったのが、ブラジルから日本へのデカセギである。

　デカセギ現象の公式の歴史が入管法改定の 1990 年に端を発するならば、その「先史」は 80 年代の中盤に始まったと言える。ブラジルから日本に向けた移住現象の「ゼロ年」に関する総意は存在しない。入管法改定以前から多くのブラジル人が日本にデカセギに行っていたので、在日ブラジル人コミュニティは 2008 年の時点で、「日本ブラジル移民百周年」が記念されることを好機と捉えて、それに便乗する形で「デカセギ 20 周年」を掲げて祝った。ブラジル系のエスニック・メディアでは大々的な特集が組まれ、支援団体はたとえば「100 プラス 20 の会」を掲げて「百周年と同時に 20 周年でもある」という数字合わせをした。かくして、「民」主導と「官」主導で、デカセギ 20 周年は 2 度も祝われることになったのである。

80年代半ばから80年代後半にかけて日本に入ってきた人たちのことをブラジルの日系新聞は「Uターン現象」と称した。日本国籍を保持する日系一世が中心だったのがその理由である。その後、ブラジルのパスポートしか有しない日系二世や三世が急増し、冒頭で述べたとおり、ブラジルで「デカセギ」という単語が普及した。

　90年代のキーワードは本国への「送金」、就労面においては「残業」と「貯蓄」、生活面においてはブラジルでの（ミドルクラス的）ライフスタイルの「復元」であった。早い時期から各地で出現したのがブラジル食レストラン、ブラジル産品を取り扱う商店やショッピングセンター、ポルトガル語新聞等々だった。

　2000年代は、多くの在日ブラジル人が日本滞在を「一時的または暫定的」と見なす幻想から目覚めた時代だと言える。それを何よりも雄弁に物語っているのは、永住者資格の申請・取得者の著しい急増である。

表-2：ブラジル国籍者の永住者資格取得者数の推移

1998	2002	2006	2008	2010	2016
2,644	31,203	78,523	110,267	117,760	110,932

出所：法務省統計

　表-2のとおり、永住者資格を取得する在日ブラジル人の数は、1998年にはわずか2,644人だったが、10年後の2008年には100,000人を超え、実に在日ブラジル人の10人中6人が「永住者」という試算になる。日本で自宅を購入するブラジル人がかつては企業家やエリート・サラリーマンに限られたが、一般の労働者の間でもこの傾向が広まっている。多くの人はブラジルでマイホームを取得し、起業する夢を見直した。彼らは日本でマイホームを取得し、起業するという、ブラジル時代の中間層としての夢を移住先で実現した。

　2000年代に入ると、在日ブラジル人就労者の間で「3K」と称される労働を避ける人々が増え、たとえ収入が減っても非熟練労働以外の就職先を優先する「脱単純労働」を試みる者が増えた。同じく、この時代に入ると「在日ブラジル人子弟の教育問題」が注目を浴びるようになり、在日ブラジル人を議論する際には、必ず中心的なテーマの一つとして浮上してきた。これは在日

ブラジル人の間で若年層人口が増加し、日本で生まれ育った第二世代が成長したことを物語る。2016年末の法務省統計を基に0歳から19歳までのブラジル国籍者を合算すれば、実に41,896人に達する。すなわち、全体の2割以上が未成年者である。

　それにしても、「デカセギ20周年」が祝われた直後の2008年下半期に雇用危機が勃発したのは、あまりにも皮肉なタイミングであった。2008年以降の失業による危機は、在日ブラジル人コミュニティに壊滅的な打撃をもたらした。

　筆者が長く研究してきたブラジル系のいわゆるエスニック・メディアを例にとれば、新聞が全滅した（詳細は後述）。日本に実家がないブラジル人にとって、失職は多くの場合、住居を失うことをも意味する。シェルターに避難したり、路上に追いやられたりした在日ブラジル人もいた。2009年初頭には、東京と名古屋で「デモ行進」まで行われた。筆者はこの二つのデモ行進を、在日ブラジル人が「サイレント・マイノリティ」ではなくなった象徴として重く受け止めている（イシ2010）。

　「2008年後」は在日ブラジル人の多くが相互扶助の重要性に目覚めた「意識改革」の時代でもあった。「全国在日ブラジル人ネットワーク」（NNBJ）が2009年に結成されたことは画期的な出来事である。

　ブラジルで事業を興すことが夢だと語る人は多いが、ノウハウ不足等で実際にその夢を実現した者は皆無に等しい。その打開策として、2005年にはブラジルの小規模・零細企業支援サービス機関（SEBRAE）と米州開発銀行（IDB）が共同で、「Dekassegui Empreendedor」（「デカセギ・アントレプレナー」）と名付けられた巨大プロジェクトを創設した。在日ブラジル人を対象にその帰国・起業を支援するのが目的だが、同プロジェクトの土台となった大規模のアンケート調査の結果の中で興味深いのは、「あなたは将来、自分のビジネスを始める計画はありますか」という問いに対する回答だ。40％が「はい、出身国で」と答えたことは想定の範囲内だが、14％が日本でビジネスを始めたいと答えている。多くのブラジル人は日本で起業し、数多くの雇用機会を生み出して、ブラジル人だけでなく、日本人をも雇っている。すなわち、「雇われる側」から「雇う側」に変身したブラジル人が各地にいる。

　注目すべきもう一つの傾向は、エスニックな労働市場の形成と、ホワイト

カラー労働に転身を果たした人々の増加だ。たとえ収入や貯蓄率が減少しても、名古屋市や東京都といった都市に引っ越し、オフィスワークや営業職で働こうとする人が増加した。かれらの就職先はほとんどの場合、ブラジル系のエスニック・ビジネスである。あまり知られていないが、在日ブラジル人の間では英会話の塾の開校が頻発した。具体的にはブラジルの英会話スクールチェーンが日本に進出する形で普及したが、このビジネスが繁盛したのは、キャリアアップを目指す者が少なからずいるという英語学習の「需要」と、飲食業以外で起業する機会を求める者が開校に魅力を感じるという「供給」がかみ合ったからだと考えられる。

　また、多くのブラジル人は単に日本とブラジルを往復するのではなく、積極的に国内旅行や海外旅行をエンジョイするようになった。2000年代の初頭に創刊されたフリーペーパー、Alternativa誌の表紙の多くが富士山の登山からアジアのリゾート、あるいはヨーロッパの観光地などの「レジャー特集」で飾られてきたのは偶然ではなかろう。この傾向は現在に至っており、本章を執筆している2017年下半期においても、「絶対に行くべき日本の10大テーマパーク」（7月27日発行、418号）、「サイクリングをやってみようか？」（9月7日発行、421号）という具合に、日本での余暇を楽しむ人々の体験談やアドバイスを紹介する特集が表紙を飾っている。

■在外ブラジル人意識が強化した2010年代

　2000年代が「デカセギ」から「移民」への転換の時代だとすれば、2010年代は在日ブラジル人が「世界におけるブラジル人」の一員としての意識を培う時代となった。厳密には、この新しい時代は、2008年にブラジル外務省がリオデジャネイロ市で開催した「第1回世界におけるブラジル人会議」で幕開けしたと言えるが、筆者は2010年をこの新たな時代のターニングポイントと仮定している。その理由としては、この年を機に海外に流出したブラジル人に関係する各種の動きが急に活発化したからである。6月にルラ大統領が大統領令第7214号に署名し、「在外ブラジル人代表者評議会（CRBE）」を創設した。CRBEは当初、各地域の在外ブラジル人が直接選挙で信任した代表者が、ブラジル政府に常時提言できる仕組みであったが、その後、直接選挙は

廃止され、試行錯誤が続いている。

　2017年現在、日本にある三つのブラジル総領事館（東京、浜松、名古屋）がそれぞれ主幹する「市民代表者会議」（Conselho de Cidadãos）の諸活動は、全て前述した世界レベルのCRBEの活動に連動（より正確に言えば従属）している。各国の「国内」でブラジル系移民のリーダーが議論した内容は、定期的にブラジルで開かれる「世界のブラジル人会議」で審議されるために上げられる。在日ブラジル人の各地での代表者会議の議題そのものが、ブラジル外務省から送られてくるCRBEや「世界のブラジル人会議」の議題に影響されている（そして場合によっては依存している）とも言える。筆者は在東京ブラジル総領事館の市民代表者会議を90年代半ばの設立当時から参与観察し、定点観測してきたが、かつて「日本」に向いていたコミュニティリーダーたちの目が今では「世界」に向けられていることが明白である。

　このように2010年代は在日ブラジル人とその他の国々に離散したブラジル人との、国境を越えた交流が急進している。この交流は政治活動には止まらず、ビジネス分野におけるパートナーシップ、文化イベント、芸術活動に及ぶ。その他の国々に在住するブラジル人を巻き込んだ、国境を越えた往来の活発化につながると考えられる[1]。

■質的に異なる二つのデモ

　在日ブラジル人による社会運動にも、興味深い変化が見られる。前述した2009年の雇用危機時のデモ行進と、2013年に日本各地のブラジル人が開催したデモ集会を比べれば、その意識の違いや、誰に向けて声を上げているか、誰の目を意識して行動しているかという面でも興味深い違いが認められる。2009年のデモでは、わずかな日本語の単語（「教育」、「仕事」など）をプラカードに書いて日本社会に向けてメッセージを発信していた。対して2013年には、東京の代々木公園などで在日ブラジル人によるデモが行われたが、それらは実は地球の反対側、ブラジルに向けられたデモであった。非常に饒舌なポルトガル語の長文が色々なプラカードを埋め尽くしていた。それもそのはず、在日ブラジル人にとっては母国語であるポルトガル語で、思う存分、伝えたいことを言語化できるからである。

ブラジル政府に対する抗議デモを、なぜ、日本に住んでいるブラジル人がわざわざ呼びかけたのか。当時はサッカーのFIFA コンフェデレーションズ・カップがブラジルで開催されることに合わせて、大規模デモがブラジル中のいたる大都市で開かれた。ブラジルでは政府による税金の無駄遣いや、政治の腐敗等を一掃したいというメッセージが発信されていたが、国外在住のブラジル人も立ち上がった。本国での抗議に賛同する形で、ニューヨーク、ロンドン、シドニー、ダブリンなどに在住していたブラジル人、そして東京や名古屋在住のブラジル人も、SNS 等で呼びかけてデモ集会を開いた。2009 年のデモが「在日ブラジル人」としての意識を表すイベントであったとすれば、2013 年のデモは「在外ブラジル人」としての意識を象徴する動きであったと言える。

■深まる日本社会とのコミットメント

　この在外ブラジル人意識の覚醒により、在日ブラジル人の日本社会へのコミットメントは弱まるのだろうか。必ずしもそうなるとは限らない。東日本大震災の直後に、いち早く被災地に支援物資を運ぶ在日ブラジル人の個人やグループが複数いたことは注目に値する。彼らは駐日ブラジル大使館や前述した全国組織のNNBJ の呼びかけによって連帯し、Brasil Solidário「ブラジル・ソリダリティ」運動が生まれた。ここでは詳述しないが、これまで多種多様な支援活動を実施している。そして特筆すべきなのは、支援の対象が「同胞」（ブラジル人）ではなく、日本人であるということだ。

　震災後にはブラジル人を含む多くの外国人の「大脱出」が起こったと報じられたが、法務省の統計を注視すれば、ブラジル国籍者は東日本大震災後の半年間に 9,335 人減少した。この数字を見て「わずか半年のうちに、10,000 人近くものブラジル人が日本を去った」ということを強調したがる人もいるだろう。しかし、真逆の解釈も可能である。地震と津波のトラウマが身に染み、放射能汚染の恐怖を痛感したにもかかわらず、それでも日本に止まることを選択したブラジル人が 210,000 人以上もいたのだという解釈である。

　東日本大震災後の Alternativa 誌の表紙は、在日ブラジル人の日本社会に対するコミットメントを見計らううえで示唆的である。日本語の「がんばろ

う！　日本」とポルトガル語の「フォルサ・ジャポン！」という文字がデザインされた日の丸を連想する表紙が掲載されたが、これは「がんばろう日本に私たちも仲間入りさせてよ」というメッセージとして読み取れる。震災後の日本において「絆」という言葉が飛び交ったが、在日ブラジル人もその輪に入れて欲しい、より良い社会を築き上げるチーム日本、同じ運命共同体の一員として認めて欲しいという願望がにじみ出ている。

■多彩な文化活動とメディア生産

　日本に住むブラジル人の文化活動は極めて活発であり、とりわけ公共施設を借りて同胞を動員する週末のイベントが、小・中・大規模を問わず、90年代前半の早い時期から開催された。中でも多いのはカーニバルにヒントを得たサンバパレードやフェスタ・ジュニーナ（毎年6月に行われる田舎祭り）である。ミスコンテストやファッションショーも各地で頻繁に行われる。また、本格的なDJが腕を鳴らすダンスパーティを企画したり、日本人も顔負けのカラオケ大会を開いたりしている。

　実は日本に住むブラジル人の「のど自慢人口」の層は厚く、NHKの名物番組「のど自慢大会」でもこれまで3人ものブラジル人がグランドチャンピオンに輝いた。1993年度チャンピオンになったジョエ・ヒラタはその後、ブラジルでセルタネージャ音楽（カントリーミュージック）の歌手としてデビューし、日本でブラジル人が多く住む都市でコンサートを開くこともある。彼は日本ブラジル移民百周年記念の2008年に日本の太鼓とブラジルのカントリーミュージック（セルタネージャ音楽）を融合させるという、移民ならではのパフォーマンスで有名なテレビ番組への出演を果たした。

　他方、在日ブラジル人は早い時期から様々なメディアを生み出した。90年代初頭には、ブラジル系の商業新聞（講読が有料の週刊紙）が登場し、一時期は4紙が競合していた。90年代後半には衛星テレビ局（スカイパーフェクTVのブラジルチャンネル）が開局した。いずれのメディア企業もジャーナリズム部門に投資を惜しまず、プロのジャーナリストが多く雇われ、情報提供能力も右肩上がりだった。また、あまり知られていないが、短命ながら多種多様な「専門誌」が発行された。いくつかの例を挙げるならば、グラビア写真を売りに

した男性誌、車の情報誌、日本での体験を自虐的に描いた漫画雑誌などである。全てが「メイドインジャパン」、すなわち在日ブラジル人によって発行され、ブラジルから輸入されたものではない。東京とサンパウロで毎月同時発行される雑誌も出現した（日本について理解を深めるというコンセプトの雑誌だったので、ブラジルでは日系人だけではなく、日本に興味を抱くブラジル人をもターゲットにした）。

　2000年代に入ると、フリーペーパー（隔週発行の無料雑誌）が複数登場したが、少なくとも2000年代半ばまでは、有料の新聞と無料の雑誌は無難に共存したといえよう。また、ウェブラジオや動画投稿サイト、そして「2ちゃんねる」の在日ブラジル人版ともいえる匿名の掲示板も普及した。活字媒体の各社ともウェブサイトを開設し、いわゆるデジタル時代が到来した。

　ところが、2009年の雇用危機で在日ブラジル系メディア界はデフレ・スパイラルに陥った。多くのメディア企業はジャーナリズム部門で大幅なリストラを行い、スタッフを最小限の人数におさめた。複数のフリーペーパーはおまけ程度の記事を載せるだけで、広告主体の雑誌に衣替えした。ジャーナリズム機能が著しく低下した。日本語でブラジルやブラジル人に関する情報提供を行うという趣旨で創刊された雑誌も短命で休刊に追い込まれた。最も大きな悲劇は、ブラジル人コミュニティで最も有名な新聞2紙が2009年と2010年にそれぞれ廃刊となったことだ。

　むろん、他のコミュニケーション手段や情報収集法が増えていることは確かである。どのエスニック集団にも共通する傾向だが、在日ブラジル人の間でもSNSが普及していることは言うまでもない。ブロガー、ユーチューバーとして名を馳せる（そして場合によっては生計を立てる）ブラジル人も出現している。このメディア新時代が移民の意識形成をどう左右するか、注目される[2]。

4　事例研究：日系人への「帰国支援事業」を受給者の視点から再考する[3]

■移民の「再入国許可」をめぐる論争と闘争

　日本には2008年の時点では300,000人を超えるブラジル国籍者が在住し、

その在留資格が「定住者」であれ「日本人の配偶者等」であれ、あるいは「永住者」であれ、日本を出入国する際には「再入国許可」を要した。リーマンショックに次ぐ雇用危機の影響で、非正規雇用者として働いていた日系人労働者の雇い止めが続出し、数万人規模の失業者が短期間に出現した。

　そこで日本政府（厚生労働省）は2009年に緊急対策の一環として、日系人労働者に限って本国への渡航を援助する「帰国支援事業」を打ち出した。厚生労働省の公式サイトで公表された概要は以下の通りである。

　　　「厳しい再就職環境の下、再就職を断念し、帰国を決意した者に対し、同様の身分に基づく在留資格による再度の入国を行わないことを条件に一定額の帰国支援金を支給する。
　　　＊なお、入管制度上の処置として、支援を受けた者は、当分の間、同様の身分に基づく在留資格による再入国を認めないこととする。」（「日系人離職者に対する帰国支援事業の概要」より）

　具体的には、本人1人当たり300,000円、扶養家族については1人当たり200,000円が支給され、事業開始の2009年4月から2010年3月までに21,675人が受給して日本を去った。うち圧倒的多数の20,053人がブラジル国籍、903人がペルー、719人が「その他」であった。

　まず問題となったのは、政府が2009年4月当初、「当分の間は再入国できない」とアナウンスしたことである。これが「手切れ金」による「追い出し策」ではないかという猛抗議を受け、同年5月には「3年をめどに」に改定されて、ひとまず抗議もおさまった。しかし、3年が経過した2012年4月になっても「再入国」が解禁されず、日本とブラジルの両国において抗議が続出した。政府は2013年10月に、「1年間の雇用契約を証明する」という条件付きで再入国を解禁したが、多くの人はこれを「1年半遅れての対応」として受け止めた。

　解禁に至るまでの様々な個人・団体による抗議活動の中でもひときわ目立っていたのが、サンパウロ市内の旅行会社S社のオーナーによるBlog dos retornados、すなわち「再入国許可の解禁を訴える帰国者」への情報と助言を提供するブログであった。同社は「再入国の解禁を日本政府に要求する署

名活動」も実施した。

　さらに、P氏は帰国支援事業による帰国援助金の受給者に独自でアンケートを実施した。ブログのサイト上で回答でき、ブログが存在した2011年4月より2013年9月までの期間中、常時回答可能という仕組みであった。その結果はいまだに公表されていない（そもそもアンケートを作成したP氏が公表を約束していたわけではなく、その回答者も彼への情報提供と自分のストレス解消を兼ねて協力した模様である）。個人情報の豊富さ、自由記述欄の文章の具体性と多様性などから、アンケートの信憑性は充分に担保されている。

　P氏が提供してくれたデータは111人の帰国受給者へのアンケート回答である。100人規模の帰国支援金受給者に対する同類の意識調査は他にはなく、今後、同様の調査が実現する可能性は低いといえよう。したがってこの資料の希少価値は極めて高いと言える。アンケート実施者はこのデータの公表を無条件に承諾し、集計方法等についても委ねてくれた。

　質問項目は「（ブラジルでの）居住地」、「（日本の）どこで帰国支援金を受給したか」、「なぜ受給したか」、「日本に再入国できるか否かについて説明を受けたか」、そして「何年経てば再入国できると説明されたか」などであった。

■帰国支援受給者（帰国した日系人労働者）アンケートのデータ分析

　以下、「帰国支援金受給者アンケート」の集計結果の一部を示す（回答はポルトガル語、邦訳は筆者によるものである）。データの分析に当たっては、アンケートの回答項目を再設定した（例えば多くの回答者は市町村名を記入しているが、県や州のみを記入している回答者も多かったため、集計では県や州にとどめた）。

表-3：性別

回答者の性別	回答数
男	67
女	43
不明	1

（回答総数：111。妻の名前も連記した回答者1人、家族3人の名前を連記した回答者1人）

表-4：ブラジルでの居住地

どこに住んでいるか		回答数	
サンパウロ州	サンパウロ市	21	
	大サンパウロ都市圏[*]	13	69
	地方都市	35	
南マットグロッソ州		9	
パラナ州		8	
ペルナンブーコ州		5	
ミナスジェライス州		4	
リオデジャネイロ州		4	
セアラ州		2	
ロンドニア州		2	
セアラ州		2	
その他（回答者 1 人の州）		6	

（回答総数：111）

*通常はサンパウロ市を含む 39 の自治体を指すが、ここでは
サンパウロ市以外の近郊都市のみを集計

表-5：帰国支援金を受給した県

受給した都道府県	回答数
愛知県	38
静岡県	16
群馬県	9
岐阜県	7
三重県	6
長野県	6
滋賀県	6
栃木県	4
富山県	3
埼玉県	3
茨城県	3
千葉県	2
広島県	2
無回答	6

（回答総数：111）

以上の表が示すとおり、ブラジル国籍者が多く住み、かつリーマンショック後の雇用危機で製造業において最も多くのブラジル人が雇い止めになった東海地方（愛知県、静岡県）や群馬県で受給した者が多い。男女比については、法務省のブラジル国籍者統計に比べれば男性回答者の比率が若干多めだが、サンプルとしての代表性を損なうには至らない。また、ブラジルで最大の日系人人口を有するサンパウロ州に在住する回答者が多いことが確認できる。

「なぜ、受給を決断したか」、「なぜ、日本に戻りたいか」の自由回答欄より：

複数の回答者が「3 年で戻れると言われたからお金を受給した」と証言しているという点が示唆的である。ある回答者の「一瞬の油断で馬鹿げた選択をしてしまった」という言葉は象徴的である。以下、3 年後の再入国を期待していた回答者の記述を二つ引用する。

「私がこの支援金をもらおうと決心したのは、ブラジルにいた祖父の健康状態が危なかったことと、日本に戻れないのは 3 年だけだと言われたから。（…）もし日本に戻れないと知っていれば、このお金をもらおうとは絶対に思わな

かった（下線は筆者による。以下、同様）」（男、愛知県で受給、サンパウロ市在住）。

　「息子2人は自分の金で戻ったけれど、私と夫は帰国支援金をもらった、当時は3年後には戻れると言われたから。」（女、浜松市で受給、サンパウロ州プレジデンテ・プルデンテ市在住）。

　他方、複数の回答者が「いただいた30万円を日本政府に返金しても構わないから、解禁をしてもらいたい」と主張している。また、「自分のビザを（支援金と引き換えに）売ってしまう」という表現を用いている回答者が2人いた。

　1人目は次のように綴っている。「私が日本に戻りたいのは、単純に私にはその権利があると考えるから。彼らが私たちをもう日本に再入国させないということを言ってくれていれば、私は絶対に金をもらっていなかった。また、私は必要ならばこの金を返金しても構わない、なぜなら私のビザの価値はたったの30万円程度ではないはずだから。」（男、長野県で受給、サンパウロ州プレジデンチ・ヴェンセズラウ市在住）。

　2人目は「私は当時、未成年だったが、自分のビザ（在留資格）を売りたくはなかった、しかし私の両親はそれを売ってしまった」と、決定権を有していた親の選択を悔やむ。

　多くの回答者が「日本社会に負担をかけたくない」ことを強調している点も興味深い。移住先に迷惑をかけてはならないという移民の倫理観が垣間見られる。以下、四つの例を挙げる。

　「私がブラジルに戻った理由は家族に病気を患っている者がいたり、当然ですが経済危機のためでもあった。だって、当時はいつになったら事態が改善するのか、全く見通しが立たなかったので。私たち夫婦は日本の経済にとって負担となり、失業保険に頼って生活するよりは、ブラジルに戻るほうが prudente（用心深い）と考えた。（私だけが戻り）夫は私たちが日本で交わした様々な約束を守るために居残った。」（女、パラナ州都クリチーバ市在住）。

　「ただもらいたくてもらったのではなく、もう仕事がなく、お金がなくなりそうだったので、ブラジルに戻らなければならなかった。」

　「私の妻は経済危機の頃にはまだアルバイトの仕事があり、解雇されたのは僕だけだった。もちろんなんとかやり繰りをして日本で生き残ることは

できただろうが、日本政府にこれ以上のコストを負担させるのは公平ではなかった。多くの人のように生活保護に頼ったり、仕事に復帰できるのにしない人たちはずるいと思う。どちらがベストの決断だろうか、ブラジルに戻って時が経って経済が回復するのを待つのか、それとも日本政府の善意に甘んじて生活保護を利用することだったのだろうか？」

「私が日本に働きに行った際にはもう経済危機が到来していて、5カ月だけ働いた時点で解雇された。まだ渡航費の借金を払っていたので、どうしようもなく、帰国支援金を受給した。」

他にも、「家族が離ればなれで引き裂かれている」、「日本に家族の一部を残しているから」、「日本が好きだ、日本に慣れた」、「私と夫は日本に戻りたい、なぜなら生活するのに素晴らしい国だから」、「ブラジルの生活に再適応できなかった」、など、注目すべき記述が複数ある。

データから読み取れる支援金事業の問題点

以上の回答の中でも示唆的なのは、回答者のほぼ全員が「3年経てば再入国できる、日本に戻れる」という説明を各地のハローワークで受けたと証言していることである。まれに「4年経てば」、「2年経てば」という説明を受けたという者もいる。日本政府が設定した条件、すなわち「3年をめどに」の「…を目処に」という日本語のニュアンスは伝わっていないことが確認できる。「（日本政府が）景気の回復を見極めながら解禁を検討する」という条件についても、理解できていた人はほとんどいない。

厚生労働省による支援金のアナウンス方法、さらには各ハローワークでの集団説明会や個別説明において、受給者の正しい理解を促す詳細な説明が徹底されなかったという実態が浮かび上がる。

「なぜ受給したか」、そして「なぜ日本に戻りたいのか」に関する回答には数々の興味深い共通点が見られる。経済的なモチベーション以上に、引き裂かれた夫婦や親子の「離散」を嘆く発言が目立つ。「自分のビザの価値は30万円程度なのか」という素朴な疑問や、「日本に負担（迷惑）をかけたくない」という倫理観、「一瞬の油断で馬鹿げた選択をしてしまった」という後悔の念を表す記述なども、在日ブラジル人のみならず移民全般の心情を考察する上

で興味深い。

　複数の受給者がなぜ、堂々と（あるいはしたたかに）支援金を受給するのではなく、これほどまでに移住先の政府を気遣うのか、そして失業保険などの権利に頼ることをためらうのか。回答者への聞き取り調査はできなかったが、ブラジルにおける日系人の「勤勉」あるいは「成功したモデル・マイノリティ」としての自尊心、さらには「デカセギに出向いたからには、錦を飾る形で帰国しなければ」という論理なども背景にあることが考えられる。複数の要因や背景があると考えられ、機会をあらためて詳述することとしたい。

帰国者への聞き取り調査からの知見

　筆者はアンケート調査の結果を補足・相対化するため、サンパウロ市で再入国を希望する帰国支援金受給者へのインタビュー調査も実施した。例えばＦさん（三世、女性、1980年生まれ、高卒）は日本ではソニーの下請け会社で勤務し、時給は1,000円だった。帰国支援事業を受給して2009年7月に帰国し、テレマーケティングの仕事を見つけた。派遣社員という雇用形態で、月間600~700レアル（ブラジルの最低賃金）しか稼げない。

　他方、Ｐ氏（三世、男性、1981年生まれ）は工場労働で時給870円、妻は無職、4歳の息子を養わなければならなかった。2009年1月に失業、6月まで失業保険を受給した。7月～9月までアルバイトで食いつなぎ、Ｔ市のハローワークで2009年8月に説明を聞いた。「3年で戻れる」と言われて決断し、2009年10月に日本を出国。サンパウロ市では派遣社員という形態でテレマーケティングの仕事を見つけたが、週に限られた時間数しか仕事の依頼がないため、月収はわずか642レアル（この月収は当時のブラジルの最低賃金以下で、生活苦を強いられる金額であった）。

　そもそも多くの日系ブラジル人が日本にデカセギに向かったのはブラジルでの不安定な労働・収入から脱却するためであった。そして多くの人が帰国支援事業を受給してブラジルへの帰国を決心したのは、日本での不安定な非正規雇用から脱却したいからであった。にもかかわらず、ブラジルに帰国後、大都会でのオフィスワークに従事しながらも、実質的には最低賃金を下回るパートタイムの仕事に従事するという逆説が生じている。

■移民の戦略と移民政策の力学

　帰国支援事業に関する研究は皆無に等しく、その受給者へのアンケートや聞き取り調査を実現するのは極めて困難だと言える。したがって、ここで提示したデータは、受給した移民個々人がこの制度をどう受け止めたかを垣間見る上で示唆に富む。

　帰国支援事業は生活困窮者に対する人道支援策として公表された。しかし、それが意図せざる結果であったか否かを確かめるのは困難ではあるものの、実際にはブラジルへの帰国（日本からの出国）を促すという機能も果たしたことが、本研究によって明らかになった。

　支給・受給の条件をめぐっては、大いなる「ロスト・イン・トランスレーション」（説明不足による聞き手の誤解）が発生した。これは日本の多文化共生施策の大黒柱の一つである多言語情報提供の不備を露呈しているとも言えよう。

　紙幅の都合上、本章では触れなかったが、マスメディアに実名で大きく報道された支援金受給者が一人だけいる。再入国の解禁を求めて 2013 年 5 月に日本政府を提訴した日系 4 世のフテンマ・ジュリアネ（当時、21 歳）である。ジュリアネは 7 歳で家族と来日、まだ未成年の 2009 年に両親と共に帰国支援事業を受給し帰国した。日本にいた頃から親しくなった日系 3 世のルカスとブラジルで結婚した。ルカスは帰国支援事業を利用せず、自費で航空券を購入したので、無事、再入国できたが、ジュリアネの再入国許可を求めて名古屋入国管理局に在留資格認定書証明書交付申請をしたところ、不交付となったという。彼は静岡県浜松市の NPO や弁護士の支援を受けて、不交付の取り消しを目指した。筆者は支援団体のマイノリティ・ユース・ジャパンが主催したシンポジウムでルカスと面談したが、彼の証言によれば、ジュリアネ一家は日本への永住を希望していたので、当初躊躇したものの、3 年をめどに再入国に対する見直しが行われるという政府の発表を信じて、利用を決意した [4]。

　この提訴を受け、入管は一転して不交付の決定を取り消し、在留資格を認めた。ただし、あくまでも「日系人定住者の配偶者」として認めたのであり、帰国支援事業受給者の再入国解禁の前例にはなり得なかった。

　政府が支援金受給者の再入国を解禁したのはその数カ月後の 2013 年 10 月

である。ただし、ビザ申請時に日本の企業と1年以上の雇用契約があること
を示す書類の提出を条件とした。これでブラジルの日系社会や受給者・支援
者からの抗議の声は収まったが、この事業は「移民受け入れ国ニッポン」の
日系人に対する視線や姿勢のアンビバレンスを余すところなく顕在化させた
と言える。

5 おわりに——高齢化する第一世代、ビザを熱望する日系四世

　本章では、まず、在日ブラジル人に関する統計を手がかりに、その実態と
最新の動向に迫った。また30年弱の移民史を振り返りながら、在日ブラジル
人の集団的アイデンティティの変化を解明した。在外ブラジル人意識の強化
や各国に在住しているブラジル系ディアスポラのネットワーキングについて
も触れた。

　次に、帰国支援事業の事例研究を通して、移民の意識や生活戦略と、政府
による「移民政策」（見方によっては「無策」）との間に見られる乖離や葛藤を浮
き彫りにした。帰国希望者への援助という大義名分を逸脱する形で、母国へ
の強烈なプッシュ要因として機能したことが明らかになった。

　最後に、在日ブラジル人をめぐる二つの新たな問題について触れたい。一
つは高齢化問題である。法務省の2016年末の在留外国人データから年齢別の
人口分布を注視すれば、65歳以上のブラジル国籍者が6,239人である。この
年齢層は最も日本国籍保有者の日系一世が多いことが容易に想像できるので、
いわゆる「高齢者層」が10,000人を超えることはほぼ確実である。ちなみに、
60歳から64歳のブラジル国籍者は実に7,753人もいる。大多数のブラジル人
が未だに工場等での肉体労働に従事していることを鑑みれば、人材派遣業者
が重宝するバリバリの「労働力」として見なされにくい人口が約20,000人も
いる計算になる。今後、移民の各世帯、コミュニティの相互扶助、自治体や
国レベルの対応等において、いかなる戦略や対策が生まれるかが注目される。

　高齢化問題があまり話題に挙がらないのに比べ、日本のブラジル系メディ
アにおいてもブラジルの日系メディアにおいても大きな話題になっている
のが「四世ビザ問題」である。現行の入管法では活動に制限なく日本での長期
滞在が許されるのは日系三世止まりだが、ブラジルで経済活動人口の年齢層

に達する日系四世が増加し、日本での就労を希望する四世も出現した。これに伴い、ブラジルの日系社会からも「四世にもビザを」の声が高まり、国会の予算委員会で 2017 年 2 月 2 日にこの問題について日本維新の会の議員から質問を受けた安倍首相も「前向きに検討して行きたい」と答弁した。本章を執筆している 2017 年 9 月現在、法務省はワーキングホリデー制度を援用して、厳しい条件を課す形でビザを解禁すると報じられている。具体的には、対象年齢は 18 ～ 30 歳に限定し、家族の帯同も認めず、来日時に簡単な日常会話ができる日本語検定 4 級（N4）程度、在留資格更新時には複雑な文章も理解できる 3 級（N3）程度の能力を有することを要件とするという⁽⁵⁾。最も日系社会を失望させたのは、受け入れを年間 1,000 人程度に制限する予定だと発表したことである。今後、一部の制限が緩和されるとしても、日系四世に二世や三世と同様の在留資格が付与される可能性は低いと考えられる。そしてもしこの法案が成立すれば、在日ブラジル人の人口は当分の間、微増傾向が続くと予想できよう。

　在東京ブラジル領事館の市民代表者会議（Conselho de Cidadãos）は 2015 年 10 月 3 日に「横浜宣言」（Declaração de Yokohama）を公表した。筆者は総領事にその素案の執筆を任命され、同日に横浜市鶴見区で開かれた総会において全会一致で承認された。まだ邦訳は用意されていないが、表題には「デカセギの時代は終焉した、私たちは此処に居ることを選んだ」と記されている。領事館の後押しがあっての宣言であったことを差し引いても、本章のタイトルに掲げた二つのキーワードである「デカセギ移民」から「在日ブラジル人」への転換を集団レベルで宣言した初の試みだという意味において、画期的な出来事である。客観的な指標や個々の主観において「デカセギ」意識との決別が本当に果たされたか、その検証は移民および研究者の双方に課せられた課題であろう。

[注]

(1)　在外ブラジル人についてはイシ（2011）および Ishi（2017）を参照されたい。

(2)　なお、デカセギ現象が生んだ移民文化の可能性を存分に捉えるためには、日本でのデカセギ経験を経てブラジル帰国後に行われている文化的営みを注視する必要がある。そ

の具体例をイシ（2017）で参照されたい。また、デカセギ帰国者については小内（2010）で筆者が執筆した第 2 章を参照されたい。

(3) 　本節は、平成 24 〜 28 年度の文部科学省私立大学戦略的研究基盤形成支援事業「東アジアにおける人的交流がもたらす経済・社会・文化の活性化とコンフリクトに関する研究」（研究代表者：板垣博、プロジェクト番号：S1291005）の研究成果報告書で筆者が執筆した社会班報告書の一部（「帰国支援事業」政策に関する研究の成果」）を加筆修正したものである。

(4) 　詳しくは次の記事を参照。「デカセギが日本政府提訴 "3 年問題" で初訴訟 妻の再入国拒否に対し 夫ルカスさん「権利のため戦う」」『ニッケイ新聞』，2013 年 5 月 11 日．

(5) 　「日系 4 世に日本で就労資格、法務省導入へ」、『読売新聞』，2017 年 7 月 31 日．

［参考文献］
イシ，アンジェロ．2006.「デカセギ移民へのまなざし――英米とブラジルにおけるデカセギ論」『ラテンアメリカ研究年報』26 号，116-140.
――. 2010.「在日ブラジル人による表現活動の戦略と意義――音楽家の事例を中心に」駒井洋監修，中川文雄他編著『ラテンアメリカン・ディアスポラ』，明石書店，226-248.
――. 2011.「在外ブラジル人としての在日ブラジル人〜ディアスポラ意識の生成過程」日本移民学会編の学会創設 20 周年記念論文集，『移民研究と多文化共生』，御茶の水書房，231-251.
――. 2017.「デカセギ文学の旗手でもなく、在日ブラジル人作家でもなく――日系ブラジル人のマルチクリエーター、シルヴィオ・サム」，細川周平編『日系文化を編み直す 歴史・文芸・接触』，ミネルヴァ書房，161-177.
小内透編著. 2010.『講座　トランスナショナルな移動と定住　第 3 巻　ブラジルにおけるデカセギの影響』.

Ishi, Angelo. 2003. Searching for Home, Wealth, Pride, and "Class": Japanese-Brazilians in the Land of Yen. In *Searching for Home Abroad: Japanese Brazilians and Transnationalism*, edited by Jeffrey Lesser. Duke: Duke University Press. 75-102.
――. 2017. Integrating a New Diaspora: Transnational Events by Brazilians in Japan, the United States, and Europe. In *Living in Two Homes: Integration and Education of Transnational Migrants in a Globalized World*, edited by Rina Contini and Mariella Herold. Bingley: Emerald. 201-221.
Roth, J. H. 2002. *Brokered Homeland: Japanese-Brazilian migrants in Japan*. Ithaca: Cornell University Press.
Tsuda, T. 2003. *Strangers in the ethnic homeland: Japanese Brazilian return migration in transnational perspective*. New York: Columbia University Press.

　まず、以下の課題に共通する注意点です。課題を調べる際には、できれば
インターネットでの検索エンジンで済ませるのではなく、大手日刊各紙の記
事や図書館に所蔵されている図書も参照してください。また、役所に出向い
てみたり、外国につながる人々が身近にいる場合は、彼らに話を聞いてみた
りするなど、「リアル」な社会での情報収集に努めてください。

1.　あなたが住む（もしくは生まれ育った）自治体や地域にはどの国の外国
　　籍住民が何人住んでいるか調べてみよう。

2.　あなたが住む（もしくは生まれ育った）自治体や地域で、あまり日本語
　　が分からない人々に対してどのような多言語情報でのサービスが提供さ
　　れているか、調べてみよう。

3.　あなたが利用する各メディアにおいて、「外国人」、「日系人」、「ブラ
　　ジル人」などについてどのような情報がどのくらい流通しているか、検
　　索してみよう（そしてそれらの情報の「量」や頻度、「質」や内容について、その
　　傾向や特徴を見極めよう）。

コラム12

ブラジルにおける「継承日本語」のこれから

　ブラジルへの日本人移住が 1908 年に開始されてから 110 年の歳月が流れ、日系人は六世まで誕生している。戦前の国家統合政策による外国語教育の禁止や、進む非日系人との婚姻の影響もあり、日系人の「日本語」離れはよく指摘されるところである。ここでいう「日本語」とは、自らのルーツにつながる文化の伝承や、その言語を用いる家族やコミュニティの人々と話すための「継承語」としての日本語である。一方で、ブラジルにおいてもマンガやアニメといった「日本文化の魅力」に惹きつけられて外国語として日本語を学ぶ日系人の姿もある。

　先細りとはいえ、世界最多の日系人が住むブラジルで日本語の継承が途絶えた訳ではない。ここで、幼い頃から家族と日本語で話しなおかつ日本語教育の研修を受けた日系人教師の語りに注目したい（Sakamoto & Morales 2016）。ブラジルで日本語教育を担っているのは戦後移民一世、日本語を継承した日系人、そして外国語として日本語を教える訓練を受けたブラジル人である。母語話者であることが日本語教師の重要な条件であるとの一世の主張について日系人教師は、一世の授業は特殊であり世界で展開される日本語教育のスタンダードではないと対抗する。さらに、ブラジルの大学で 4 年間程度勉強しただけで日本語を教え始める人々に対しては、日本語力不足の恐れがあると手厳しい。日本語と身近に接しながら育った経験と日本語教育の資格を兼ね備えた私たちこそが日本語教師にふさわしいと日系人教師は主張する。彼らが重視するのは日本語力に加えて、日本語で育ってきたかどうかという「経験」の有無である。

　現在、日系ブラジル人の継承日本語は新たな局面を迎えようとしている。日本に中南米出身の日系人とその家族が暮らすようになって 30 年が経過したが、ここにきて、日本で就労可能な滞在資格付与を一定の日本語力を持つ日系四世にまで広げようという議論が持ち上がった。日本語を継承していない若い世代の四世は、「日本文化」だけでなく「日本の暮らし」にも魅力を感じて日本語を学び始めてくれるだろうか。ブラジルには彼らと同年代の日系人青年で日本から「帰国」した日本語ネイティブもいる。「日本の暮らし」を経験している彼らデカセギ子弟は、自分の子どもたちに日本語の継承を望むだろうか。ブラジルにおける継承日本語の「これから」は、「日本の暮らし」への期待やその経験の善し悪しに影響を受ける。つまり、私たちが彼らの「日本の暮らし」を魅力的なものにできるかどうかにかかっているともいえる。傍観者ではいられない。

Sakamoto, Mitsuyo, Morales, Reiko Matsubara. 2016. Ethnolinguistic vitality among Japanese-Brazilians: challenges and possibilities, *International Journal of Bilingual Education and Bilingualism*, Vol.19, No.1, pp.51-73.

（拝野寿美子）

第 10 章

在日コリアンの歴史的変遷と
生存のための経済戦略

李 洙任

1　はじめに

　日本に居住する外国人は、来日の時代背景の違いによってニューカマーと
オールドカマーに大別され、異なった視点で議論されることが多い。ニュー
カマーとは、1980 年代後半のバブル景気における労働力不足を補うため日
系ブラジル人や日系ペルー人を外国人労働者として受け入れられた人たちで、
ニューカマーの代表である。日本政府は 1990 年には出入国管理法の改定に
よって日本の受入政策を転換させ、ご都合主義的に進めてきた（詳細は第 9 章を
参照）。一方、ニューカマーの存在が顕著になるにつれて、旧植民地出身者の
在日韓国・朝鮮人（以後、総称として在日コリアンと呼ぶ）や中国人への対応は別
物としてオールドカマーと呼ぶようになった。

　留学生や研修生を主とする 新 来 中国人が 2007 年に在日外国人の中で最多
グループになるまでオールドカマーの最多のエスニック集団は韓国・朝鮮人
たちだった。「日本人ではない」自分の出自を語る場面でも「ザイニチ（在日）」
という言葉が使われていた [1]。なぜなら日本人が使う「チョーセン」という言
葉にネガティブなニュアンスが含まれるため、文化的、言語的には日本人とな
んら変わらない在日コリアンの若い世代が、日本人でない複雑なアイデンティ
ティゆえ「自分は実は朝鮮人、（もしくは）韓国人」と告白する場面で国籍名を

名のる代わりに「「ザイニチ」が使われた。また取り巻く日本人も「朝鮮人」という代わりに「彼／彼女は実はザイニチ」というふうに呼んでいた。

　祖国が、1948年に分断されて以来、在日朝鮮人コミュニティも冷戦構造化で「北朝鮮」か「韓国」かの選択を迫られ分断されていった。排除政策の結果である。1975年には約750,000人の外国人が日本に居住していたが、在日コリアン数は約650,000人で全体の8割以上を占めていた（法務省統計）。よって日本政府による外国人処遇施策は在日コリアンに対する施策を意味し、施策の本質は、差別的、かつ排他的そのものだった。今日においても在日コリアンの四世や五世でさえも外国人として扱われ、地方参政権をも付与されていないという他の先進国では見られない日本特有の問題がある。

　本章では、在日コリアンの人たちの歴史的経緯を見ながら、どのように独自の生き残りをかけての生活戦略そして経済戦略を繰り広げていったかを見たい。

　在日コリアンの安価な労働力は外国人労働者の先駆者として日本経済の底辺を支えてきたことを知る日本人は少ない。日本人に比べ、人口比から考えても大成功を遂げた起業家を多く輩出した要因の背景に社会の壮絶な差別構造があった。本章では、社会で排除されながらも大成功を遂げた在日コリアン起業家を生み出したものは何かを論じる。政治的な排外や排除に勝利するのは経済的に豊かになることと信じた一世や二世の在日コリアンの生きざまを理解することによって社会とは誰のために存在するのかを読者に考えていただきたい。

2　在日コリアンの歴史

　1910年（明治43）8月29日、「韓国併合ニ関スル条約」に基づいて大日本帝国は大韓帝国を併合する。併合されるやいなや日本と朝鮮の間に人々の往来は頻繁になるが、朝鮮人の日本への流入過程を時代区分ごとに見ることにする。この後、日本による統治は1945年（昭和20）9月9日朝鮮総督府が降伏するまで35年間続いた。

2-1 併合前から戦後までの流入過程

併合前の在日朝鮮人 (1895 ～ 1909 年)

　併合前でも朝鮮に渡っていく日本人数は多かったが、併合前の在日朝鮮人の数は 1,000 人にも満たず少なかった [2]。一方、在朝鮮日本人は約 170,00 人と膨れあがっていた。人と数は膨大であったが、併合前（1909 年）の金玉均を代表とする朝鮮の開国派は朝鮮でクーデーターを企てるため福沢諭吉のような日本の権力者と接触する時代に入り（姜 1977）、朝鮮の歴史を決定づける前触れのような時代とも言えた。近代化が進んでいた日本では多くの日本人が朝鮮に向かい始め、日韓協約（乙巳）年（日露戦争に勝利した日本が大韓帝国政府に強要して 1905 年 11 月 17 日に締結した）には 42,460 人とその日本人数は膨れ上がるが、渡日した朝鮮人はたった 303 人である。

　1909 年 10 月 26 日、朝鮮の独立運動家である安重根が、前韓国統監の伊藤博文をロシアが権益を持つ北満州のハルビン駅構内で射殺した事件が起こる。この事件によって日本による韓国併合が急がれたという言説もあるが、伊藤の死の前に日本は、既に武力で他国を制圧しようとする国に変貌しようとしていた（詳細は、李洙任・重本直利編著『共同研究　安重根と東洋平和東アジアの歴史をめぐる越境的対話』明石書店、2017 年を参照）。

　当時の在日朝鮮人は留学生や富裕層の親日家もしくは開国派の朝鮮人で、日本における権力者や有識者と交流する立場にあった。1910 年の韓国併合によって朝鮮人の渡日理由は一挙に変化していき、日本の統治下に置かれた朝鮮人は内地の安価な労働力としてその数も急激に増加していった。

土地調査事業期 (1910 ～ 19 年)

　韓国併合後の在日朝鮮人数は増加の一途を辿った。それまでは、数千単位だったのが、1920 年には 30,189 人となり、その後朝鮮人の日本への流入は加速化していく。朝鮮総督府は、土地調査事業や産米増殖計画などの植民地経済政策を施行し、その結果多くの農民が土地を失い、その労働力の他国への流出は韓国の経済構造を大きく変革させた。困窮した農民は主に中国、ロシア、そ

して日本へ出稼ぎ者として多くの若者が家族を置いたまま朝鮮を離れた。

植民地政策下で土地調査事業が始まり、日本内地の地価と比較して安価な朝鮮に土地を購入し始めた日本の大資本家の存在とその政策を推進させるため、朝鮮総督府は土地調査事業を本格化させ、朝鮮人の土地を接収していった。土地の所有主は、朝鮮総督府の臨時土地調査局長に一定の申告手続きを行い、申請が認定されれば近代的な私有権が確定されたが、ほとんどの農民は手続き方法が理解できず、土地申告はなされないまま多くの農民の土地は総督府に管理された。ちなみに朝鮮総督府は拡充路線を強化し、1911 年 8 月に森林令で総督府の管理外の山林すべてを接収し、また 1918 年には林野調査令を公布し、朝鮮総督府の所有林野をさらに拡充していった（黄 2011 年 9 月 5 日閲覧. http://www.ier.hit-u.ac.jp/COE/Japanese/Newsletter/No.13.japanese/Hwang.htm）。

在日朝鮮人は今で言う単純労働に従事することが多く、主な職業は、土木・建設工事等の日雇人夫、工場の非熟練工、雑役夫、炭坑夫等であり、日本人労働者の産業予備軍的位置にあって雇用は不安定なものであった。同一労働に対して朝鮮人の給与は日本人のほぼ半分程度で、差別賃金は日常化し、3 K（危険、きつい、汚い）労働現場に送られ、悲惨な労務管理の下で虐待・虐殺の犠牲者になるものも多かった。1908 年ごろから工事が開始され、工事を請け負った土木会社は、朝鮮から労働者を雇用した。大阪では 1920 年代に平野運河の開削工事、京都では宇治水力発電所、そして北海道においてはダム工事のため、多くの朝鮮人労働者が動員された。文化的には、徹底した日本人化を目的として内鮮融和政策を行い、朝鮮語の禁止と創氏改名、皇国臣民の誓詞唱和等を強要した（在日韓国朝鮮人の人権　2015 年 12 月 3 日）。

産米増殖時期（1920 ～ 30 年）

1918 年に起こった日本の米騒動のあと、日本政府は米の安定供給のため、植民地農村を改編し、その結果流入化した在日朝鮮人数はそれまでは万単位だった数が 10 万単位となり 1925 年には 129,870 人と膨れ上がり、1930 年には 298,091 人となった。朝鮮人の法的地位は「日本人」ゆえ、朝鮮府から内地への流入は国内移動と位置づけられる。日本政府は朝鮮人を国籍上は日本人として扱ったが、差別化を図るため朝鮮戸籍所持者として朝鮮人を内地戸籍所

持者である日本人から区分けし、社会的、そして経済的に下位の地位に置いた。「一視同仁」や「内鮮一体」の一環として、創氏改名により日本人名を強要し、これに応じない朝鮮人を徹底的に抑圧した。

　朝鮮人は日本の下層労働に従事していたため、安価な労働力を効率よく確保するために、併合前には朝鮮半島では日本人の仲介・募集を行うものが出没していた（水野 1998）。日本人がもつ朝鮮人に対する蔑視観と、朝鮮人の言葉の不自由さによる意思疎通の不十分さが日本人への不信感を強め、しばしば日本人との衝突を誘発している。

　植民地時代に日本へ出稼ぎに来ていた済州島出身の朝鮮人に関する報告から、渡日した朝鮮人移民の行動様式は一様でないことがわかる（原尻 2006）。同じ出稼ぎ者であっても自らの文化資本や価値の制約に基づき、日本で手にした職種は多様であった。たとえば、海女は海で働く仕事に就き、字を知っていて学習する機会を活用できる者は職人仕事を求めた。表-1 は、1928 年、京都府に在住していた朝鮮人が携わった職業一覧だが、そこから朝鮮人が多様な職に従事していたことがわかる。　当時の朝鮮人は日本国籍を所有していたことから就業機会は戦後より開放されており、「電車従業員」になることが可能であった。　一方、「人参行商」や「飴行商」のような朝鮮人特有の職業も見られる。多様な職業の中で、紡績業、織物業の分野が極めて高い数字を示している。

中国大陸侵略期（1931 〜 38 年）

　朝鮮を大陸侵略への兵站基地にしたため、農村破壊が進み、飢餓農民が続出した。低賃金労働者として日本へ流民する朝鮮人が急増した。「日本人」としての国内移動であっても渡航証明書が必要だった。在日朝鮮人数の増加はさらに加速化し、1938 年には 800,000 人近い数に増加していた。この時代に流入した朝鮮人は単身出稼ぎの男子が多く、移住労働者として位置付けるのが正しいが、日本社会で安価な労働力として受入体制も強化されていった。当時の日本人と朝鮮人が共有する文化的空間がどのようなものであったかを理解する資料は少ないが、梁石日の小説『血と骨』で見られるように朝鮮からの移住労働者数が急増するにつれ朝鮮人コミュニティの形成や発展につながっていった。

　朝鮮からの移民たちは日本各地に移動した。多くは関西と九州に集中し、彼

表-1：京都府在住朝鮮人職業別表（1928（昭和3）年4月末に収集された資料）

（単位：人）

職業別	学生	僧侶	官公吏雇傭	織物職工	友仙職工	撚糸職工	海軍工作部職工	晒職工	伸銅職工	紡績職工
男	192	1	2	325	476	118	7	51	74	62
女	17	—	—	63	7	64	—	13	—	283
計	209	1	2	388	483	182	7	64	74	345
職業別	捺染職工	鉄工	ミシン裁縫	組紐職工	鋳物職工	大工	石工	牛乳搾取配達	製菓職工	製靴職工
男	201	21	14	27	5	5	7	15	19	3
女	5	—	7	13	—	—	—	—	—	—
計	206	21	21	40	5	5	7	15	19	3
職業別	製材職工	製鋼職工	練糸職工	人力車輓夫	商店雇人	料理屋飲食店雇人	水許職工	自転車修繕	味噌醤油製造雇人	養鶏牧場雇人
男	45	6	39	40	69	65	91	4	6	23
女	—	—	1	—	2	19	—	—	—	3
計	45	6	40	40	71	84	91	4	6	26
職業別	印刷工	理髪職	電車従業員	郵便配達人	自動車運転手助手	洋服仕立職	手伝	土工	新聞配達	染物職工
男	11	37	7	3	17	12	211	4,080	94	335
女	—	—	—	—	—	—	—	144	—	7
計	11	37	7	3	17	14	211	4,224	94	342
職業別	荷車輓夫	仲仕	人蔘行商	莫大小職工	湯屋三助	蒸物職工	売薬行商	製紙職工	火夫	再整工
男	122	24	7	5	6	37	2	24	5	107
女	—	—	—	—	—	7	—	3	—	—
計	122	24	7	5	6	44	2	27	5	107
職業別	製鋲職工	農家雇人	瓦製造職工	彫刻工	掃除人夫	カタン糸職工	飴行商	悉皆職工	色抜職工	製氷雑役
男	20	84	36	24	50	5	19	8	10	5
女	2	—	—	—	—	—	—	2	—	—
計	22	84	36	24	50	5	21	8	10	5
職業別	精錬職工	文庫紙職工	ホテル雑役	コック	竹籠職	象嵌見習	銅器職工	電機工	製箱職工	張物職工
男	16	8	1	4	1	3	4	30	15	8
女	—	2	—	—	3	—	—	—	—	—
計	16	10	1	4	4	3	4	30	15	8
職業別	鍛冶工	塵芥採取人夫	製瓶職工	陶器職工	鉱山坑夫	清涼飲料水製造雑役	日稼	其他職工	無職	合計
男	9	51	17	69	14	5	443	1,163	857	10,138
女	—	—	—	2	—	—	23	313	897	1,904
計	9	51	17	71	14	5	466	1,476	1,754	12,042

出所：朴慶植編著「21章 朝鮮人調査票」『在日朝鮮人関係資料集成 第一巻』、1975年、695～696頁を基に筆者が作成。

第10章 在日コリアンの歴史的変遷と生存のための経済戦略

らはその地に定住し始めたが、これらの地域が景気低迷に陥ると、経済的に台頭してきた移民たちは関東地方に移動していった。

　1923年、関東大震災後の混乱期に日本人による6,661人の朝鮮人大虐殺が起こったため（Lee, C., and De Vos, G. 1981, 27）、その後、関東地方は朝鮮人移民にとってきわめて恐ろしい地域と朝鮮人間で風評が流れ、忌避されている。一方大阪は、日清戦争の後、紡績業を中心に商工業が飛躍し「東洋のマンチェスター」と呼ばれる時代から「大大阪」と呼ばれた時代となり、多くの朝鮮人を吸引していく。関東大震災後の被災者の転居、市域拡張により、1925年（大正14）の大阪市は人口2,110,000人、東京（当時は東京府東京市）を上回る日本一の大都市としても栄えた（沢井 2017年8月14日）。そのような背景から朝鮮人移民は大阪に集中し、その結果大阪に最大の朝鮮人コミュニティが形成されたのである（Kashani, S. 2006）。

　関東地方の産業は技能労働者を必要とし、大規模企業による雇用の回転率は低く、朝鮮人移民が労働市場に参入できる機会はなかった。対照的に、大阪には、小規模、零細企業が多く、これらの企業は非熟練労働者の確保に苦労しており、多くの朝鮮人移民は低賃金労働者として重宝された（河 1997、Kashani, S. 前掲書 2006）。朝鮮人の国籍は「日本」であったが、被征服民として扱われ、構造的かつ社会的差別に喘ぎ、朝鮮人が手にできる職種は限られたものであった。

戦時体制・強制連行期（1939～45年）

　太平洋戦争への突入により日本人が多く戦地へ動員されたため、国内軍需産業の労働者不足が起こった。その穴埋めとして「国民動員計画・朝鮮徴用令」により、低賃金労働者として石炭・金属鉱山などの建設のため、朝鮮人が強制連行された。アジア太平洋戦争の戦場で、空襲で、あるいは労働を強いられて、多くの人々が死に至らしめられた。日本人約3,100,000人、アジアの人々は約2,000万人以上が命を失ったと言われている。今も無数の遺骨が残されている北海道には、ダム工事、飛行場建設あるいは炭鉱で労働を強いられた朝鮮人、中国人、日本人のタコ部屋労働者の遺骨が仏教寺院の埋葬地に残されている。1970年代から北海道で始まった発掘と調査で掘り出され

た遺骨は、いつか故郷に帰る日を待ち、寺院の納骨堂に安置され続けていた。戦争から70年を経た2015年、朝鮮人、中国人、日本人のタコ部屋労働犠牲者を追悼しつつ、韓国出身犠牲者の115体の遺骨を韓国の遺族に、故郷に奉持することになった[3]。

　1938年から43年まで、北海道朱鞠内では雨竜ダム・名雨線鉄道工事が行われ、約200人以上の労働者が犠牲になった。朱鞠内湖は雨竜ダムの堰堤にせき止められてできた人造湖で、戦争中に朝鮮半島から強制的に連行されてきた朝鮮人と日本人のタコ部屋労働者の命の痕跡であった。重労働とわずかな食事、逃亡者への見せしめのリンチが横行し、死者の存在は知られないまま共同墓地に埋められていた。また、飛行場の建設は1943年から45年にかけて行われた。戦況の悪化に伴い、いつアメリカが北から攻めて来るかもわからない状況の中、ソ連軍の南下にも備えるために防衛網の建設が急がれ、オホーツク沿岸に飛行場を急造した。根室や女満別、樺太にも造られた。そして浅茅野台地には二つの飛行場が建設された。浅茅野飛行場を発注したのは旧日本陸軍である。実際に工事を請け負ったのは北海道内の土建業者で、鉄道工業、菅原組、川口組、丹野組など。労働者は日本人も、そして囚人もいたが、ほとんどは朝鮮半島から連行された朝鮮人だった（殿平 2014）。北海道では、その厳しい職場環境から馬のように扱われた結果死に絶え、その遺骨はまた犬、猫のように重ねられるように埋葬されていたことがわかった（殿平 2013）。

2-2　地域別人口推移

　朝鮮人の朝鮮半島からの大量流入期は経済的視点から見ると日本の産業革命が起こった大大阪時代（大正時代末期から昭和時代初期）である。1925年に大阪市は、東成郡・西成郡を合併し、大規模な市域拡張を行い、人口が2,000,000人を超えた。人口、面積、GDPのいずれも東京市を上回り、大大阪と呼ばれ、アジア最大の都市だった。大阪の経済構造に朝鮮半島からの出稼ぎ労働者が安価な労働力として組み込まれ、移住労働者として日本経済の底辺を支えた。大阪と済州島を結ぶ定期就航船「君が代丸」で入国した彼らにより大阪の猪飼野地域が「小さな済州島」と呼ばれるほどになり、済州島の全人口の5人に1人が日本へ出稼ぎに来た（金 2015）。初期の段階では、自発的に日本への移民を

表-2：在日朝鮮人地域別人口推移

（単位：人）

県名	1911年 1月31日	1917年 12月31日	1920年 10月1日	1925年 6月30日	1930年 10月1日	1940年 10月1日	1945年 8月20日	1945年 11月1日
北海道	6	1,706	3,462	4,450	15,560	43,116	96,206	92,687
東京	472	918	2,485	9,989	38,355	106,690	101,236	39,609
神奈川	27	316	782	6,212	13,181	30,701	64,494	44,947
愛知	25	253	665	8,528	35,301	84,086	142,484	75,505
三重	34	55	214	935	8,031	12,296	23,283	25,636
滋賀	57	39	116	1,071	3,691	8,473	13,255	20,456
京都	126	274	1,068	6,823	27,785	72,879	69,900	58,683
大阪	138	2,235	6,290	34,311	96,943	298,688	333,354	102,961
兵庫	82	1,624	3,770	8,032	26,121	108,496	144,318	73,884
島根	10	385	717	439	2,733	8,075	19,824	25,247
岡山	27	487	725	1,165	5,652	12,405	36,526	34,433
広島	80	928	1,173	4,709	11,136	43,615	84,886	50,733
山口	125	778	2,051	5,967	15,968	79,030	144,302	65,091
福岡	270	1,386	7,833	14,245	34,639	116,273	205,452	64,103
大分	32	204	785	959	3,657	9,340	31,037	22,769
その他	638	3,014	8,619	28,874	80,256	207,152	458,250	358,850
合計	2,149	14,602	40,755	136,709	419,009	1,241,315	1,968,807	1,155,594

出所：「在日朝鮮人人口推移」『100年のあかし、在日朝鮮人歴史資料館開設記念』在日コリアン歴史資料館調査委員会、2005年、10頁を基に筆者が作成。

決意したものが大勢いた。彼らの流入は、自国の社会、政治的要因、そして経済的要因がプッシュ要因となり、日本に低賃金労働者として受け入れる市場が存在したことがプル要因になった。最終的段階（1939-45年）では強制連行された人が多くなる。

　当初は、独身男性、もしくは夫や父、そして長男のみという出稼ぎが、生活の定住化が進むと鎖のように人を呼び寄せるので英語ではチェーンマイグレーションと呼ばれる、家族の呼び寄せが始まる。そして、「出稼ぎ」から「定住化」「永住化」へ地域コミュニティは発展していく。大阪に行けば、儲かると一攫千金を狙う朝鮮人も多く、故郷に錦をかざる――出稼ぎ者の心のよりどころとなっていく。大阪は当時、首都である東京より経済的に勢いを持つ都市となっており、日本経済、特に大阪の製造業が飛ぶ鳥をも落とす勢いで急成長していく過程で、化学、鉄鋼、紡績産業の中から次々と在日韓国人の企業が誕生

した。

　表-2 は、1911 年から 1945 年の間の在日朝鮮人の人口推移である。1911 年
の統計数を見ると、東京に在住した朝鮮人数（472 人）が大阪に在住した朝鮮人
数（138 人）より多いが、彼らは主に就学を目的とする留学生や季節労働者で
あった（和田・石坂 2002）。1930 年ごろには大阪府には 96,943 人の朝鮮人が在
住し、京都府には 27,785 人、10 年後の 1940 年には大阪府には 298,688 人、京
都府には 72,879 人とその数は約 3 倍前後に膨れ上がった。朝鮮人移民の定住
化が進むにつれ、京都においては西陣や友禅染など伝統産業に従事する朝鮮人
が現れ、1930 年の国勢調査によれば、朝鮮出身者で在京都韓人機織工は 720
人であり、それは染色工・捺染工（大部分は友禅染工）につぐ朝鮮人移民の典型
的職業であった、と報告されている（河 1997, 86）。

3　定住から永住へ

3-1　日本国籍の喪失

　連合軍（実質は米国）の占領下に置かれ、朝鮮人は不明瞭な立場におかれ
た。その位置づけに関しては、米国政府から朝鮮人を「liberated nationals」
もしくは「enemy nationals」として位置づけるよう指示を受けていた（李・田
中 2007）。外国人登録令（1947 年 5 月 2 日公布・施行勅令第 207 号）が発布されると、
その第 II 条は「台湾人のうち法務総裁の定めるもの及び朝鮮人は、当分の間、
これを外国人とみなす」と定めた。これにより旧植民地出身者は、日本国籍を
有しているのに外国人と扱われ、外国人登録証明書の常時携帯を義務づけられ
た。国籍は「朝鮮」と記されたが「国籍」ではなく「符号」として扱われた。
在日韓国・朝鮮人は戦勝国民でも敗戦国民でもない「第三国人」としてみなさ
れるようになった。

　1952 年 4 月 28 日、法務府民事局長の一片の通達によって、在日朝鮮人の意
思を問うことなく一方的に在日の日本国籍は剥奪された。法的には、国籍離脱
という言葉が使われているが、本人の意思は考慮されずに、在日朝鮮人たちは
日本国籍を喪失した。そして、1952 年、日本と連合軍の間にサンフランシス
コ平和条約が締結され、在日朝鮮人は外国人登録法下におかれることになった。

したがって、法的に在日朝鮮人は 1952 年まで日本国籍を所持していたことになる。多くの社会学者・歴史学者と人権運動家はこの「一方的な日本国籍の剥奪」という日本政府の政治的決定は国際慣例に反していると批判し（田中 1995, 66）、ドイツの戦後処理と比較する。ドイツの場合、併合により付与されたオーストリア国籍に対し、ドイツ国内に居住するオーストリア人に対しては意志表示によりドイツ国籍を取得できる国籍選択権を与えた。人道的な処置をとったドイツと日本とは同じ敗戦国でありながら、戦後処理の取り組みは大きく異なった。

3-2　日本での残留理由

　1945 年 5 月の時点においての朝鮮戸籍在住者の推定数字は 2,100,000 名、1945 年 8 月から翌年 3 月まで南朝鮮への帰国者は 940,438 名だった。1948 年に南北分断政府が設置され、1950 年までに 1,040,388 名が帰国し政治不安から日本に在留した朝鮮人が約 1,000,000 人余りだった。帰国を決断した帰国者の状況を見ると、混迷する日本の政治・経済状況の中で敗戦とともに、工場や炭坑から放りだされた朝鮮人は同じく貧窮のどん底にあった日本人と激しく衝突した。朝鮮人が攻撃されるというデマが飛び交い帰国に走るものがほとんどであったと聞く。

　残留を決断した理由には次の二つがあげられる。一つは、帰るべき本国の政治的および経済的混乱と、二つは持ち帰り金と荷物の制限である。戦後問題処理のためモスクワ三国外相会議が 1945 年 12 月に開かれ、5 カ年を期限とする 4 カ国（米、ソ、中、英）の信託統治が発表されたが、賛成派の左翼と反対の右翼との対立と抗争が続き、そして 38 度線以南の地域には大韓民国、以北の地域には朝鮮民主主義人民共和国が成立し南北分断が固定化された。そして 1950 年 6 月 25 日に朝鮮戦争が勃発する。第二の残留の理由である持ち帰り金と荷物の制限では、日本から朝鮮への送金の正常な便宜がない状況の下で、朝鮮人引揚者は 1,000 円（約 1,000,000 円）以上の通貨を持ちかえることはできなかった（Lee,C., and De Vos,G. 前掲書, 59）。その残余財産は 2 国間に正常の金融上の便宜が設けられたときに取り計られることになっていたが、終戦後 20 年もすぎた 1965 年に日韓条約が成立したことを考慮すると、日本に財産を放棄し

たも同然である。他に引揚援護局や引揚船の不満足な状態も残留を決心した理由になった。また、一度韓国に帰国はしたが、その日本人化している行動やなまりのある言語から、現地の韓国人から日本人としていじめを受け、日本に舞い戻ってきた青年も少なからずいた。このような経験をした当時の青年は、日本にも韓国にも属さない文化変容を経験した最初の世代であると言える。一世であっても、幼少時に日本に渡り、定住化するとホスト社会が移民の人格形成に大きく影響する。国籍が日本人でなくても、朝鮮半島に住む朝鮮人とは既に異なるわけで、「ルーツをもたない根なし草」などと自分たちのことを揶揄する在日コリアンがいる。しかし、この現象は、変化したアイデンティティとして捉えるべきで、一時期滞在から定住化を決心する移民の誰もが経験することなのである。

4 歴史・地理・文化

4-1 在日韓国・朝鮮人の法的地位の変遷

　日本では、旧植民地出身者の国籍処理において、1952 年 4 月、法務府民事局長から「平和条約の発効に伴う朝鮮人台湾人等に関する国籍及び戸籍事務の処理について」と題する通達をもってなし崩し的に国籍を喪失させるという措置をとった。参政権の停止、そして在日韓国・朝鮮人・台湾人は外国人登録令下の管理化に置かれる。

　朝鮮籍の人たちは、戦後直後の在日朝鮮人のように「当分の間外国人でもなく、日本人でもない」と似た状況に置かれたが、その不安定な状況が 1965 年から「特別永住者制度」が誕生した 1991 年まで続いたと言える。

　特別永住者とは、日本国籍離脱者とされているが、本人の意志の確認なしで日本国籍が剥奪された歴史的事実に対し、日韓が交渉を重ね「在留の保障」を目的として誕生したのが「特別永住者制度」である。日韓国交正常化条約が締結された 1965 年の翌年 1966 年 1 月 17 日に協定国である韓国を選ばなかった人たちは朝鮮籍を維持し、法務省見解は「朝鮮」を国名ではなく「符号」とした。

　次に朝鮮から日本への流入過程を人口推移とともに時代に沿って記述する。

数が急増するにつれて、内地での在日朝鮮人の存在が顕著になり特殊な文化空間を生み出しながら経済活動を発展させる過程も同時に展望する。

4-2 特別永住者の多国籍化

　特別永住者、永住者は圧倒的にアジア人（337,451人、524,793人）が多いが、非アジア出身者数も多様となりつつある。特別永住者（米国777名、オーストラリア123名、カナダ112名）、永住者（ブラジル110,932人、米国16,422人、英国5,443人）というように多国籍化している（表-3参照）。特別永住者と婚姻関係にあるものは永住者資格が付与されるが、その子どもには特別永住権が付与される。特別永住者の西洋諸国出身、例えば、米国、オーストラリア、カナダ、そして英国、フランスなど、その間に生まれた子どもたちのアイデンティティは両親がともに在日コリアンである子どもたちと比較して大きく変容することが予想される。このことは特別永住者の権利をも拡大させ、特別永住者の極度に簡易化する一時議論に上がった「届出による日本国籍取得制度」につながるかもしれない[4]。

4-3 居住地域

　表-4から、特別永住者が居住する地域は大阪が最も多く86,727人、そして東京が44,116人、兵庫が39,753人、愛知27,101人、京都23,128人と関西に集中していることがわかる。表-4は特別永住者の居住地域である。朝鮮籍の人たちの数は減少しているのがわかる。表-5では韓国・朝鮮籍の地域別統計である。韓国から来たニューカマーが含まれる点で、韓国人居住地域数は大阪では103,078人と存在力を示すコミュニティを形成できるほどの規模であるが、朝鮮籍の激減はコミュニティの縮小、もしくは韓国人との共存と自ずと変容せざるをえない状況を生み出している。地域の経済事情は外国籍住民が選ぶ居住地域の最大要因の一つになることから、地域の観点から見てもニューカマーは東京近辺に集中し、オールドカマーは関西に集中している。経済力と外国人労働者を吸引する力との相関性は高いが、大阪は韓国人の最多居住地域となり（表-5参照）、韓国からのニューカマーがオールドカマーにどのような影響を与えているかはこれから取り組むべき研究テーマである。

表-3：在日外国人総数と永住者・国別特別永住者・永住者数

(単位：人)

国籍・地域		総数	永住者	特別永住者
総　　数		2,382,822	727,111	338,950
アジア		1,970,253	524,793	337,451
	中国	695,522	238,438	1,154
	台湾	52,768	20,659	1,025
	韓国	453,096	68,033	303,337
	朝鮮	32,461	468	31,826
	フィリピン	243,662	124,477	47
	その他	492,744	72,718	62
ヨーロッパ		72,138	20,429	282
	フランス	11,640	2,267	81
	ドイツ	6,773	1,544	18
	イタリア	3,824	963	16
	オランダ	1,238	290	13
	スイス	1,076	367	19
	英国	16,454	5,443	80
	その他	31,133	9,555	55
アフリカ		14,686	4,674	21
	ナイジェリア	2,797	1,523	16
	エジプト	1,886	225	2
	その他	10,003	2,926	3
北米		68,382	21,243	899
	カナダ	10,034	3,284	112
	米国	53,705	16,422	777
	その他	4,643	1,537	10
南米		242,507	152,119	33
	ブラジル	180,923	110,932	27
	その他	61,584	414,187	6
オセアニア		14,262	3,683	157
	オーストラリア	10,387	2,602	123
	ニュージーランド	3,239	946	34
	その他	636	135	0
無国籍		594	170	107

出所：法務省入国管理統計（2016年末）をもとに筆者が作成。

表-4：特別永住者の居住地域

（単位：人）

	在日外国人総数	特別永住者
	2,471,458	**334,298**
大　阪	223,025	86,727
東　京	521,088	44,116
兵　庫	103,505	39,753
愛　知	234,330	27,101
京　都	55,647	23,128
神奈川	198,557	17,728
福　岡	68,573	12,321
埼　玉	160,026	8,785
千　葉	139,823	7,742
広　島	47,663	7,476

出所：法務省入国管理統計（2017年末）をもとに筆者が作成。

254

表-5：アジア出身者、韓国・朝鮮籍者の居住地域

（単位：人）

	在日外国人総数	アジア	韓国	朝鮮籍
	2,471,458	2,050,909	452,953	31,674
大　阪	223,025	209,103	103,078	5,059
東　京	521,088	454,401	92,156	5,625
兵　庫	103,505	93,168	40,775	3,061
愛　知	234,330	163,087	30,704	2,343
神奈川	198,557	164,434	28,077	1,759
京　都	55,647	49,705	24,664	1,891
埼　玉	160,026	140,624	15,707	1,457
千　葉	139,823	124,900	15,605	800
福　岡	68,573	63,213	15,570	1,282
広　島	47,663	42,676	7,731	888

出所：法務省入国管理統計（2017年6月末）をもとに筆者が作成。

5　在日コリアンの経済活動

5-1　在日コリアンたちの起業家精神

　本節では、日本の制度的に組み込まれた差別とハンディを撥ね返し、逆境を
もバネにしながら大規模なエスニックビジネス[5]を繰り広げた在日コリアン
たちの起業家精神について述べたい。下層労働市場に追いやられ、法的、経済
的権利を剥奪された社会的マイノリティがどのような行動的特性でもって、事
業に向けての創造力を高めていき、資本を蓄積したかを理解することは起業率
の低い日本、また経済的構造の変革が必要な日本にとっては貴重な情報になり
える。

　社会的、法的、そして経済的差別待遇から日本人と同様の就業機会が与えら
れなかった在日コリアンは、周辺経済に職種を求めた。在日韓商の代表的な職
種はパチンコ業、サラ金も含む金融業、不動産業であり、それに加えて焼肉業
に代表される飲食業に集中している。特にパチンコ業は平成の始めには、遊
戯人口3,000万人、売上高30兆円という国家予算の3分の1という超巨大産
業だった。巨大産業であるにもかかわらず「レジャー・娯楽産業」に分類さ
れ、「脱税ワースト業種」であることから社会の表面には出てこなかった分野
であったため、研究対象になることが極めて少なかった。また、在日コリアン
の多くは、通称名を使ってビジネスを行っているため、どうしても不可視的に
ならざるをえないことが研究の立ち遅れの原因にもなった。河明生が「一世」
の起業家精神の構成要素たる韓民族的文化構造を分析している（河 2003）。母
国への献身的な奉仕・寄付によって表徴された「一世」たちの心理的起動力は、
単なる利潤追求ではなく、本国政府・最高権力者の要請に基づき献身的に私財
を投げうって祖国の発展に寄与したいという愛国愛族精神に基づくものであっ
た。河は、その精神を「錦衣還郷の起業家精神」と定義づけた。

　また、日本社会の壮絶な差別構造の中で、「負けてなるものか」という負け
ん気で経済的成功を遂げようとした在日コリアン系起業家の事例は都市部の
ゲットー（特定の民族や社会集団の居住する区域／『大辞林』第三版の解説から）の地域
性、支配的文化への抵抗という欧米の理論的枠組みである程度説明できる（詳

細は、英語論文 Willis & Lee 2008、ウィルス・李 2012 を参照)。欧米社会におけるユダヤ系起業家の他の少数派グループを追随させない成功事例は、壮絶な差別と排除構造の中で「生き残りをかけて」という情意的要因で説明できる。在日コリアンの起業家としての成功要因の根幹は、劣等の位置に追いやられた人間としての意地なのである。

　戦後、1960 年代には日本で高額納税者 1 位に躍り出た在日コリアンもいた。一代で財を成した阪本紡績の設立者の徐甲虎（ソ・ガッポ）がいた。阪本紡績は、韓国の繊維産業の発展にも大きく貢献し、1962 年には朴正煕国家再建最高会議議長（バク・チョンヒ）（後に大統領）と面会し、大使館用の土地と建物を寄贈した。阪本紡績オーナーの阪本栄一（徐甲虎）（ソ・ガッポ）は、後に東京・麻布の駐日韓国大使館を寄付するほど財力を築き、韓国市場にも拡張するが日本資本の匂いを嗅ぎ取る現地の朝鮮人からの反発もあり、工場の出火が放火という疑いもあった。本国投資の失敗は、日本での事業をも破綻へと誘った（河 2003, 105）。

　一方、1948 年には菓子メーカーロッテの重光武雄（シン・キョクホ）（辛格浩）が、徐甲虎と比べて本国投資は慎重に行い、日韓正常化、「大韓民国と日本国との財産および請求権に関する問題解決と経済協力に関する協定」、「在日韓国人法的地位協定」が締結された後に、大規模な本国投資を始めた。政治的要因が経済活動の支障にならないよう、慎重に展開し、ロッテ財閥へと成長した。しかし、「ロッテは日本資本」という偏見が韓国にも根強く、阪本紡績と同様、苦戦を強いられた場面も多かった（河 2003, 138-140）。14 歳（阪本の場合）や 15 歳（重光の場合）は、今であれば中学生の年齢。彼らは移住労働者として、日本の地に足を踏み入れた瞬間、何を心に描いたであろうか？　それは今日の若い世代の在日コリアンでさえも想像しづらい強い決意だったに違いない。

5-2　事例紹介

エムケイタクシー創業者・青木定雄（兪奉植）（ユ・ボクシク）──タクシー業界の風雲児

　在日コリアンの成功した起業家の事例として一例のみ青木定雄（兪奉植）を紹介したい。その理由は、「タクシー業界の風雲児」と呼ばれた「エムケイ」（京都市）創業者の青木の経営手法が日本社会に大きな影響を与えたからである。青木は 2017 年 6 月 8 日に 88 歳の生涯の幕を閉じたが、7 月 26 日、京都市内

のホテルで行われた社葬には、門川大作京都市長や臨済宗相国寺派の有馬頼底管長ら約 1,550 人が参列した。 参列者を代表し、野中広務元官房長官（91）[6] が「（周りに）誤解する人が多かったが、京都での努力がタクシー業界全体のレベルアップにつながった。近くおそばに行く」などと追悼の辞を述べた（MK 新聞　2017 年 8 月 1 日）。

　青木は、日韓交流を発展させる文化の橋渡しの役割を担い、韓国に貢献している。延世大学校とともに、韓国で私立大学の双璧をなすとされている高麗大学に 2 億円寄付し、日本語研究に貢献した人物である。高麗大学の日本研究センターは、当時学部、一般大学院、教育大学院、日本研究センターといった、一連の日本研究の学問的・人的インフラを保有しているにもかかわらず、専用研究空間がなかったために高度な専門研究人材の養成および研究能力の培養にあたって少なからず困難な状況にあった。そのため、研究センター建物の設立のための日本研究センター発展基金募金活動を継続的に行ってきた。2006 年 12 月、青木は京都全日空ホテルの郭裕之会長とともに 20 億ウォン（約 2 億 3,000 万円）の発展基金を寄付した。この発展基金と大学当局より敷地の支援を受け、2007 年 6 月 14 日に青山・MK 文化館[7] が竣工されている。

被差別者の反骨精神

　青木定雄も阪本紡績オーナーの阪本栄一やロッテの重光武雄のように、日本の地に降り立ったとき、弱冠 15 歳という少年だった。1931 年である。日本の NHK にあたる韓国放送公社 KBS によって 1991 年、青木定雄を主人公にした「京都 25 時」というテレビ番組が連続 24 回放映された。この番組は、MK タクシーが行政権力を相手どり、タクシー業界の体質を変化させたことを忠実に描いており、韓国社会において大きな反響を得た（『京都 25 時』1991）。家から一歩外にでると韓国語の使用が禁止された時代に育った兪奉植は、「権力者」に屈しない反骨精神が強い青年に育っていた。それは後の青木定雄の経営手法にも強く影響を与えた。

　エムケイタクシーは業界の風雲児であると言われる。「運賃値下げが売り上げ増につながる」と主張し「同一地域、同一運賃」の料金規制に反対。値下げ認可をめぐる行政訴訟で全面勝訴し、全国で初めて 10％の運賃値下げを断行。低価格タクシーに道を開き、規制緩和のモデルケースとされた（李 2006）。また、

倒産寸前の石油問屋を1965年に買収し、見事に黒字に転換できた要因は以下の3点であった。一つは、他社が行わなかった24時間経営を実践し、顧客獲得を行った。二つ目は、当時勃発したスエズ運河をめぐる紛争から石油の高騰につながり、資本蓄積を容易にした。三つ目は、石油の買い付けと販売はすべて徹底した現金商売で行い、日本人顧客から信用を勝ち得た。例えば、石油の販売業者に対して、石油の購入後請求する手法をとらず、時間差を生み出さずに現金商売を貫いた。

1952年に日本国籍が一方的に剝奪された年、青木は27歳だった。青木は日本で政治家になりたいという夢を描いていたが、国籍剝奪でその夢も打ち砕かれる。立命館大学総長末川博教授から強い影響を受け、そのころ学んだイデオロギーは後の青木の経営スタイルの根幹となる。1988年には、訪中し中国政府からタクシー合弁事業の誘いを受け、労働者にその存在価値を認識させるという社会主義的思想は、後の「タクシー運転手も人の命を預かる点で飛行機を操縦するパイロットと同様、よってタクシー運転手の社会的地位を向上させる。」という考えに到る。徹底した研修を重ねることによって、タクシー運転手の職場環境を改善させ、マナーや礼儀を身につけさせた（李 前掲書, 2006）。そして、イメージが大切と当時パリコレで活躍していた森英恵に1,000万円のデザイン料を支払い、当時では珍しい襟なしのおしゃれな制服を運転手に着用

写真-1：青木定雄葬儀の写真

出所：『Sankei Biz』「エムケイ創業者・青木氏お別れの会　低価格タクシーの道開く」2017年7月27日。2017年7月28日閲覧。
〈http://www.sankeibiz.jp/compliance/photos/170727/bsi1707270500001-p1.htm〉

させた（加藤 1985）。

規制緩和──既存システムへの疑問

　MK タクシーが「規制緩和」の訴えを起こした 1980 年代のタクシー業界と今日のタクシー業界の環境は大きく変化した。同一地域、同一賃金という業界と国土交通省（当時の陸運局）に運賃の自由化、いわゆる規制緩和を主張し、最高裁判所で勝利を勝ち得た。国を相手どって裁判を経て制度の変更を強いていく手法の裏づけになるものは人間としてのプライド、自尊心である、と考える。ソフトバンクの孫正義が、通信業界に外国人経営が参入できない現状に帰化を経て日本国籍を獲得するが、当時許可されなかった民族名を帰化後に採択させた孫正義のプライドと自尊心に共通するものがある。

6　おわりに

　アメリカの経済雑誌で有名な『フォーブス』が紹介した日本の億万長者ランキングでソフトバンクの孫正義、マルハン会長 韓 昌祐（ハン・チャンウ）などが毎年名前を連ねている（『Forbes 日本版』2006）。孫正義は、ユニクロの柳井正とトップの座を競い合っているが、二人の関係は親密であり、柳井正はソフトバンクの社外取締役を担っている。また、若手の日本人起業家として著名な楽天の三木谷浩史も孫正義との関係は親密で、起業のきっかけは孫正義の影響であったといわれている（『日経ビジネスデジタル』2012 年）。

　日本において起業率は低迷しているおり、日本の若者の多くは優良企業に就職することが人生の最大の目的であり、安定志向、リスクを避ける生き方を選ぶものが多い（Rogers and Lee 2017）。在日コリアンの経済活動における業態の違いこそあるが、共通する成功要因は時代の変遷をグローバルの視点で嗅ぎ取ることができる力が挙げられる。

　在日コリアンの多くが未だ通名で生活することを余儀なくされている。日本社会を活性化するために、社会の多様性を高め、外国人と日本人の共生を推進することが強調されているが、外国人の社会への参画を妨げる障害が未だ多いのが日本の現実である。少数派グループの経済活動を複眼的に観察することは、国籍、人種、民族という現代の重要なテーマの視野を広げ、かつそれらについ

ての議論の質を高めることにもなる。そして不可視的にならざるをえなかった在日コリアンの経済活動の特性を理解することは、この10年間に急増したニューカマーの外国籍住民に対する施策を策定かつ推進する意味でも重要である。

[注]

(1) 勇気を振り絞って自分が在日であることを告白する場面で、自分が何者かであるかを日本人に説明する苦悩が「ザイニチ」という言葉で象徴されている。『GO』（金城一紀『GO』、講談社、2000年）の小説などを参照。

(2) 本稿で記した朝鮮人数は「在日朝鮮人処遇の推移と現状」『法務研究』43巻3号、1955年、在朝鮮日本人数は、森田芳夫『朝鮮終戦の記録――米ソ両軍の進駐と日本人の引揚』（1964年）巌南堂書店、1964年から（田中宏、報告資料「玄界灘を挟んでEUの卵を！――外国人の地方参政権について」、2017年12月19日）。

(3) 2015年9月11日から20日にかけて「70年ぶりの里帰り、ご遺骨を韓国のご遺族に届けよう」とする「遺骨奉還」が行われた。1997年に始まった日韓の若者の共同によって行う活動グループの代表である浄土真宗一乗寺住職の殿平義彦は、「共通の歴史認識を育む」ことを目指している。

(4) 日本国籍を取得するには、「出生」、「（国籍取得）届出」、「帰化」の三つの制度があり、「帰化」とは、国籍法第4条から第9条までに定められており、日本国籍の取得を希望する外国人からの意思表示に対して、法務大臣の許可によって日本の国籍を与える制度とある。「国籍取得届」とは、国籍法第3条と第17条に定められており、一定の要件を満たすものが、法務大臣に対して届け出ることによって、日本国籍を取得できる「帰化」と比較して手続き上圧倒的に簡易化された制度である。外国人の地方参政権要求運動が活発化した時（民主党政権誕生の時）、政府は代替案として帰化の簡易化、すなわち特別永住者には届出制による国籍取得を検討していた。

(5) 日本でのエスニックビジネスは、(1)外国籍住民が営むビジネス、(2)外国籍住民を対象にしたビジネス、(3)外国籍住民を雇用する事業などを指す。米国のような生地主義をとる国の場合ではエスニックルーツを特徴とするビジネスを指す。

(6) 野中広務は2018年1月26日に死去。野中自身が政界で差別経験を受け、差別で苦しむマイノリティーには理解を示す政治家であった。（魚住昭『野中広務 差別と権力』講談社文庫、辛淑玉との共著『差別と日本』角川書店を参照）。

(7) 高麗大学日本研究センター、施設「青山：MK文化館」建物面積346.34平方メートル（104.95坪）、地上総面積1,917平方メートル（580.17坪）総面積2,493.31平方メートル（754.23坪、地下含む）、地下2階、地上6階、という豪華な建物で、多くの研究者を今日でも輩出し続けている。

［参考文献］

ウィリス，デイビッド／李洙任．2012.「在日コリアン系起業家」李洙任編著『在日コリアン
　　の経済活動──移住労働者起業家の過去・現在・未来』，不二出版，141-165.

『MK新聞』第853号，2017年8月1日.

黄仁相．『韓国の統計制度史　朝鮮王朝から米軍政時代まで』，2011年9月5日閲覧．〈http://
　　www.ier.hit-u.ac.jp/COE/Japanese/Newsletter/No.13.japanese/Hwang.htm〉
　　一次資料　韓国財務部統計庁．『韓国統計発展史』（Ⅰ・Ⅱ、1992）.

梶村秀樹．1977.『朝鮮史』，講談社.

加藤勝美．1985.『MKの奇跡　タクシー業界の革命児　青木定雄・人間改革への挑戦』，ジャ
　　テック出版.

金城一紀．2000.『GO』，講談社.

河　明生．1997.『韓人日本移民社会経済史──戦前篇』，明石書店.

河　明生．2003.『マイノリティの起業家精神──在日韓人事例研究』，ITA.

韓国KBS『京都25時』，1991年.

姜在彦．1977.『朝鮮の攘夷と開化──近代朝鮮にとっての日本』，平凡社選書51，平凡社.

高麗大学日本研究センター　2016年5月31日閲覧　〈http://japan.kujc.kr/contents/bbs/bbs_
　　content.html?bbs_cls_cd=002001003〉.

「在日韓国・朝鮮人の人権」『部落問題・人権辞典』2015年12月3日．2017年6月15日閲覧.
　　http://www.blhrri.org/old/jiten/index.php?FrontPage

在日コリアン歴史資料館調査委員会．2005.「在日朝鮮人人口推移」『100年のあかし、在日
　　朝鮮人歴史資料館開設記念』.

在日本大韓民国民団　2017年7月24日閲覧〈https://www.mindan.org/shokai/toukei.html〉.

沢井　実「東洋のマンチェスターから世界の大都市へ──「大大阪」を形成したもの」『THE
　　PAGE大阪』2017年8月14日．2017年8月15日閲覧.
　　〈https://thepage.jp/osaka/detail/20170804-00000007-wordleaf?page=2〉

『Sankei Biz』「エムケイ創業者・青木氏お別れの会　低価格タクシーの道開く」2017年7月
　　27日．2017年7月28日閲覧。〈http://www.sankeibiz.jp/compliance/photos/170727/
　　bsi1707270500001-p1.htm〉.

田中　宏．1995.『在日外国人──法の壁、心の溝』，岩波新書.

殿平義彦．2013.『遺骨──語りかける命の痕跡』，かもがわ出版.

殿平善彦．2014.「強制連行犠牲者と歴史和解──犠牲者の遺骨問題と生死をめぐる浄土真宗
　　の課題」『龍谷大学社会科学研究所付属安重根東洋平和研究センター共同研究会基調講
　　演集』（2013年4月─2014年3月活動記録），龍谷大学社会科学研究所付属安重根東洋
　　平和研究センター，4-29.

原尻英樹．2006.『マイノリティの教育人類学──日本定住コリアン研究から異文化間教育の
　　理念に向けて』，新幹社.

朴慶植編著．1975.「21章　朝鮮人調査票」『在日朝鮮人関係資料集成　第一巻』，三一書房.

『日経ビジネスデジタル』2012年2月17日版「2001年　孫正義とのネットビジネス"頂上決
　　戦"──高いゴールを目指す努力パラノイア」2012年2月21日閲覧〈http://business.

nikkeibp.co.jp/article/NBD/20120126/226540/?ST=pc〉.

『法務研究』「在日朝鮮人処遇の推移と現状」1955 年 43 巻 3 号.

法務省. 2009.『在留外国人統計』(国籍別・在留資格別外国人登録者数, 昭和 23 年～平成 21 年) 2017 年 7 月 24 日閲覧〈http://www.stat.go.jp

法務省. 2016.『在留外国人統計』2017 年 7 月 24 日閲覧〈https://www.e-stat.go.jp〉.

『Forbes 日本版』「億万長者ランキング」2006 年 7 月号, 63.

李洙任. 2006.「在日韓国・朝鮮商工人の生存戦略と日本人との競合――エムケイグループ・青木定雄氏の事例」,『京都産業学センター年報　京都産業学研究』龍谷大学大学院経営学研究科付置機関　京都産業学センター第 4 号, 104-125.

李洙任・重本直利(編著) 2017.『共同研究　安重根と東洋平和　東アジアの歴史をめぐる越境的対話』, 明石書店.

李洙任・田中宏. 2007.『グローバル時代の日本社会と国籍』, 明石書店.

李洙任(編著)・河明生・木村健二・田中宏・中村尚司・朴一. 2012.『在日コリアンの経済活動――移住労働者、起業家の過去・現在・未来』不二出版.

水野直樹. 1998.「京都における韓国・朝鮮人の形成史」『民族文化教育研究』第 1 号, 京都民族文化教育研究所.

森田芳夫. 1964.『朝鮮終戦の記録――米ソ両軍の進駐と日本人の引揚』, 巌南堂書店.

梁石日. 1998.『血と骨』, 幻冬舎.

和田春樹・石坂浩一. 2002.『岩波小辞典　現代韓国・朝鮮』, 岩波書店.

Kashani, S. 2006. Colonial Migration to the 'Manchester of the Orient': The Origin of the Korean Community in Osaka, Japan, 1910-1952," in Lee, S., Murphy-Shigematsu, S., and Befu, H. (eds.) *Japan's Diversity Dilemmas*, Lincoln, NE: iUniverse.

Lee, C., and De Vos, G.. 1981. *Koreans in Japan: Ethnic Conflict and Accommodation*. Berkeley: University of California Press.

Rogers, Lisa., Lee, Soo im. 2017. "Diversity in Leadership Development: A Case Study of Japanese Young People's Attitudes Towards Diversity and Uncertainty Avoidance"『同志社女子大学現代社会学会　現代社会フォーラム』13 巻. 39-53.

Willis, David Blake & Lee, Soo im. 2008. "Korean Minority Entrepreneurs in Japan", *Handbook of Resarch on Ethnic Minority Entrepreneurship: A Co-evolutionary View on Resource Management*, Dana, Leo-Paul (ed.), Cehltenham (UK)/Vermont (USA): Edward Elgar. 653-668.

謝辞：本研究は龍谷大学 2017 年度短期国内研究助成及び科学研究費助成、基盤研究(C) 15K02707「他者への共感力を高める英語教育：学習者の積極的関与を目指して」(2015 年 4 月 1 日～ 2018 年 3 月 31 日)を受けて行った研究成果です。両機関にお礼申し上げます。

国籍、民族、人種は人為的に定義が変化していきます。日本人とは誰を指すのか、も法律改正によって変化してきました。日本だけでなく、他国の例も調べてみよう。

1. 日本社会で深刻化したヘイトスピーチは何が原因と思いますか？
2. 在日コリアンの多くが通称名で生活しています。なぜだと思いますか？
3. 少子高齢化が深刻化する日本ですが、「日本人とは誰を指すのか」という問いについて考えてみよう。

コラム13

日本におけるインド人ディアスポラ

　インドに民族的起源をもちつつ、インドから離れ世界各地に暮らしている人々について、インド人ディアスポラの研究から知ることができる。そこで語られるのは、世界各地への離散の歴史やインドへの望郷だけではない。移住先社会の特徴とインド的要素の合わさった独自の文化の創出や、グローバルに展開するコミュニティ・ネットワークを視野に入れた家族の将来設計など、人の移動が文化や社会の動態にいかに影響を与えているかがわかる。

　このようなインド人ディアスポラの姿は日本でも見ることができる。神戸には主に貿易業を営む人々が数世代に渡り暮らしている。東南アジアで生まれ育ち日本へ来た人、日本で生まれ育ち大学進学や結婚を機に海外へ渡る人、インドやそのほかの海外から結婚を機に日本へ移住した人など、家族や親族のグローバルなネットワークが人生の進路とも関わっている。民族的起源はインドであるが、インド国籍を有しているとは限らない。子どもの学校が長期休暇となる時期には、海外の親族が神戸にやって来る。神戸から海外を訪れることもある。頻繁な移動がある一方で、古いものでは100年ほど続くインド人ディアスポラの集まる場所が存在する。会員制のクラブやアソシエーションのほか、イスラームやジャイナ教、スィク教などの宗教施設もある。

　関東では、神戸のインド人ディアスポラのように、数世代に渡り貿易業を営む人々が横浜や東京に暮らしているが、1990年代以降は、東京を中心に、IT技術者とその家族が在日インド人数の増加を牽引してきた。IT技術者は3～4年の滞在を経て日本を離れることが多い。東京や神奈川にあるインド人学校では、いずれインドに帰国することを想定した教育プログラムが行われているが、日本での仕事を希望して再来日する家族もいる。そのほか、建設作業員、工員、自営業、調理師など、様々な職業の人々がいる。インド人同士の結婚が多いが、日本人や

日本に永住する外国人とのカップルもおり、子どもの学校はインド人学校に限らず、日本の公立学校のほか、インドのインターナショナル・スクールに通わせるケースもある。このように、数世代に渡るオールドカマーと、IT技術者を中心に様々な仕事に従事するニューカマーが存在する。

　オールドカマーもニューカマーも、インドと日本双方の影響を受けた文化を育んでいる。とはいえ、同じインド起源でも信仰や生活慣習などはそれぞれ異なるし、日本の生活についても、滞日年数、職業や居住地など環境により異なる。各々が独自の慣習とそれに基づく文化を紡ぎ出しており、日本のインド人ディアスポラの文化もかなり多様である。しかしながら、インドにも日本にも還元されない異種混淆性や、移住経験によって新たに創出される創造性が、いずれの場合にも存在している。それは、ディアスポラによりもたらされる文化の動態と捉えることができるだろう。　　　　　　　　　　　　　　　　　　　　　　　（東　聖子）

終　章

移民研究の現状と展望

飯野正子・浅香幸枝

概　要

　戦後 70 年が経ち、新たな世界秩序が模索されている時代にあって、人の移動はいかなる意味を持つのか。日本移民学会の研究成果を紹介しながら、移民研究の醍醐味を読者と一緒に考える。

　まず、人の移動を考察したこれまでの研究を振り返り、とくに国際関係と人の移動について考えたい。国と国との関係が国境を越えての人の移動、そして移り住んだ国での人々の生活にどのような影響を及ぼしたのか、を眺める。さらに、国境を越えて移動した人々は自分が離れた国、あるいは祖先の国をどう見たのかという点について考察する。

　そして、近年、人の移動に関する多くの共同研究プロジェクトが進み大きな成果を挙げていることを紹介する。さらに文部科学省の大学世界展開力強化事業のプログラムの中で人の移動に関する問題について日系社会・大学・企業が一体となって解決を目指す新しい教育プログラムについて説明する。

　最後に、国境を越えた日系人の連帯とネットワークについて最近の国際会議の様子を紹介し、同時代に生きる移動した人々と日本に住む私たちとの関係を一緒に考察したい。こうした作業によって、日本の進むべき方向が見えてくるのではないだろうか。

1　はじめに

　最近、人が自国を離れ他国に移り住む、「国境を越えた」人々の移動が、世界で大きなニュースになっている。ヨーロッパ然り、北米然り。移民政策はアメリカ大統領選の焦点となり、「メキシコとの国境に壁を作る」という表現で移民の入国をストップすることを謳った候補者が勝利を収めた。この大統領が最近、提案した Reforming American Immigration for Strong Employment Act（RAISE 法）は、議会を通過する見込みはないと言われつつも、アメリカの移民入国政策の転換の可能性を示している。日本においても、「移民」という表現は使われないが、外国人「技能実習生」の扱いなどについての政府の方針が問われるケースもあり、1980 年代に入国した日系ブラジル人の子供たちの日本社会における受け入れられ方などがメディアで頻繁に取り上げられている。つまり、移民あるいは移住者、国境を越えて移動する人々が、最近、きわめて多くの場で取り上げられており、私たちは、そういった人々の存在と移動の現象を日常生活の中で認識し、考えざるを得ない状況になっている。

　本章では、移民研究の現状と展望というテーマのもと、最近の研究の進展ぶりを眺めたい。そして、研究の新しい動きの一つとして、国際関係と人の移動をトランスナショナルな視点で分析する研究の方向性について考えたい。国と国との関係が、人の移動、そして移り住んだ国での人々の生活にどのような影響を及ぼしたのか。国境を越えて移動した人々は、自分が離れた国、あるいは親が離れた国をどう見たのか。たとえば、日本からアメリカ・カナダへの移民を祖先とする日系アメリカ人・日系カナダ人は、日米関係・日加関係が悪化したとき、自らの住む国を、そして祖先の国である日本を、どう見たのか。その例として、第二次世界大戦前・直後のカナダにおける仏教会に関する研究や、戦後の「ララ物資」の研究などに触れ、移民研究の重要な変化の一面──トランスナショナルな視点──を記したい。

2 研究動向

■研究分野の広がりと多様化

　研究分野の広がりと多様化は、日本国内・国外いずれにおいても、日本人移民および日系人が、歴史、社会学、人類学、経済学、地理学、文学、教育学、言語学、女性学、医学、法学などにとどまらず、ジェンダー研究や表象研究、芸術、スポーツといった分野でも扱われるようになったことに、明確に示されている。日本から北米・南米に移り住んだ人々をテーマにした研究だけではなく、東南アジアや満州を目指して移動した人々の研究も増えた。また、国境を越えたのは、「日本から外へ」向かう人々だけではなく、世界中から「日本へ向かう」人々でもある。ことに1980年代以降は日系ブラジル人などが日本に入国する例が増え、彼らと彼らの子供たちをも対象とした研究が増えている[1]。

　研究分野の広がりの基盤には、当然のことながら、新しい研究分野が生まれ確立してきたという事実があるが、移民研究あるいはエスニック集団研究のなかでもとくに日系人研究に関しては、広い分野での日系人の活躍も、この現象に寄与していると思われる。たとえば、これまでは日系人の顕著な活動といえば経済や労働の分野あるいは政治や学問の世界というステレオタイプ的な認識が受け入れられていたが、最近では、作家や映画制作者、スポーツ選手として名を馳せる日系人も増えている。そのことは、必然的にそれらの分野における研究の増加につながっている。このように、移民研究の進展と裾野の広がりには目を見張るものがあり、膨大な量の研究が新たに出現しているのである。『移民研究年報』の最新号には、ミックスルーツの研究、ゲノムワイドSNPデータを用いた集団遺伝学的解析を用いた研究、難民をも含めた人の移動を扱った研究など、10年前には見られなかった分野における移民研究の成果が掲載されている[2]。

　研究に限らず、絵画や映画などで移民や日系人を扱う例も増えている。最近の例では、"Issei"、『七転び八起き——アメリカへ渡った戦争花嫁物語』、『バンクーバーの朝日』、"Hidden Legacy: Japanese Traditional Performing Arts in the WWII Internment Camps" などがある。これらは、研究の成果が実ったものであったり、またそこに研究の資料・材料とされるべきものが含まれている例もある。いずれにしても、こういった絵画や映画などの増加も、研究の裾野の広がりに貢献しているといえよう。

■トランスナショナルな視座からの学際研究

　最近は「学際的（interdisciplinary）」という表現が用いられ、「国境を越えて移動した人々」を一つの研究分野の中で扱うのではなく、複数の分野にまたがった形で研究がなされる例が大半を占める。これは、一つの現象を多面的にみるだけではなく、比較の視点から分析するために、移民研究には必然の道であったと思われる。「国境を越えた」人々の移動は、送り出し側と受け入れ側があって初めて成り立つ。その全体像をとらえ、分析するには、当然、どのような状況で「移動」が決定されたのか、という問いに始まり、受入国での定着の仕方、受け入れ側の姿勢、その国への貢献度、次世代のアイデンティティ、などなど、広い分野での研究が必要である。たとえば、日本からアメリカへの移民を研究する場合に、移動に関しての歴史的考察のみをとっても、移民が日本を出国する状況を研究する必要があり、他方、入国したアメリカにおける受け入れ社会の状況の把握も必須である。つまり、短絡的な表現にすぎるが、日本史の研究分野だけでなく、アメリカ史・アメリカ研究の分野と連携した研究の姿勢が求められる。また、アメリカにおける日本からの移民の状況を理解するためには、当地の他の移民・エスニック集団との比較が必要になることも、当然考えられる。このような研究方法は、共同研究の第一歩であり、筆者の経験では、移民研究会によって1970年代から意識的に始められ、国際シンポジウムの開催や共同での論文執筆などという形で成果がみられた。その後、移民研究会と他のいくつかの研究会がともに活動することを目指して、日本移民学会（1991年～）が立ち上がり、大きく成長し、現在に至ったのである。

　移民研究が学際的になっている一つの証左は、他の学会の年次大会などでも移民研究が部会として設定されていることである。たとえば、日本アメリカ史学会（2007年）、日本国際政治学会（2008年）、日本アメリカ学会（2009年）などは、いい例である。このような他学会での移民研究への関心の深まりは、歓

迎すべきことであり、日本移民学会にもプラスになることが明らかである。これらの部会では、移民研究の新たな視座が示されている。国際政治学会では、「研究の発展が著しい日本の移民史研究において、個々のアイデンティティや文化の変容など最近注目される視点からではなく、国家権力と移民の関係を再考すべきではないだろうかとの問題意識から組まれた」部会であったが、そこでの報告は、「アメリカの移民法と日系人」、「南洋群島政策と南洋移民の関係」、「第二次世界大戦後の北東アジアからの日本人引き揚げ問題」であった。部会の成果としては、「移民という人間の視点と、国家の政策の交差が明らかになり、歴史の醍醐味を堪能する部会となった」と述べられている。アメリカ学会年次大会（2009 年）での「人と人との絆が築く国際関係——日系人の視点からみた日米関係」での報告は、「二世の日本『進駐』」、「日系 MIS 語学兵——人生を変えた太平洋戦争と日本語」、「川柳が描く日米の狭間」の三つであり、いずれも、トランスナショナルな視点での研究の成果を示した。

　トランスナショナルな視座を示す研究が「トランスナショナル・ヒストリー」と呼ばれてアメリカで始まったのは早くも 1990 年代であり、それはアメリカ一国に限定するアメリカ史やアメリカ例外主義を批判的に再構築する学術的な動きの一部であった。そして、そのなかに「国境を越えた人々の移動」を置くことは、自然な流れであったといえる。トランスナショナル・ヒストリーを人の移動にあてはめようとした研究[3] などは、若い研究者が早い時期にその意識を示した例である。

■国際共同研究の増加

　学際的な研究の成果は、共同研究として示されてきた。異なった背景を持つ研究者による国際的なプロジェクトが実質的な成果を挙げてきた例は多い。そのなかでも、1999 年から 2 年間にわたり全米日系人博物館が実施した大規模な共同研究（International Nikkei Research Project: INRP）は、総計 7 カ国 21 人の研究者によるもので、南北アメリカおよび日本の日本人移民とその子孫（Nikkei）がテーマである。この共同研究の成果は、2 冊の出版物となり、日本語訳も出版されている[4]。理系研究者や海外の研究者とともに「グローバルな視点から文理融合で人種概念を洗い直す試み」として京都大学人文科学研究所を中心と

したプロジェクトも成果を挙げている[5]。

　もう一つ、研究の幅を広げ多様な視点を取り入れる方法として、日系人コミュニティの協力を得ながらの研究も進んでいる。筆者が最近経験した例では、カナダのブリティッシュ・コロンビア州ビクトリアにあるビクトリア大学を中心に7年計画の日系カナダ人研究プロジェクト[6]が組まれて、活発に研究活動をしている。第二次世界大戦時に、カナダの日系人が、アメリカの日系人と同様、あるいはそれ以上に厳しい取り扱いを受けたことは、よく知られている。カナダの日系人人口の95％が居住していた西海岸地域から内陸部への立ち退きを強制されたのみならず、政府によって彼らの家や財産が取りあげられ、売却されたのである。その事実は日系カナダ人に関わる歴史の叙述には常に示されていたが、日系人が失った家や財産の価値や失ったことの法的意味については、これまでに詳細な調査が行われていなかった。この研究プロジェクトは、法学分野の研究者を中心に、カナダの日系人コミュニティのリーダーなども関わって、調査が進められており、その成果は公開シンポジウムなどで伝えられている。新しい形態の研究として興味深い。

3　人の移動と国際関係──トランスナショナルな視座から

■日米関係の波と日系人

　以上のような研究の進展のなかで、ここではとくに、国境を越えて移動し移動先に定着した人々とその子孫自身の力ではどうにもできない国と国との関係の変化と、その変化に影響を受ける人々の意識に焦点を当てた研究の例に触れたい。アメリカにおける日系人を例にとると、彼らの立場や地位が日米関係の波に大きく影響されてきたことは彼らの歴史に明らかである。日系人は、自らが好むと好まざるとに関わらず、あるいは認識するか否かに関わらず、日米関係の変化につねに密接に関係していたといえる。とくに日米関係が悪化したときのアメリカ社会の姿勢に、その影響がみられることは、多くの研究から明らかにされてきた。アメリカのエスニック集団の歴史を眺めると、日系人に限らず、特定の集団に対するアメリカ社会の対応は、その集団の祖先である移民の出身国とアメリカとの関係に大きく左右されてきたことがわかる。第一次世界

大戦時のドイツ系アメリカ人に対する迫害や差別、最近では中東戦争時のイラン系アメリカ人に対する敵意、9.11後のイスラム系の人々への差別などは、その例である。アメリカと戦争状態に入った国を祖国とする移民はもちろん、彼らの子孫でさえも、アメリカ人であるにもかかわらず敵国人と同様にみられ、敵意や差別の対象になるのである。このような反応は、多様なエスニック集団を抱えるアメリカ社会の運命ともいえる。ただし、日系人の場合は、その現象が長期にわたったという特色がある。

　逆に、アメリカ社会において日本人移民や日系人に対する反発や敵意が煽られ、それに動かされた政府の姿勢が日本に伝わり、日本において反米的な風潮が高まった例もある。アメリカにおける1924年移民法制定に対する日本社会の反応は、まさにそれである。この移民法は、本来、東・南ヨーロッパからのいわゆる新移民のアメリカへの流入をとどめ、西・北ヨーロッパからの移民の割合を多くすることを目的として提案されたのであるが、付帯事項としてつけられた「帰化不能外国人」を入国禁止とする取り決めが日本人移民の入国禁止を目指すものであったために、日本ではアメリカに対する失望感を味わった人々が、この移民法を「排日移民法」と呼び、「日米開戦」が唱えられるほどであった。移民問題が日米関係の悪化をもたらしたわけである。

　日米関係の悪化が日系人に影響を及ぼしたもっとも顕著な例がみられたのは、太平洋戦争時であろう。日本軍の真珠湾攻撃直後にアメリカ政府が実施した日系人強制立ち退き・収容政策は日本の立場と日米関係が日系人に深刻な影響を及ぼした例の最たるものであり、この政策は日系人に、日米関係を、そして自分たちと日本との関係を極限の状態で認識させた。そして、この状況はカナダにおける日系人にも当てはまった。戦後かなりの時期を経ても強制立ち退きの経験を子供に語ろうとしなかった一世や、日本語を学ぼうとしなかった二世の例には、このような日米関係の波が示されている。自らの中に日本人の血が流れているという事実、つまり日本との絆を、スティグマとみなし、それから逃れよう、それを排除しようとする姿勢である。

　しかしながら、前に上げたトランスナショナルな視座からとらえると、そこには、日系人が自分たちと日本との関係を、否定的にみるのではなく、むしろ強く意識し、公にした事実もある。国境を越えて移動した人々の生活や思考パターンを一次資料によって分析すると、彼らが自らの体や考え方、さらには

彼らを取り巻く物品を媒介として、自らの、あるいは親の、出身国と自分の居住地との間を行き来していたことが明らかになる。つまり彼らは、何らかの形で、国境を越えて行き来しつつ生活していたのであり、そのことが彼らの判断や行動に大きな影響を及ぼしていたのである。以下に、それを示す研究例として、「ララ救援物資」計画への日系人の貢献、トロントの仏教会設立、日系カナダ人の日本への「送還」に触れる。

■「ララ救援物資」計画

戦後、住む家に困り、食料も衣類も満足に得られない状態の日本に大量の救援物資を送った組織の一つ、「ララ LARA」（「アジア救済公認団体（Licensed Agencies for Relief in Asia）」は、その直前まで敵国であったアメリカの民間有志による援助組織である。その組織から送られる救援物資は「ララ救援物資」または「ララ物資」と呼ばれた。この救援は 1946 年 11 月から 1952 年 5 月まで続き、その間に送られた物資は食糧、衣料、医薬品、靴、石鹸などが 16,704 トン、山羊 2,036 頭、乳牛 45 頭などで、当時の邦貨に換算すると 400 億円を超えているとされた。特筆すべき点は、この「ララ物資」の 2 割が南北アメリカの日系人の手によって集められたものだということである[7]。第二次世界大戦直後のアメリカおよびカナダの日系人、とくに多くの二世は、自らのアイデンティティを残酷な形で確認せざるをえなかったために、日系人であることを示すものから離れようとしたと論じる研究者は多い。しかし、一方、「ララ」に協力することで、日本との絆を確認した日系人もいたことは事実である[8]。

■トロント仏教会

カナダにおいても、戦時中の内陸収容所への強制立ち退き・収容のあと、もと住んでいた西海岸へ戻ることを 1949 年まで許されなかった日系人は、カナダにとどまるのであれば「ロッキーの東へ」移動することが条件とされた。東部に移動することを望まない日系人は、日本への「送還（repatriation）」が選択肢であった。

東部に移動することを選んだ日系人が集中したのはトロントであった。差別

写真-1：ララ救援物資：ララ物資を受けた9歳の児童が描いた絵。

（JICA横浜海外移住資料館）

写真-2：ララ物資を運ぶ第1船：ハワード・スタンベリー号が横浜港に到着（1946年）。立っているのは、ララに大きな貢献をしたローズ女史とバット氏夫妻。

（JICA横浜海外移住資料館）

がないわけではなかったが、仕事が得られることが魅力であったと思われる。そのトロントで、1946年にトロント仏教会が創設される。先に書いたように、戦時中、敵国人と同じように扱われ、日系人であることがスティグマになり、自らのエスニシティを否定的にみるようになったと論じられてきた日系人が日本の文化の象徴ともいえる仏教会を、それも目に見える形でトロントに建設したことの理由は何であったか。ことに、建設の力となった二世が属していた「仏教青年会（仏青）」が残した記録を辿ると、見えてくるのは、彼らが育ったバンクーバーにおける仏教会の活動であり、そこでのコミュニティ、そして親との絆である。彼らは、カナダ生まれの日系人であり、カナダ市民である。従って、カナダ人としてのアイデンティティは確固としており、外に向けてそれを主張するのは当然であった。と同時に、彼らにとっては、仏教徒として大和魂と呼ばれる精神を持つことがカナダ人であることと何ら矛盾しなかったのである。むしろ、仏教徒であることは、自分に自信を持つこと、自尊心を持つことであり、それは立派なカナダ人としてカナダに貢献する力を持つとの意識を確認するものであった。つまり、仏教会は、彼らがカナダ人としてのアイデンティティを確固とするために必要な媒体であったのだ[9]。

■日本に「送還」された日系人

さらに、太平洋戦争終結の時点で不慣れな東部に移動するよりは日本に向かうことを選んだ日系カナダ人の例もある。1944年8月、マッケンジー・キング首相が発表した政策に基づく、日系人のいわゆる「忠誠審査」は、日系人コミュニティに大きな混乱をもたらした。審査によって、カナダにとどまることを希望する日系人は「ロッキー山脈の東」へ移動。希望しない日系人は、日本に「送還」されることになる。政府が用いた「送還（repatriation）」は、母国に帰ることを意味しており、カナダ生まれでカナダ国籍の二世にとっては、「国外追放」であると受け取られた。混乱の結果、多数が日本への「送還」申請を取り消し、政府の方針も変更になったが、最終的には、1946年に、4,000人近くの日系人が日本に送られた。この日系人が敗戦で疲弊した日本でどのように受け入れられたのか、そして、その後、日本を、そして日本との絆を、どうみることになったか。ここにも、国際関係の波に影響を受けた日系人の姿が示さ

れ、彼らの複雑なアイデンティティ認識がうかがわれる。この日系人に関する研究は、緒についたばかりである[10]が、日系人研究の新たな視点を提供するであろう。

4　おわりに

　上に述べたことは、移民研究の現状の「全体像」ではなく「一部」ではあるが、大きな流れであることはたしかである。人が移動することの意味を、どの視点からとらえるか、どの方法で分析するか——そこには、きわめて多様な道がある。少なくとも、移民研究における、研究分野の細分化、移民送出国と定着先を個別に研究する研究者の二分化、そして研究そのものの分断は、過去のものになりつつある。多様な研究者が、多様な題材を、多様な視点から、多様な切り口で分析している現状がみえる。その間に、いろいろな場で、既存の移民研究への批判がなされ、その批判に基づいて、あるいは、それに対応する形で、新しい視野が開け次のステップに研究が進んできた。これは移民研究に限らず、どの分野でも同様ではあるが、とくに移民研究の場合は、研究対象を時代の流れのなかでとらえることが重要であり、時代に即した研究が要求されているのである。最近のビクトリア大学を中心としたプロジェクトや JICA プロジェクトにみられるように、そこには複数の言語の史資料が用いられ、異なった背景や視点を持つ複数の研究者が関わるトランスナショナルな動きが反映されている。コミュニティを巻き込んだ研究も、今後さらなる成果を挙げることになるであろう。もちろん、トランスナショナル・アプローチへの批判もすでにある[11]ことは認識しつつ、前進することが期待される。

　今後の課題は、それらの成果を、いかにして日本から世界に発信するかである。それによって日本の研究者がさらなる成果を達成するだけでなく、世界に向けて大きな貢献ができるのだから。（飯野正子）

1　はじめに

　後編では、2008 年以降の日本移民学会の研究動向と人の移動と国際関係、トランスナショナル・リレーションズについて紹介する。最初に日本移民学会の研究動向について、2008 年までの研究動向と課題について紹介し、2008 年以降の研究動向と成果物について、とくに共同研究に焦点を当て研究の現状を記す。次に人の移動と国際関係について、共同研究の事例や文部科学省の大学世界展開力強化事業のプログラム、国際会議における日系人の国際連携について、トランスナショナルな視点から論じていく。トランスナショナルな視点の現代社会における意義と重要性について考察し本章をまとめる。

　本文に入る前に前編との比較から、指摘しておかなければならないことは、北米とは異なり、中南米やイベリア半島のスペインやポルトガルは最初の出会い以来継続して親日感情があるという点だ。また、「新大陸」を最初に植民地化したのもスペインとポルトガルであり、南欧の人々も日本人も差別される対象ではない。また、イベリア半島では、混血は悪いことではない。日露戦争での日本の勝利により、北米においては日本への警戒から、日本人移民は排斥の対象となり、その後南米のペルー、ブラジルが主な受け皿となった。今まであまり知られてこなかったが、中南米と日本の歴史において特筆すべきことは、日本は開発モデルとして戦前も戦後も中南米から賞賛されていることである。それゆえに、北米と比較して、中南米では日本人としての誇りを持ち続け、日本文化・技術を移住先で活かして貢献していくことが日系人の生き方となった。

　また、2000 年に海外移住審議会が「海外日系人社会との協力に関する今後の政策」を出した [12]。2017 年 5 月には 17 年ぶりに「中南米日系社会との連携に関する有識者懇談会」が外務大臣の下に作られ報告書を提出し、今後 10 年の政策の基盤を提言した [13]。国際情勢や日系社会の変化に合わせ、協力から連携へと大きく舵を切った。合言葉は「Juntos！（一緒に）」である。この中で、移民の歴史を日本人も共有し、あらゆるレベルで中南米や日本の中の日系社会やその周りにいる非日系の人々と共に連携していく方針が提言された。日本移

民学会の研究成果は一人ひとりの移動する人間と国際関係のあり方に、様々な可能性と課題の解決策を示している。

2　研究動向

■ 2008 年まで

　森本豊富（2008）「日本における移民研究の動向と展望——「移住研究」と「移民研究年報」の分析を中心に」（『移民研究年報』第 14 号、日本移民学会）によれば、1950 年代以降の日本の移民研究の特徴は、現在の移民研究の対象「移民」とは、自主的に国境を越えて移動し定住した人だけではない。そのために、実際に移民研究者が研究している対象として「移ろう民」概念の提唱をしている。

　　「在留民」：自らの意思で国境を越えて滞在する出稼ぎ労働者・留学生・駐在
　　　　　　　員
　　「移民」：異国への定住を意図して移り住む者
　　「難民」：強制的に国際移動させられた人々

　これらに分類される人々がそれぞれ重なり合い、また、立場を変えていく。つまり、移ろう民はその時々の立場により、この三つの状態を行き来する可能性があると位置づけている。
　2008 年までの移民研究の課題として、森本は以下の 5 点を挙げている。

①日本人移民と日系人に研究が集中しており、国内の多様な文化的背景を持つ外国籍の人々や海外のアジア系、アフリカ系、イスラーム系の人々も対象にする必要がある。
②北南米やハワイに限らず、その他の五大州と環太平洋地域にも広げる。
③出移民研究はいくつかの移民県に関する詳細な研究があるが数が限られており、その他の地域の研究も必要である。
④関連する研究分野との連携が必要。

⑤海外の移民研究者の唱える理論的枠組みの応用と日本起点の理論構築の必
要性。

■ 2008 年以降

　この先行研究の 8 年後の 2016 年の時点で、「移ろう民」概念は「人の移動」
という言葉で置き換えが可能な状態になっている。情報・交通手段の発展や企
業の海外進出や経済連携協定によって、移動先と出身国地域とのスムーズな往
き来が可能となり、人が国境を越え一層繋がってきた。国際関係と人の移動と
いう視点から見ると、1990 年に改正施行された「出入国管理及び難民認定法」
により、日本にルーツを持つ外国籍の日系人と日本との関係は大きな転換点を
迎えた。また、環太平洋経済連携協定（TPP）発効により大きな変化が人の移
動に生じることが予測される。このように人の移動は個人の選択であっても、
政策変化により大きく影響を受ける。

　日本移民学会の 2008 年以降の研究動向を『移民研究年報』とニューズレタ
ーを中心に見てみると、森本が指摘した 5 つの課題はほぼ達成されてきてい
る。たとえば外国籍の研究者や大学院生が日本人や日系人以外の国境を越える
人々を研究しているし、地域も南北アメリカやハワイ以外にも及んでいる。関
連する研究分野との連携は学会レベルでなくても個人の研究者レベルで他の学
会や海外の国際団体と繋がりがあることによって各自の研究に反映されてい
る。また、海外の理論と日本発の理論との関係においても、博士号請求のため
の論文の作成では、この理論的枠組みを踏襲・検討することが求められるの
で、おおむね達成されていると考えることができる。人の交流による新たな研
究は新たな世界秩序を生み出す。前編では日本から世界に向けて発信する重要
性を述べているが、このように人間一人ひとりを基本として世界の中に位置づ
けてこそ、人間の尊厳が意識され実現される。移民研究はこのような可能性を
秘めているのである。

　日本移民学会の会員の出版物を見ていると、文部科学省の科学研究費や各大
学の共同研究によって比較的短時間で研究成果が出るようになってきている。
こうしたプロジェクトでは若手も含まれ研究機会と指導を受けることができる
ので良い循環になっている。また、経年で継続されているので長期的な研究成

果が期待できる。

　たとえば2008年は、蘭信三編『日本帝国をめぐる人口移動の国際社会学』
（2008、不二出版）があり、日本帝国と人の移動を正面から捉えた骨太のものと
なっている。今まで、日本帝国といえば、即「帝国主義」というマイナス・イ
メージで取り扱われていたものが、共同研究による丹念な調査によってそのよう
な紋切り型のものではない、多様な係わり方があったことを立証した意味は
大きい。

　2009年は、森本豊富編『移動する境界人――「移民」という生き方』（2009、
現代史料出版）が、生き方に焦点を当てた丁寧な研究となっている。浅香幸枝編
『地球時代の多文化共生の諸相――人が繋ぐ国際関係』（2009、行路社）では、多
文化共生の架け橋として中南米の日系人大使3名が講演し、学生や研究者と意
見交換するという3章を含んでいる。このように中南米では常に日系人大使が
存在し、日本と中南米の外交関係と人の移動に係わっていることに特徴があ
る。北米エスニシティ研究会『北米の小さな博物館2 ――「知」の世界遺産』
（2009、彩流社）は、博物館から移民の置かれた世界を描写している。移民から
なる国において、博物館による自己の存在証明が大切なことを示している。正
しく歴史的事実を理解し友好に役立てるためには、重要な基礎的作業を提供し
た先見性のあるプロジェクトである。

　2011年は、日本移民学会編『移民研究と多文化共生』（2011、御茶の水書房）、
白水繁彦編『多文化社会ハワイのリアリティー――民族間交渉と文化創生』
（2011、御茶の水書房）のように、多文化共生を移民の立場から考察している。

　矢口裕人・森茂岳雄・中山京子編『真珠湾を語る――歴史・記憶・教育』
（2011、東京大学出版会）は、副題のようなアプローチで境界にある人々を考察す
る。

　2012年は、教育との関連から、次の3冊が出版されている。吉田亮編『ア
メリカ日系二世の教育と越境教育―― 1930年代を主として』（2012、不二出版）、
森本豊富・根川幸男編『トランスナショナルな「日系人」の教育・言語・文
化――過去から未来に向かって』（2012、明石書店）、マイグレーション研究会編
『来日留学生の体験――北米・アジア出身者の1930年代』（2012、不二出版）で
ある。

　理論については、マイグレーション研究会編『エスニシティを問い直す――

理論と変容』（2012、関西学院大学出版会）がある。ここからヨーロッパに関する研究としては、石川真作・渋谷努・山本須美子編『周縁から照射するEU社会——移民・マイノリティとシティズンシップの人類学』（2012、世界思想社）がある。南北アメリカ、アジアに次いで、研究蓄積が進んでいる。また、在日コリアンの経済活動に着目し、トランスナショナルに経済活動するという明るい面に焦点を当てた李洙任編『在日コリアンの経済活動——移住労働者、企業家の過去・現在・未来』（2012、不二出版）がある。また、「ソフトパワー概念」を検討して、人の移動や文化交流を中南米と日本を中心に研究したプロジェクトもある。ソフトパワーで平和構築を実現するために、どのような方法があるかを学界と政策担当者との交流によって進めた。パンアメリカン日系協会の名誉会長やメキシコ、ペルー、チリ、アルゼンチンの駐日大使も参加して、浅香幸枝編『地球時代の「ソフトパワー」——内発力と平和のための知恵』（2012、行路社）を出版した。

　2013年は、蘭信三編著『帝国以後の人の移動——ポストコロニアリズムとグローバリズムの交錯点』（2013、勉誠出版）、吉原和男編『現代における人の国際移動——アジアの中の日本』（2013、慶應義塾大学出版会）がある。

　2014年は、牛田千鶴編『南米につながる子どもたちと教育——複数文化を「力」に変えていくために』（2014、行路社）があり、移動した子どもが必ずしも弱者ではなく、そのミックスルーツを活かすことにより、社会進出することができるという例を示している。また、引き続き北米エスニシティ研究会『北米の小さな博物館3 ——「知」の世界遺産』（2014、彩流社）が出版されている。

　2015年は、米山裕・河原典史編『日本人の国際移動と太平洋世界——日系移民の近現代史』（2015、文理閣）、白水繁彦編『ハワイにおけるアイデンティティ表象——多文化社会の語り・踊り・祭り』（2015、御茶の水書房）、「人の移動とアメリカ」研究プロジェクト編『エスニック・アメリカを問う——「多からなる一つ」への多角的アプローチ』（2015、彩流社）が出版されている。

　これらは前編で言及された共同研究に関する具体的な刊行物である。アフリカについては、現時点では、大学院生の研究が始まったばかりで、これからが期待される。

　本学会の研究傾向として、一人ひとりの移民を丁寧に見つめていくという特長がある。そのため、政策論議だけではなく、日常生活や教育、芸術方面にま

で研究範囲が及んでいる。日本移民学会のニューズレターや『移民研究年報』を資料として眺めると、研究者は日本人だけではなく、多様な国の出身であることが分かる。さらに日本移民学会の主流であった北米の日本人移民研究を超えて、中南米やアジア、ヨーロッパやオセアニアやアフリカへと世界に射程が及んでいる。日本移民学会自体が現代の人の移動と国際関係の縮図であり、研究者一人ひとりの置かれた場所から独自の研究アプローチとなっている。このように学会活動自体が魅力に富むものとなっている。

3　人の移動と国際関係――トランスナショナル・リレーションズ

■共同研究の事例

　日本移民学会の研究を分析すると近年、人の移動に関する多くの共同研究プロジェクトが進み大きな成果を挙げていることが分かる。ベテランの研究者を中心に中堅・若手研究者がプロジェクトを組み効率的に幅広く研究を遂行して、書籍として刊行している。ひとりの研究者なら、膨大な時間がかかり、一冊に仕上げるのに大変な作業となるが、共同作業することにより、視野が拡がり、守備範囲も拡がって、示唆することの多い研究成果を挙げている。

　共同研究のメリットとしては、プロジェクトを組み短期間に課題の結論を得ることができるし、幅広い知見を得ることもできる。具体的に筆者が関わってきた人の移動を含む研究プロジェクトは以下の四つがある。

　① 南北アメリカ研究会（2005〜06年）
　研究成果『地球時代の南北アメリカと日本』（2006、ミネルヴァ書房）
　アメリカの外交政策に強く影響を受ける日本と中南米であるが、開発における日本とラテンアメリカの連携があり、日系人はその中に位置づけることができる。米州開発銀行（IDB）では日系人を開発の担い手と捉えている。パンアメリカン日系協会の笠松フェリックス元会長はIDBの要職を務め、パラグアイの経済大臣の顧問であった。日本・米国（ワシントン）・パラグアイの3カ国を日本語とスペイン語と英語を用いて繋いだ。

② **多文化共生の諸相研究会**（2006〜09年）[14]

研究成果『地球時代の多文化共生の諸相——人が繋ぐ国際関係』（2009、行路社）

多文化共生できないという負の面から見るのではなく、できる事例から共通項を探すと、「仲間」として外国人を見ているかどうかがうまく共生できるかどうかの鍵となる。対立を助長するのではなく移動する人々がどのように多文化共生を果たして国際関係を繋ぐかをプロジェクトで研究した。

③ **ソフトパワーと平和構築研究会**（2009〜12年）[15]

研究成果『地球時代の「ソフトパワー」——内発力と平和のための知恵』（2012、行路社）

「soft power」を日本語に置き換えると次の3通りに分けて書くことができる。

「ソフト・パワー」：米国・中国のような超大国は他の国を自分の意図する方向に巻き込んでいこうとする。

「ソフトパワー」：日本と中南米間で見られるパブリックディプロマシーという国民を対象にする外交政策が行われる。

「ソフトなパワー」：日本では「情けは人のためならず」という損得抜きの政策が実施されている。とりわけ、中南米への日本人移民がこれに該当している。

④ **イメージの中の日本とラテンアメリカ研究会**（2014年〜現在）[16]

イメージは年代・人の住む環境によって様々であるが、研究により実態を明らかにしつつ、イメージの改善を図り、より良い関係の構築を目指す。直接的に人の移動を研究会の題名にしていないが、国際関係の枠組みを理解したうえで、国境を越える（トランスナショナルな）人々の繋がりと影響力を政治・経済・文化の三つの視点で考察している。今日では、人の移動を研究の中で扱うことはごく当たり前になってきている。

■文部科学省の大学世界展開力強化事業のプログラム

　さらに文部科学省の大学世界展開力強化事業のプログラムの中で人の移動に関する問題について中南米および日本の日系社会・大学・企業が一体となって解決を目指す新しい教育プログラムが始まった。これは研究のみにとどまらず、教育と地域への貢献、さらにはトランスナショナルな（国境を越えた）人々の繋がりを育成し、新たな国際秩序さえ形成する可能性を秘めている。

　「人の移動と共生における調和と人間の尊厳を追求する課題解決型の教育交流プログラム」（上智大学・南山大学・上智大学短期大学部）[17] は、人の移動に関する問題を日系社会・大学・企業が一体となって解決を目指す新しい教育プログラムとして 2015 年 9 月に採択された。

　ブラジル（3 大学）、メキシコ（4 大学）、ペルー（1 大学）、チリ（1 大学）、コロンビア（2 大学）、アルゼンチン（2 大学）との交換留学だけでなく、南米の日系社会と文化を学ぶ国際理解教育も行う。中南米と日本の学生がともに学び、浜松市や秦野市の外国人学校での社会活動が入っている。このプログラムでは日本に住む日系人との交流の延長線上に中南米の日系社会を捉えている。

　また、この中のペループログラムではリマにあるペルー日系人協会やウニオン学校での日系人子弟との交流や日系人が初代村長となったマチュピチュ村を訪問する。また、ペルーカトリック大学では英語で日系人の歴史を学ぶ。企業でのインターンシップでも中南米と日本の学生は経験を積むことによって、学生・教員・企業が国境を越えて、共生を目指すネットワークづくりとなっている。

■国際会議における日系人の国際連携

　1981 年に始まった南北アメリカ日系二世を中心とした国境をまたぐ連帯とネットワークとしてパンアメリカン日系大会（1981 年〜）がある。南北アメリカ 13 カ国から日系人が 2 年に一度集まり、共通テーマで一緒に考え、連携し合っている。2017 年 11 月には、第 19 回世界大会がペルーのリマで開催される。テーマは「未来をつくる」である。本章では、2015 年 8 月にドミニカ共和国サントドミンゴで開催された第 18 回パンアメリカン日系大会を中心に紹

介する。

　今までの研究では、日本にルーツのある日系人が日本と彼らの国々という2国関係を研究対象としていても、複数の国にまたがる日系人の横の繋がりについてはあまり研究されていなかった。しかし、1981年にメキシコシティで開催されたパンアメリカン二世大会（後に日系大会）は、南北アメリカの日系人を相互に繋いだ「トランスナショナル・エスニシティ」という概念で表せる。具体的には日本から持ち込んだ技術・文化を移住国（生まれた国）の発展に役立てようとしている[18]。日系アメリカ人、日系メキシコ人や日系ペルー人という国民国家に縛られたアイデンティティではなく、Nikkeiという横断的なアイデンティティを獲得している。

　2015年8月7〜9日に、クラウンプラザホテルで開催されたパンアメリカン日系大会のテーマは「ルーツに戻る」であった[19]。ドミニカはスペインの最初の植民地だったため、ここを基点としてスペインは新大陸の植民をした。そのため、スペイン本国の雰囲気がよく残っている。週末には家族づれで海岸通りは賑わい、穏やかな暮らしぶりが観察できる。ドミニカ共和国は新大陸ではめずらしく血統主義を採っている。したがって日本人移民は開発に役立った国民として記録に残さなければならなかった。ドミニカ移民は戦後移住者であり、農業開発のために導入されたという背景を持つ。配属された耕地によっては悲惨を極めた移住者もいるが、コンスタンサのような地域では成功している。二世は両親の苦労を見ているため、一世への尊敬の気持ちが強いことが観察できる。二世が日本での出稼ぎで資金を蓄え、農業開発や事業を行っている。また、大会委員長はJICAの研修で中南米の日系人と知り合い、その関係から、参加している若手の日系ブラジル人リーダーがいた。ドミニカの日系人は人数が少ないので、メキシコ支部が大会の開催を支援をしていた。

　パンアメリカン日系大会に長年出席していると、日本に関心を寄せる日系の若者たち、その日系人を通じて日本や日本の文化・技術に出会う現地の人々の交流があることが確認できる。

　日本に住んでいる日系人と日本人との交流は、日系人を通じて外国の文化を知ることでもある。そして、戦前には強く繋がっていた海外の日系社会と日本との結びつきを再構築することが可能である。日本と中南米を繋ぐ人々として日系人・留学生・駐在員がおり、また人の移動に関心を持っている私たち一人

写真-3：サントドミンゴの風景：ここは大西洋に面しており、ヨーロッパが身近に感じられる。（2015年、浅香幸枝撮影）

写真-4：代表者会議の様子：南北アメリカ13カ国の代表が集まり、審議している。（2015年、浅香幸枝撮影）

写真-5：日本人移民の記念碑：移住記念碑に花を供える春日カル
ロスパンアメリカン日系協会名誉会長と矢野敬崇会長。

（2015 年、浅香幸枝撮影）

写真-6・写真-7：ODA による日系人協会の会館と学校：サントドミンゴにある、日系人が集ま
る施設。新学期の前で、机を外に出して皆で大掃除をしていた。雨があまり降らず、節水中だっ
たので、周りに配慮して、少量の水で掃除をしていた。

（2015 年、浅香幸枝撮影）

ひとりがその大きな可能性を持っている。

　パンアメリカン日系協会の活動は海外日系人大会でも報告されており、日系
人のあるべき姿（お手本）として捉えられている。特にアジアやヨーロッパに
在住する日系人から賞賛されている。また、パンアメリカン日系大会に参加す
る他地域の日系人もいる。

■トランスナショナルな視点の現代社会における意義と重要性

　移民の歴史を見たとき、ララ物資や仏教会の活動のように、日本と繋がり協力関係を構築しようとするトランスナショナルな活動があった。また、パンアメリカン日系協会の人たちは、国境を越えて Nikkei として連携し、よき市民として生まれた国で貢献してきた。このような連携は、今日の地球規模の問題群を解決するための一つの方法である。人類益に沿った政策を立案するために、研究が教育や地域に貢献するだけでなく、移動する人々の個人のレベルを見て、生まれ、育ち、働き、老いてこの世を去っていくというライフサイクルを考慮することが必要である。

　2015 年 9 月に国連総会で、開発分野における国際社会の共通の目標として「持続可能な開発のための 2030 アジェンダ」[20]が採択され、地球上のすべての多様な人々を包摂（Inclusion）する方針が定められた。15 年にわたるこの目標を達成するために人の移動と国際関係、つまりトランスナショナル・リレーションズを研究することは時宜にかなっており、相当の効果が期待できる。このような文脈の中に移民研究を位置づけることが可能である。

　すなわち、移民という国境を越える存在によって、私たちは容易に諸外国と連携して、多様な人々との連帯と包摂という仲間意識を持つことができる。こうした仕組みによって、人々が分断されるのではなく、生活レベルからお互いの良さを認識して繋がり、助け合うことが重要である。憎しみを生まないことは、人類の英知である。

4　おわりに

　2008 年以降の移民研究は研究者や大学院生も多国籍化しており、世界のほぼすべての地域を研究対象にし、日本人や日系人に限らない移動の主体を研究している。また、共同研究のプロジェクト化により、研究の質と継続性が向上している。分野としては、近・現代史、教育、文化、国際関係がある。研究への取り組みの態度としては、もちろん各研究者の自由ではあるが、「21 世紀の望ましい世界秩序とは何か」と問う姿勢が重要である。なぜならば、日常の些細なことであっても、実は背景には国際関係が絡んでいるからである。中南米

の日系人から分かることは、開発と移民の重要性である。移動した人が移動先により良いものをもたらすという構造は、日本と日本人移住者の誇りとしてよいことである。それが、世界の人の移動の在り方に大きな示唆を与えると考察できる。

　今後研究を通して日本語、スペイン語、英語などで発信することにより日本人移民が移住先で貢献してきたことを広く世界の人々と共有し、共に人類益を目指していくことはわれわれ研究者の務めである。同時に海外に移動する人々とも連携し世界から頼られ、信頼される日本をつくる必要がある。その際、日本国内における多文化共生の問題も一緒に考慮し、国民も移動する人々も共にWin-Win となることが重要である。国際社会の問題解決は一人の個人にはとても大き過ぎるように思われるかも知れないが、移民の歴史を見ると、一人ひとりの個人の努力の積み重ねと連携によって、問題が解決されてきたことが分かる。（浅香幸枝）

[注]
(1)　移民研究の動向について論じている文献はすでに 1980 年代から多数あった。たとえば、阪田安雄. 1994.『移民研究の歴史的考察とその課題』（［日系移民資料集］北米編）解題・解説；『東京大学アメリカ研究資料センター年報』. 1995. 17. ; 日本移民学会編, 2011.『移民研究と多文化共生』, 御茶の水書房; 移民研究会編. 2008.『日本の移民研究　動向と文献目録　I 明治初期―― 1992 年 9 月』, 明石書店; 移民研究会編. 2008.『日本の移民研究　動向と文献目録　II 1992 年 10 月― 2005 年 9 月』, 明石書店;　南川文里. 2007.『「日系アメリカ人」の歴史社会学――エスニシティ、人種、ナショナリズム』, 彩流社. などである。
(2)　日本移民学会. 2017.『移民研究年報』23.
(3)　たとえば、菅美弥. 2007.「人の移動をめぐるトランスナショナル・ヒストリー（越境史）――日本における研究動向」, 日本アメリカ史学会『アメリカ史研究』30: 35-47.
(4)　Kikumura-Yano, Akemi. ed. 2002. *Encyclopedia of Japanese Descendants in the Americas: An Illustrated History of the Nikkei*. AltaMira Press.（日本語訳は、キクムラ＝ヤノ. 2002.『アメリカ大陸日系人百科事典――写真と絵で見る日系人の歴史』, 小原雅代他訳, 明石書店）; Hirabayashi, Lane Ryo, Kikumura-Yano, Akemi, and Hirabayashi, James A. eds. 2002. *New Worlds, New Lives: Globalization and People of Japanese Descent in the Americas and from Latin America in Japan*. Stanford University Press.（日本語訳は、ヒラバヤシ, レイン・リョウ, キクムラ＝ヤノ, アケミ, ヒラバヤシ, ジェイムズ・A. 編, 2006.『日系人とグローバリゼーション――北米、

南米、日本』, 移民研究会訳, 人文書院.）

(5) 　たとえば、竹沢泰子編. 2005. 『人種概念の普遍性を問う』, 人文書院. ：竹沢泰子編. 2009. 『人種の表象と社会的リアリティ』, 岩波書店. ；斉藤綾子・竹沢泰子編. 2016. 『人種神話を解体する』（第1，2，3巻）, 東京大学出版会. などは、人種をテーマとした学際的共同研究の成果である。

(6) 　"Landscapes of Injustice: Displacement of Japanese Canadians" Project.

(7) 　厚生省、「ララの成果」（1952年6月出版）や外務省資料「戦後南北米の在留同胞によって結成された救済団体の調査に関する件」（1952年）に数字が示されている。

(8) 　以下の文献に、「ララ」に関する記述がある。水野剛也. 2008. 「在アメリカ日本語新聞と『ララ』——シアトルの『北米報知』による日本救済報道　1946 ～ 1947」. 『海外移住資料館　研究紀要』3. 15-36.；多々良紀夫. 1999. 『救援物資は太平洋をこえて　戦後日本とララの活動』. 保健福祉広報協会. 飯野正子. 2000. 『もう一つの日米関係史　紛争と協調のなかの日系アメリカ人』, 有斐閣；飯野正子. 2006. 「『ララ』救援物資と北米の日系人」. 『日系人とグローバリゼーション　北米、南米、日本』112–135. など。

(9) 　最近の日系仏教についての研究は、グローバル化との関連でなされているものが多い。たとえば、守屋友江. 2001. 『アメリカ仏教の誕生—— 20世紀初頭における日系仏教の文化変容』, 現代史料出版. ；Williams, Duncan Ryoken. and Moriya, Tomoe. eds., 2010. *Issei Buddhism in the Americas*. University of Illinois Press.；飯野正子. 2001. 「トロント仏教会（TBC）と日系人——再定住期を中心に」, 戸上宗賢編『交錯する国家・民族・宗教——移民の社会適応』, 不二出版, 213-243. など。

(10) 　飯野正子、高村宏子、原口邦紘. 2016. 「第二次世界大戦直後に日本に『送還』された日系カナダ人のその後」, 『JICA横浜海外移住資料館　研究紀要』11：39-59. に、その研究の成果が示されている。

(11) 　批判が述べられている例としては、米山裕・河原典史編. 2015. 『日本人の国際移動と太平洋世界——日系移民の近現代史』, 文理閣. などがある。

(12) 　外務省「海外移住審議会」
http://www.mofa.go.jp/mofaj/annai/shingikai/ijyu/index.html

(13) 　外務省「中南米日系社会との連携に関する有識者懇談会」
http://www.mofa.go.jp/mofaj/la_c/sa/page22_002791.html

(14) 　南山大学　地域研究センター共同研究「多文化共生の諸相——ラテンアメリカと日本の日系ラテンアメリカ人社会の事例から」
http://www.ic.nanzan-u.ac.jp/kenkyu/ic/kyodo/2006-08_03.html

(15) 　南山大学　地域研究センター共同研究「ソフトパワーと平和構築」
http://www.ic.nanzan-u.ac.jp/kenkyu/ic/kyodo/2009-11_03.html

(16) 　南山大学ラテンアメリカ研究センター・上智大学イベロアメリカ研究所「カトリック学術奨励金研究助成金による『イメージの中の日本とラテンアメリカ研究』共催研究会『ラテンアメリカのイメージに関する共同研究』」
http://www.ic.nanzan-u.ac.jp/LATIN/workshop/index.html#evento2015

(17)　上智大学・南山大学・上智短期大学「Sophia Nanzan Latin America Program: LAP 人の移動と共生における調和と人間の尊厳を追求する課題解決型の教育交流プログラム」　https://www.sophia-nanzan-lap.com/

(18)　パンアメリカン日系大会の歴史や詳細については、浅香『地球時代の日本の多文化共生政策──南北アメリカ日系社会との連携を目指して』（2013 年、明石書店）参照。本書は日本の多文化共生政策を同時代の他国の多文化共生政策を参考にするだけではなく、約 150 年の間日本人移民が南北アメリカ大陸で受け入れられ成功してきた点に着目して日本においても多文化共生政策を考える必要があるという視点から、パンアメリカン日系協会と海外日系人協会の二つの国際組織から考察している。

(19)　浅香幸枝、2015 年 8 月 5 日〜 8 月 19 日、ドミニカ共和国サントドミンゴにて研究発表および調査、2015 年度南山大学パッヘ研究奨励金 II-B による研究成果の一部である。

(20)　United Nations General Assembly "Transforming our world: the 2030 Agenda for Sustainable Development (A/70/L.1)" http://www.un.org/ga/search/view_doc.asp?symbol=A/70/L.1
国際連合広報センター「Sustainable Development Goals」
http://www.unic.or.jp/activities/economic_social_development/sustainable_development/2030agenda/
外務省「SDGs（持続可能な開発目標）持続可能な開発のための 2030 アジェンダ」
http://www.mofa.go.jp/mofaj/gaiko/oda/about/doukou/page23_000779.html

あとがき

　本書は、日本における移民研究の成果を研究者間だけで共有するのではなく、広く社会に還元するために立案された公開講座をもとに執筆されたものである。JICA横浜を会場に海外移住資料館と共同で開催された公開講座の企画・運営には、森茂岳雄を代表に、中山京子、拝野寿美子、東聖子、森本豊富、柳下宙子、吉田亮の7名が、本書の編集には浅香幸枝、東聖子、河原典史、森茂岳雄、森本豊富の5名が関わった。それぞれの地域における移民研究の代表的な講師が、最新の専門的知見を担保しつつも、できるだけ分かりやすく社会と共有するために講座は開かれた。講座の内容をもとに書き起こされた各章の所見は、言うまでもなく、それぞれの執筆者のものである。

　グローバル化が進展する中で、「移民」という言葉を日常的に耳にする昨今、日本人にとっても「移民」「移住」は身近に感じられるようになってきた。今からちょうど150年前の明治元（1868）年に「元年者（がんねんもの）」がハワイにむけて海を渡った。そのことを嚆矢（こうし）に、日本人の多くが海外各地に渡航し、やがてその地に定住して現地社会に貢献した。

　小学校から大学まで、日本人移民、日系人の経験に関して徐々に教えられるようになってきたとは言え、十分に伝えられているとは言い難い。近代日本の発展の陰で、海外に渡航した日本人が果たした役割は再評価されるべきであり、反省すべき点は多角的な知見をもって検証を続けていかねばならない。本書が少しでもその作業を前進させるために役立てたとすれば幸いである。改めて、公開講座の実施にあたり陰に陽に関わられた方々の献身的な努力と、本書の完成に力を注がれた講師・執筆者に心から感謝申しあげたい。

　最後に、本書の編集から出版にいたるまで明石書店の大江道雅氏と秋耕社の小林一郎氏には大変お世話になった。衷心から御礼申しあげたい。

　2018年3月

編集委員会一同

索　引

[執筆者紹介]（50 音順）

蘭　信三（あららぎ・しんぞう）［第 7 章］
上智大学総合グローバル学部教授
専門：国際社会学・歴史社会学
主な著書：『戦争と性暴力の比較史に向けて』（共編著）岩波書店、2018 年。『中国残留日本人という経験』（編著）勉誠出版、2009 年。『「満州移民」の歴史社会学』行路社、1994 年。

アンジェロ・イシ（Angelo Ishi）［第 9 章］
武蔵大学社会学部教授
専門：移民研究、国際社会学、メディア社会学
主な著書：『ひとびとの精神史　第 7 巻　終焉する昭和 1980 年代』（共編著）岩波書店、2016 年。*Living in Two Homes: Integration and Education of Transnational Migrants in a Globalized World*（共編著）Bingley: Emerald, 2017. *Transcultural Japan: At the borderlands of race, gender, and identity*（共編著）London: Routledge Curzon, 2008.

飯野正子（いいの・まさこ）［終章］
津田塾大学顧問・名誉教授（元学長）
専門：アメリカ史、移民研究
主な著書：『エスニック・アメリカ——多文化社会における共生の模索（第三版）』（共著）有斐閣、2016 年、2011 年（初版 1984 年）。『もう一つの日米関係史——紛争と協調のなかの日系アメリカ人』有斐閣、2000 年。『日系カナダ人の歴史』東京大学出版会、1997 年、カナダ首相出版賞受賞。

石川友紀（いしかわ・とものり）［第 6 章］
琉球大学名誉教授
専門：人文地理学、移民研究
主な著書：「南米沖縄移民一世のライフコースと世代の継承」『移民研究年報』第 10 号、3-19 頁、日本移民学会、2004 年。監修『日系移民資料集』南米編、全 30 巻・別巻、日本図書センター、1998 ～ 1999 年。『日本移民の地理学的研究』榕樹書林、1997 年。

今泉裕美子（いまいずみ・ゆみこ）［コラム 11］
法政大学国際文化学部教授
専門：国際関係学、ミクロネシア・沖縄・日本関係史
主な著書：『日本帝国崩壊期「引揚げ」の比較研究——引揚げと地域の視点から』（共編著）日本経済評論社、2016 年。『岩波講座日本歴史第 20 巻（地域論）』（共著）岩波書店、2014 年。『沖縄県史（各論編第 5 巻近代）』（共著）沖縄県教育委員会、2011 年。

木村健二（きむら・けんじ）［第 1 章］
下関市立大学名誉教授
専門：近代日本社会経済史、近代日本をめぐる人の国際間移動
主な著書：『一九三九年の在日朝鮮人観』ゆまに書房、2017 年。『日本帝国崩壊期「引揚げ」の比較研究』（共編著）日本経済評論社、2016 年。『在朝日本人の社会史』未來社、1989 年。

坂口満宏（さかぐち・みつひろ）[第3章]
京都女子大学文学部教授
専門：日本近代史、移民史
主な著書：『日本人アメリカ移民史』不二出版、2001年。「日本におけるブラジル国策移民事業の特質
——熊本県と北海道を事例に」『史林』第97巻第1号、2014年。

白水繁彦（しらみず・しげひこ）[第2章、コラム2]
駒澤大学大学院グローバル・メディア研究科教授
専門：社会学、エスニック文化変容論、メディア文化論
主な著書：『海外ウチナーンチュ活動家の誕生——民族文化主義の実践』御茶の水書房、2018年。『ハ
ワイ日系社会ものがたり』（共編著）御茶の水書房、2016年。『ハワイにおけるアイデンティティ表象』
（編著）御茶の水書房、2015年。

高木（北山）眞理子（たかぎ・きたやま・まりこ）[まえがき]
愛知学院大学文学部教授
専門：アメリカ研究、特にアジア系アメリカ人研究
主な著書：「「間」を生きた「日系」歌人——上江洲芳子の沖縄、ハワイ、カリフォルニア」細川周平
編著『日系文化を編み直す——歴史・文芸・接触』ミネルヴァ書房、2017年。『北米の小さな博物館3
——「知」の世界遺産』（共編著）彩流社、2014年。

中山京子（なかやま・きょうこ）[コラム3]
帝京大学教育学部教授
専門：国際理解教育、社会科教育
主な著書：『先住民学習とポストコロニアル人類学』御茶の水書房、2012年。『グアム・サイパン・マ
リアナ諸島を知るための54章』（編著）明石書店、2012年。『日系移民学習の理論と実践——グロー
バル教育と多文化教育をつなぐ』（共編著）明石書店、2008年。

拝野寿美子（はいの・すみこ）[コラム12]
神奈川大学人間科学部等・非常勤講師
専門：異文化間教育学、ポルトガル語
主な著書：『ブラジルの人と社会』（共編著）上智大学出版、2017年。『ブラジル人学校の子どもたち
——「日本かブラジルか」を超えて』ナカニシヤ出版、2010年。

早瀬晋三（はやせ・しんぞう）[第8章]
早稲田大学アジア太平洋研究科教授
専門：近現代東南アジア・日本関係史、海域東南アジア民族史
主な著書：『グローバル化する靖国問題——東南アジアからの問い』岩波書店、2018年。『フィリピン
近現代史のなかの日本人——植民地社会の形成と移民・商品』東京大学出版会、2012年。

三田千代子（みた・ちよこ）[第5章、コラム8、9]
上智大学元教授、上智大学イベロアメリカ研究所名誉所員、Ph. D.
専門：社会人類学、地域研究ブラジル
主な著書：『ブラジルの人と社会』（共編著）上智大学出版、2017年。『「出稼ぎ」から「デカセギ」へ
——ブラジル移民100年にみる人と文化のダイナミズム』不二出版、2009年。*Bastos: uma comuni-*

dade étnica japonesa no Brasil, São Paulo: UMANITAS/USP, 1999.

柳下宙子（やぎした・ひろこ）［コラム 1］
元外務省外交史料館課長補佐、慶應義塾大学非常勤講師
専門：移民史、旅券史
主な著書：『パスポート学』（共著）北海道大学出版会、2016 年。『越境とアイデンティフィケーション——国籍・パスポート・ID カード』（共著）新曜社、2012 年。『ブラジル日本移民百年の軌跡』（共著）明石書店、2010 年。

柳田利夫（やなぎだ・としお）［コラム 10］
慶應義塾大学文学部教授
専門：近代移民史、民衆思想史
主な著書：『リマの日系人——ペルーにおける日系社会の多角的分析』（共編著）明石書店、1997 年。『ペルーの和食——やわらかな多文化主義』慶應義塾大学教養研究センター選書、2017 年。

吉田　亮（よしだ・りょう）［コラム 4］
同志社大学社会学部教授
専門：社会史（移民・宗教・教育）
主な著書：『越境する二世』（共編著）現代史料出版、2016 年。『ハワイ日系二世とキリスト教移民教育』学術出版会、2008 年。『アメリカ日本人移民とキリスト教社会』日本図書センター、1995 年。

李洙任（リースーイム、Lee Soo im）［第 10 章］
龍谷大学経営学部教授
専門：教育学、移民学、異文化ビジネスコミュニケーション
主な著書：*Japan Diversity Dillemma: Ethnicity, Citizenship, and Education*（共編著）iUniverse, 2006.『共同研究 安重根と東洋平和——東アジアの歴史をめぐる越境的対話』（共編著）明石書店、2017 年。

日本人と海外移住——移民の歴史・現状・展望

2018 年 4 月 30 日　初版第 1 刷発行

　　　　　　　　　編　者　　日本移民学会
　　　　　　　　　発行者　　大　江　道　雅
　　　　　　　　　発行所　　株式会社　明石書店
　　　　　〒101-0021 東京都千代田区外神田 6-9-5
　　　　　　　　　　　電　話　03 (5818) 1171
　　　　　　　　　　　FAX　03 (5818) 1174
　　　　　　　　　　　振　替　00100-7-24505
　　　　　　　　　　　http://www.akashi.co.jp
　　　　　　　　組　版　　　有限会社秋耕社
　　　　　　　　装　丁　　　明石書店デザイン室
　　　　　　　　印刷・製本　モリモト印刷株式会社

日本人女性の国際結婚と海外移住
多文化社会オーストラリアの変容する日系コミュニティ
濱野健著 ◎4600円

日系アメリカ移民 二つの帝国のはざまで 忘れられた記憶 1868-1945
東栄一郎著
飯野正子監訳
長谷川寿美、小澤智子、飯野朋美、北脇実千代訳 ◎4800円

地球時代の日本の多文化共生政策
南北アメリカ日系社会との連携を目指して
浅香幸枝著 ◎2600円

トランスナショナルな「日系人」の教育・言語・文化
過去から未来に向って
森本豊富、根川幸男編著 ◎3400円

ブラジルを知るための56章【第2版】
エリア・スタディーズ14
アンジェロ・イシ著 ◎2000円

日系移民学習の理論と実践 グローバル教育と多文化教育をつなぐ
森茂岳雄、中山京子編著 ◎6800円

日本の移民研究 動向と文献目録I・II
I 明治初期-1992年9月
II 1992年10月-2005年9月
移民研究会編
◎I巻4600円
◎II巻6000円

アメリカ大陸日系人百科事典 写真と絵で見る日系人の歴史
アケミ・キクムラ＝ヤノ編 小原雅代訳 ◎6800円

移民政策のフロンティア 日本の歩みと課題を問い直す
移民政策学会設立10周年記念論集刊行委員会編 ◎2500円

グローバル化と言語政策 サスティナブルな共生社会・言語教育の構築に向けて
宮崎里司、杉野俊子編著 ◎2500円

マルチ・エスニック・ジャパニーズ ○○系日本人の変革力
移民・ディアスポラ研究5
駒井洋監修 佐々木てる編著 ◎2800円

入門 ハワイ・真珠湾の記憶 もうひとつのハワイガイド
矢口祐人、森茂岳雄、中山京子著 ◎600円

ハワイの日本人移民 人種差別事件が語る、もうひとつの移民像
世界人権問題叢書55
山本英政著 ◎2800円

難民を知るための基礎知識 政治と人権の葛藤を越えて
滝澤三郎、山田満編著 ◎2500円

まんが クラスメイトは外国人 入門編 はじめて学ぶ多文化共生
「外国につながる子どもたちの物語」編集委員会編
みなみななみ まんが ◎1200円

まんが クラスメイトは外国人 多文化共生20の物語
「外国につながる子どもたちの物語」編集委員会編
みなみななみ まんが ◎1200円

〈価格は本体価格です〉